高等职业教育物流类专业新形态一体化教材

快递网点与
处理中心管理

赵 帆 主 编
赵立磊 单寒冰 褚丽彦 王 宁 副主编

清华大学出版社
北京

内容简介

本书是职业教育邮政快递运营管理专业国家教学资源库子项目"快递分拨中心运营实务"课程和职业教育国家在线精品课程配套教材。本书以快递网点与处理中心两大业务为中心,以快递网点运营和处理中心操作流程为主线,内容与"快递运营管理1+X职业技能等级证书"相融合,全面介绍了快递网点管理、走进快递处理中心、快递处理中心业务管理、快递处理中心异常作业与安全管理四大业务模块的基本理论与操作技能。全书共有走进快递网点、快递网点业务管理、快递处理中心认知、快递处理中心的中转模式和选址、快件接收、快件分拣、快件封装与发运、快递处理中心异常管理、快递处理中心安全管理、快递信息技术10个学习项目,28个工作任务。本书是新形态一体化教材,配有微课、动画、企业教学视频、课程思政资源、1+X实践训练、教学指导、学习指南、教学课件、虚拟仿真实训等丰富的数字化教学资源。

本书是由高职院校教师和行业企业专家共同打造的"双元"教材,既可以作为高等职业院校邮政快递运营管理、现代物流管理、邮政快递智能技术等专业教学用书,也可作为快递物流企业公司从业人员的岗位培训教材和专业参考书籍。

本书封面贴有清华大学出版社防伪标签,无标签者不得销售。
版权所有,侵权必究。举报: 010-62782989, beiqinquan@tup.tsinghua.edu.cn。

图书在版编目(CIP)数据

快递网点与处理中心管理/赵帆主编. —北京:清华大学出版社,2023.10
高等职业教育物流类专业新形态一体化教材
ISBN 978-7-302-62985-6

Ⅰ.①快… Ⅱ.①赵… Ⅲ.①邮件投递-高等职业教育-教材 Ⅳ.①F830.33

中国国家版本馆CIP数据核字(2023)第039709号

责任编辑:左卫霞
封面设计:常雪影
责任校对:袁 芳
责任印制:宋 林

出版发行:清华大学出版社
网 址: http://www.tup.com.cn, http://www.wqbook.com
地 址: 北京清华大学学研大厦A座   邮 编: 100084
社 总 机: 010-83470000   邮 购: 010-62786544
投稿与读者服务: 010-62776969, c-service@tup.tsinghua.edu.cn
质量反馈: 010-62772015, zhiliang@tup.tsinghua.edu.cn
课件下载: http://www.tup.com.cn, 010-83470410

印 装 者: 北京嘉实印刷有限公司
经 销: 全国新华书店
开 本: 185mm×260mm   印 张: 15.75   字 数: 363千字
版 次: 2023年10月第1版   印 次: 2023年10月第1次印刷
定 价: 49.80元

产品编号:101525-01

前 言

2022年邮政行业寄递业务量完成1 391亿件,同比增长2.7%;行业业务收入完成1.35万亿元,同比增长6.9%。中国快递业务量已连续九年稳居世界第一,快递业已经成为拉动国民经济增长的重要力量。党的二十大报告明确提出加快建设交通强国,强调教育、科技、人才是全面建设社会主义现代化国家的基础性、战略性支撑。高校肩负着培育时代新人、构建科技创新高地、集聚高层次人才的重大使命,要把坚持人才培养作为根本,源源不断地为社会培养和输送人才;要对标新时代、新征程的新任务和新要求,坚持以教育优先发展、科技自立自强、人才引领驱动开辟发展新领域、新赛道,不断塑造发展新动能、新优势,加快建设交通强国。

我国快递行业起步较晚,邮政快递运营管理专业开设于2012年,是一门新兴学科,专业建设特别是教材建设还处于摸索阶段。教材是人才培养的重要支持,要紧密对接国家发展重大战略的需求。而快递网点与处理中心是整个快递服务链中最核心的模块,2022年教育部最新发布的邮政与快递运营管理专业简介中,将"邮政快递网点与处理中心管理"列为该专业的核心课程,而目前市场上尚未出版对应课程的教材。本书编写团队来自职业教育邮政快递运营与管理专业教学资源库主持单位淄博职业学院,该团队长期致力于快递领域的研究。本书为职业教育邮政快递运营管理专业国家教学资源库子项目"快递分拨中心运营实务"和2022年职业教育国家在线精品课程配套教材,课程网站涵盖了课程思政、微课、动画、虚拟仿真、企业教学视频、1+X职业资格证书培训等一千余条课程资源,构建了新形态一体化的教材呈现形式。

本书在编写上对标行业企业需求,对照国家专业教学标准,依据快递企业"工作岗位和工作过程"选取内容,重构课程体系,并将快递运营管理1+X职业技能等级考核标准、课程思政、虚拟仿真、行业新技术和新设备等内容融入教材。本书具有以下特色。

1. 根据行业特点,融入课程思政

党的二十大报告指出:"培养什么人、怎样培养人、为谁培养人是教育的根本问题。育人的根本在于立德。"教材是立德树人的核心载体,推进教材的课程思政建设是落实立德树人根本任务的重要举措。本书根据行业特点,深入挖掘课程蕴含的思政(德育)元素,设置思政园地专栏,通过微课、动画和思政讨论,将思政教育中三观教育、中国梦、社会主义核心价值观、党的二十大精神、劳动教育、工匠精神等思政元素巧妙地融入教材,实现思政元素在课堂教学中"润物无声""如盐化水"的妙用。

2. 填补国内高等职业教育教材空白

由于快递学科建设起步较晚,目前该课程尚无配套教材,本书的出版填补了高等职业教育教材在快递网点建设和处理中心管理领域的空白。

3. 校企双元合作开发，行业认可度高

淄博职业学院优秀毕业生辽宁圆通速递有限公司运营总监张冬冬为本书提供了大量的企业案例、业务流程和操作标准，参与了微课拍摄和慕课制作，有效实现了教材内容与企业需求对接，产教融合特色明显。编写团队教师深入企业学习最新快递网点管理业务员技能和快件处理技术、流程，保证了教材内容充分体现行业发展前沿技术和最新管理理念。

4. 快递运营1+X课证融合

本书内容与"快递运营管理职业技能等级考试"相融合，将国家职业标准和专业教学标准对接、职业技能鉴定与专业课程学习考核对接，解决了推行"双证书"制度、实施"两考合一"的"最后一公里"问题，既保证学历培养规格，又促进就业。

5. 实现在线开放课程和新形态一体化教材的"互联网+"互动

编写团队借助国家教学资源库优势，开发了大量与教材配套的数字化资源，系统性建设了在线开放课程，该课程于2019年3月在中国大学MOOC上线，2022年该课程被评为职业教育国家在线精品课程和山东省职业教育在线精品课程。教材的数字化资源包括电子教案、课件、微课、视频、案例、动画、习题等，学生可扫描书中二维码同步学习部分重难点内容，也可进入在线开放课程完整学习教材内容，扫描本页下方二维码即可在线学习该课程。

本书由淄博职业学院赵帆担任主编，赵立磊、单寒冰、褚丽彦和王宁担任副主编。其中，项目一、项目三和项目六由赵帆编写；项目二、项目五由赵立磊编写；项目七、项目八由单寒冰编写；项目四、项目九由褚丽彦编写；项目十由王宁编写；全书由赵帆统稿，并由山东轻工职业学院张德洲主审。圆通速递有限公司人力资源培训发展部总监王孟、辽宁圆通速递有限公司运营总监张冬冬、京东物流教育全国直播产品负责人兼赛事总监王琦、山东顺丰速递有限公司人力资源部主管卫玉芳为本书的编写提供了非常好的建议和思路，在此对他们表示衷心的感谢。此外，对参考图书和相关网站文章的作者一并表示感谢。

由于编者水平有限，书中不足之处在所难免，恳请广大读者，特别是高等职业院校同行们给予建议和批评指正。

职业教育国家在线精品课程
快递分拨中心运营实务

编 者
2023年4月

目　录

模块一　快递网点管理 ……………………………………………………… 1

项目一　走进快递网点 ………………………………………………… 1
　　任务一　快递网点概述 …………………………………………… 2
　　任务二　快递网点的选址及布局 ………………………………… 11
　　项目总结 ……………………………………………………………… 17
　　技能训练 ……………………………………………………………… 18
　　实践训练 ……………………………………………………………… 19

项目二　快递网点业务管理 …………………………………………… 20
　　任务一　快递网点收派准备工作 ………………………………… 20
　　任务二　快递网点收寄管理 ……………………………………… 24
　　任务三　快递网点派送管理 ……………………………………… 43
　　任务四　快递网点业务优化 ……………………………………… 52
　　项目总结 ……………………………………………………………… 60
　　技能训练 ……………………………………………………………… 60
　　1+X实践训练 ………………………………………………………… 61

模块二　走进快递处理中心 …………………………………………… 62

项目三　快递处理中心认知 …………………………………………… 62
　　任务一　认识快递处理中心 ……………………………………… 63
　　任务二　快递处理中心内部管理 ………………………………… 70
　　项目总结 ……………………………………………………………… 79
　　技能训练 ……………………………………………………………… 80
　　实践训练 ……………………………………………………………… 81

项目四　快递处理中心的中转模式和选址 …………………………… 82
　　任务一　快递处理中心的中转模式 ……………………………… 82
　　任务二　快递处理中心选址 ……………………………………… 86
　　项目总结 ……………………………………………………………… 90
　　技能训练 ……………………………………………………………… 91
　　实践训练 ……………………………………………………………… 92

模块三　快递处理中心业务管理 ……………………………………… 93

项目五　快件接收 ……………………………………………………… 93
　　任务一　快件接收知识 …………………………………………… 94
　　任务二　总包卸载与验收 ………………………………………… 102

任务三　总包拆解……109
　　　任务四　快件接收业务优化……114
　　　项目总结……117
　　　技能训练……118
　　　1＋X实践训练……119
　项目六　快件分拣……120
　　　任务一　快件分拣管理概述……121
　　　任务二　国内快件的分拣……129
　　　任务三　国际快件的分拣……136
　　　任务四　快递处理中心质量管理……140
　　　项目总结……144
　　　技能训练……145
　　　1＋X实践训练……146
　项目七　快件封装与发运……147
　　　任务一　快件总包封装……148
　　　任务二　分拨批次管理……156
　　　任务三　路由及发运管理……160
　　　项目总结……173
　　　技能训练……173
　　　1＋X实践训练……174
模块四　快递处理中心异常作业与安全管理……176
　项目八　快递处理中心异常管理……176
　　　任务一　快递处理中心常见的异常情况……177
　　　任务二　快递处理中心异常情况管理……192
　　　项目总结……199
　　　技能训练……200
　　　1＋X实践训练……201
　项目九　快递处理中心安全管理……202
　　　任务一　安全管理……202
　　　任务二　常见突发事件管理……216
　　　项目总结……221
　　　技能训练……221
　　　1＋X实践训练……222
　项目十　快递信息技术……223
　　　任务一　快递信息技术类型及应用……224
　　　任务二　快递信息系统……232
　　　任务三　快递信息安全管理……236
　　　项目总结……244
　　　技能训练……244
　　　实践训练……245

参考文献……246

模块一　快递网点管理

项目一

走进快递网点

学习目标

知识目标
1. 了解快递网点的概念及分类；
2. 掌握快递网点的岗位设置及工作职责；
3. 熟悉快递网点选址及布局要求；
4. 掌握快递网点选址步骤。

技能目标
1. 能够撰写快递网点筹建策划书；
2. 能够根据快递选址原则和流程进行网点选址；
3. 能够协助工程部门进行网点布局设计。

素养目标
1. 坚定爱国主义信念和民族自豪感，树立大国担当；
2. 深入学习贯彻党的二十大精神；
3. 培养诚信意识、坚守职业道德；
4. 增强国家自信、道路自信。

项目导入

"门到门"服务是快递服务的主要特点之一，快递网点正是为实现这一服务设置而严密组织的一个区域快递服务系统。党的十八大以来，我国邮政快递业实现了由小到大的跨越，进入了年快递业务量过千亿件、年快递收入上万亿元的新阶段，建成了世界上最为通达、最为普惠、规模最大、受益人数最多的邮政快递网络。截至2022年年底，我国邮路总长度（单程）超过1 000万公里，快递服务网络总长度（单程）超过4 000万公里，拥有邮政快递营业网点四十余万处，广泛覆盖的邮政快递网络为建设全国统一大市场提供了重要保障。

任务一 快递网点概述

任务导入

小王是一名某职业院校邮政快递管理专业的大三学生,通过应聘进入某大型快递公司的网点运营部门实习。入职之前公司组织实习生们进行岗前培训。培训之前公司要求他们通过查阅资料的方式提前了解快递网点的相关知识。小王应该通过什么途径和方式了解哪些内容呢?

一、快递网点的概念

快递网点是快递企业在单个城市中最小、最基本的操作单位,具体指提供快件收寄、派送、交接及其他末端服务的快递营业场所。

快递网点是快递网络的最基础节点,是快递服务网络的重要组成部分,是快递企业收寄和派送快件的基层站点,其功能是集散某个城市某一地区的快件,以及按派送段进行分拣和派送。

微课:快递网点的概念与分类

相关链接

党的二十大报告,给邮政快递业释放这些信号

2022年10月16日上午10时,举国关注、举世瞩目的中国共产党第二十次全国代表大会在北京隆重开幕。这是在迈上全面建设社会主义现代化国家新征程、向第二个百年奋斗目标进军的关键时刻召开的一次十分重要的大会。

这十年,我国邮政快递服务能力显著提升,由邮政大国向邮政强国迈进。这十年,邮政公共服务不断优化。"当前,我国基本构建起覆盖全国、深入乡村、通达世界的邮政快递网络,高铁快递、航空快递运能不断增强,无人仓、无人车、无人机等智能设施装备加快应用,快件最高日处理能力近7亿件。"国家邮政局副局长戴应军介绍,目前,快递网点基本实现乡镇全覆盖,建制村快递服务覆盖率超过80%,"这十年,快递业务量从57亿件增长到1 083亿件,已连续8年位居世界第一"。

在与电商融合发展方面,邮政快递业已经成为商品流通的加速器、服务电商用户的主渠道,年支撑实物商品网上零售额已经超过10万亿元。此外,邮政快递业还为国内国际双循环提供自主可控渠道。积极推进"快递出海"工程,持续加大跨境网络建设力度,加快建设全球性的国际邮政快递枢纽集群,邮政快递业正通过强化全链条的跨境服务,为保障国际供应链安全、服务构建新发展格局作出积极贡献。

国家邮政局还制定了邮政快递业的发展目标:预计到2025年,邮政快递业年业务收入超过1.8万亿元,快递业务量超过1 500亿件,增速均保持在10%~11%,相当于GDP增速的2倍。到2025年,形成多个年业务量超过200亿件或年业务收入超过2 000亿元

的邮政快递品牌,打造综合型寄递物流供应链集团。

为更好地服务我国经济社会高质量发展,邮政快递行业下一阶段的重点任务是推动行业高质量发展、高效能治理,在"加快建设交通强国、努力当好中国现代化的开路先锋"新征程中勇挑畅通重担,更好满足人民群众对美好用邮的新需求、新期待。

(资料来源:https://mp.weixin.qq.com/s?_biz=MjM5OTAzMzQyOQ==&mid=2651138231&idx=1&sn=21e361da4c8b8abf5036fe9748ff717b&chksm=bd30278d8a47ae9b027a1e8d8f9da453c50ab29b431c4d7403bec9c45ea3ed938d4124e3e301&scene=27)

二、快递网点的分类

(一) 按照服务范围分类

快递网点是快递网络中的终端服务场所,按照服务范围分类,一般分为以下三类。

1. 自营网点

自营网点是企业自行投资建设的网点,主要负责某一片区快件的取派、暂存、基础信息录入和收派人员的管理。

2. 代收网点

代收网点是在指定区域内以该企业名义受理快件业务的网点,一般是快递企业与酒店、宾馆、超市等组织合作的网点,代收点的业务范围包括提供受理咨询、代收快件、代收运费、品牌推广和维护。

3. 代理网点

代理网点是指具备独立法人资格的快递公司或具备快件取、派能力的个人,以契约的形式取得大型快递企业某一片区的代理资格,负责该片区的快件收派工作所设立的网点。

 思政园地:快递下乡　助力扶贫

国家启动"快递下乡"工程,邮政、顺丰等 13 家快递大佬"参战"

"三农问题"关系到社会稳定、国家富强、民族复兴,一直以来都是我国政府工作的重中之重。而物流行业对地区经济发展具有重要意义,快递网点缺失、物流基础设施滞后正是农村发展、农民生活改善的一大制约因素。为此,国家邮政局于 2014 年启动"快递下乡"工程,并于 2020 年出台《快递进村三年行动方案(2020—2022)》(简称行动方案),将农村物流体系建设纳入战略部署重点。

行动方案明确,到 2022 年年底,我国县、乡、村快递物流体系逐步建立,城乡之间流通渠道基本畅通,农村综合物流服务供给力度明显加大,快递服务"三农"成果更加丰硕,符合条件的建制村基本实现"村村通快递"。

"快递进村"是指快递服务通达建制村,既包括快递企业直接设立站点的模式,也包括与其他商业组织合作提供快递服务等多种模式。

在行动方案中,总结出了几种模式。

(1) 驻村设点模式。快递企业进村设置网点提供服务,目前在东部发达省份和业务量大的农村地区,由市场主导,各快递企业多采取这种方式进行农村快递网点布局。

(2)"快快合作"模式。这是近几年各地最普遍的下乡进村模式。由一个网点共同代理多个品牌,实现成本共担、网络共享,解决了快递企业独自经营费用高、运营难的问题。

(3)"交快合作"模式。这种模式是快递借助交通网络覆盖的优势和村村通客车的条件,搭载快件进村。通过交通和快递的合作,同时解决了客车运输"吃不饱"和快件运输"下不去"的问题。

而在脱贫攻坚方面,"快商合作"模式则得到了有效应用,电子商务进农村的示范县项目在国家级贫困县已实现了全覆盖。快递是实现电商配送的网络,如果能够和配送站点相结合,将有力推动农村电子商务的建设。

中国快递协会联合邮政 EMS、顺丰速运、中通快递等 13 家快递物流和电商企业发出倡议,将通过"邮快合作""快快合作"等方式逐步创新和完善农村网络发展模式,为农村商家和消费者提供更加优质便捷的快递服务,加强"快递进村"多方合作,让快递服务在 2022 年年底通达全国 31 个省(区、市)的建制村,带动乡村经济发展。

(资料来源:https://www.sohu.com/a/386938543_630258)

思政讨论:
(1)你所在地区近年来网点覆盖率有何变化?
(2)国家为何启动"快递下乡"工程?该工程为乡村振兴作了哪些贡献?

(二)按照经营模式分类

快递网点按照各快递公司的经营模式主要分为直营模式、加盟模式和混合模式三大类。

1. 直营模式

直营模式是指由公司总部直接投资、经营、管理经营网络的经营形式,是我国快递经营模式的发展方向之一。在我国,典型企业有中国邮政速递物流股份有限公司(以下简称 EMS)和顺丰速运(集团)有限公司(以下简称顺丰)。这种快递企业的主要特点是总部与分支机构均属于同一法人,总部与分支机构不存在利益冲突,两者利益是基本一致的。

直营模式有效地解决了公司分散各自为政的困境,然而过多的层次也使管理无法贯彻到位,这也是多数大企业无法避免的困境,唯一的办法就是实现企业信息化,促进信息的快速传递。

(1)直营模式的优点。

① 经营管理统一化,易于发挥整体优势。公司统一制定经营战略,并分解到各分子公司,通过职能部门协调一致,统一开发市场,由公司进行技术研发和整体性运用规划,可以统一调动资金,能快速地响应,最终形成有效的整体。

在直营模式下,快递企业统一资金、统一经营战略、统一管理人事、统一利用企业整体资源,完美地体现和执行公司的营销理念,维护统一的形象与品牌。企业各个网点能够在多方面达成共识,从而能够很好地支撑快递服务。

② 服务水平高。直营快递公司由于统一管理,员工的着装标准统一、服务规范一致,

由上而下的指令能很好地被执行,横向之间的配合也很默契,员工维护品牌的意识较高。

③ 员工队伍稳定。目前直营快递公司有非常规范的人力资源体系,员工待遇和福利比较好,同时公司注重员工培训,通过对不同级别的员工进行分类培训,提高了员工素质,也给员工一个好的发展空间,稳定了员工队伍。

④ 信息化程度高。由于直营公司是全公司的一盘棋,总公司的经营战略能统一实施,所以在一些技术引进和开发上要优于加盟类企业。

 案例

顺丰 50 城打出上门服务"升级版"

不上门必赔付!顺丰 50 城打出上门服务"升级版"。

从 2022 年 9 月 5 日起,顺丰在全国 50 个主要大中城市,同时亮出"派件不上门,承诺必赔付"的服务承诺。在这些城市中,如果顺丰快递员没有获得收件人的同意,未能按标准上门派送,收件人可以通过顺丰客服热线、在线客服或满意度评价这些渠道向顺丰反馈。经客服核实无误后,收件人可获得 5 元客户体验保障红包,红包可用于在顺丰 App、小程序、公众号再次下单时,作为寄件金额抵扣。顺丰将以 50 城为起点,逐步向全国展开。

在销售平台和物流渠道多元化、快件量蓬勃增长的背景下,消费者群体也不断扩大。这其中不仅有新兴群体,也有上了年纪的老人,更有因为交通或身体原因不方便出门的群体。快递企业就更需要用有温度、有个性的服务,不仅要做到派送上门,更需要根据时间、要求派送。

在国家邮政局快递服务总体满意度和公众满意度排名中,顺丰连续 13 年位列第一。作为首个进入世界 500 强的中国民营快递企业,末端服务一直是顺丰最看重的环节之一。

(资料链接:https://baijiahao.baidu.com/s?id=17431264942563349378&wfr=spider&for=pc)

(2) 直营模式的缺点。

① 需要拥有一定规模的自有资本,发展速度受到限制。与加盟型企业相反,采用直营模式的企业在需要扩张,增加网点和生产设备等时需要投入大量的资金,如果没有一定规模的自有资金,就不能在第一时间完成决策,很难在信息万变的市场竞争中抢占先机。受此影响,直营模式下的企业对一个地区的直营店数量需要严格控制,因而快递服务网络覆盖范围相对较小,一般仅覆盖地市级,网络拓展的速度相对较慢。

② 管理系统庞杂,容易产生官僚化经营,使企业的交易成本大幅提高。直营模式快递投资周期较长,需要较长时间来打造品牌、培育团队、拓展业务、营造文化;管理成本相对较高,一旦企业发展到一定规模,直营店过多必然会引发组织管理的问题;各分店自主权小,利益关系不紧密,各分店的主动性、积极性、创造性难以得到充分的发挥。

2. 加盟模式

快递网点加盟经营模式是指快递企业将自己拥有的商标、管理流程、信息网络系统等,以特许经营合同的形式授予被特许者使用,并给予一定的技术指导和培训,被特许者按合同规定在统一的业务模式下在特定区域从事经营活动并支付相应的费用。主要特点在于快递企业总部与加盟商均为独立的企业法人,两者的法律地位是平等的。

在民营快递公司中,加盟性质网点所占比例甚至高达90%以上。加盟模式代表性的企业有申通快递、韵达快递等,当前"四通一达"业务基本覆盖了全国地级市、部分县甚至东中部地区乡镇。

(1) 加盟模式的优点。

① 启动成本低。加盟型快递企业一般是由母公司发起,建立一个运营平台,将区域细分,每个细分块由加盟方投资经营。加盟方可以进一步将本区域进行分割承包,形成一级加盟、二级加盟、三级加盟甚至更多,最终由每个加盟企业或个人来分担启动成本。

② 发展迅速。企业在发展过程中,通过加盟建立新网点,一般新网点公司熟悉当地市场,甚至有现成的客户,这便于企业飞速地扩张。

③ 利润高。在快递收入持续增加的情况下,加盟模式使民营快递企业成功地避免了某些快件较少的快递网点经营不善的问题,促使其始终保持较高的盈利水平。

(2) 加盟模式的缺点。

① 加盟公司管理松散。加盟型快递企业从形式上是简单的结合,上级通过经济罚款等方式管理下级部门,加盟企业对公司缺少认同感,两者之间仅通过经济利益进行连接。

② 服务水平不统一。在目前客户投诉中,加盟型快递企业快件的延误、破损、丢失等情况占了大半,同时各加盟网点由于管理者素质有差距,其服务水平也存在较大的区别。

③ 加盟关系不稳定。加盟关系是建立在经济利益基础上,一旦利益基础动摇,加盟关系也随即瓦解。另外,在加盟企业经营状况非常好的情况下,公司也会希望收回该网点的经营权。

④ 人才流动大。加盟型民营快递公司发展初期主要通过整合农民工,使用自行车等简易工具,直接靠体力劳动来完成快递服务。但随着公司的壮大,企业需要不断地引进具有更高水平的人才来完善企业管理,此时企业由于缺少相关经营,不能提供一个合理的发展空间和福利待遇,最终导致人才流动大。

⑤ 家族性企业,不易管理。民营快递公司是从夫妻店、兄弟坊发展起来的,在公司规模变大后,这些员工之间也会存在互相争权夺利的情况。

⑥ 市场定位低,不易开发双向客户。对于跨区域经营的较大型企业,其售后与生产分处两地,这种类型的客户不仅需要的是单向快件服务,更需要跨区域的双向快递服务,加盟性快递公司则会因为管理、权属上的特殊性,很难为这类客户提供完整的服务。

加盟体制问题很多,其深层次原因在于每个加盟商都是利益中心,为维护各自的利益,加盟老板通常以成本为导向,为避免亏损,不惜牺牲服务质量。各加盟商之间进行同质化经营和价格战,在内部管理上比较粗放和松散。这种管理体制往往不能够很好地适应市场和消费者的需求。

案例

快递网点迎来洗牌，诚信经营是立足之本

2023年1月3日，一则"快递网点老板跑路"的短视频使网友大为震惊。在业内稀松平常的现象，却因为网点疑似私拆积压的包裹，引发网友不满。

据媒体报道，辖区派出所正在调查位于深圳的这家网点，同时隔壁店主称，快递点老板欠外面三四十万元债务。春节前后，再加上管控放开导致小哥紧缺，末端网点又迎来一个艰难的节点。

这家网点成为行业目前普遍现状的一个缩影，《快递观察家》此前报道，如果说2021年，送货上门成为小哥不能承受之重，各种让小哥崩溃的画面还历历在目。那么刚刚过去的2022年，苦撑了几年的网点老板，正在成为那个不堪的群体。

"一方面是疫情管控，无法发货客户流失，现在放开了，同样面临小哥紧缺；另一方面总部的考核在疫情期间并没有减少，网点反复封控，让从业人员心力交瘁。"一位通达系网点老板无奈地说，2022年能赚钱的网点凤毛麟角。

在这样的情况下，几乎可以想象，春节过后，又有不少地方的网点因为人手短缺、资金问题造成快件积压，陷入停摆。《快递观察家》发现，末端动荡的症状，每隔一段时间就会出现，归根结底还是顽疾没有铲除。尽管表面上价格战全面终结，实际上已经转移到了末端网点，有实力的网点通过价格优势抢占客户，依靠规模效益整合区域内的其他品牌网点，从而进行垄断经营，在收派两端形成强势。

原本就经营状况一般的网点，面临着客户与小哥的流失，一旦老板再通过资金杠杆赌注，恶性循环造成的后果可想而知。2023年，一场加盟网点的洗牌在所难免，总部希望看到的是，真正留下有实力的网点参与竞争。

（资料来源：https://baijiahao.baidu.com/s?id=1754156366509917461&wfr=spider&for=pc）

3. 混合模式

在快递行业中，除单一的直营模式和加盟模式外，综合两者优缺点的混合型模式应用也较多，快递企业混合方式多样，主要有以下两种。

（1）传统混合型。传统混合型是公司将一部分地区对外加盟，并授权加盟企业在这些地区享有市场经营权、管理权等，总公司不参与任何经营活动。传统混合型有两种原生态：一是直营为主，一般来说是在主要城市建立直营网点，而在市场未开发地区采取加盟，目的是加快网点的建设而采取的做法；二是加盟为主，这类企业出现直营主要是因为出现经营不善、无人加盟的区域，由总公司直接经营，或是总公司选择市场比较成熟的地区，采用购买经营权的方法回收，这些区域由专人自行经营，但经营方式、方法与总公司不一样。

（2）现代混合型。由公司总部直接投资建立一个管理平台，在所有业务经营地区建立自己的管理公司，部分或绝大部分采取加盟的形式，通过管理公司对当地进行市场规范管理，监督加盟者或企业是否按照公司统一规范进行业务开发和市场经营。这类模式对加盟方只出让市场开发的权利，这是一种相对先进的混合方式。

这两类混合型都具备加盟模式和直营模式的部分优点，并弥补了单一模式的部分不

足,但两者又有很大的区别。

(1) 给予加盟方的权利不一样。传统混合型是将整个地区的经营区出让,总公司不参与任何管理;现代混合型只是将地区的市场开发权利出让,经营管理权为各分公司所有,分公司会参与到所有加盟商的业务管理中去。

(2) 回收的难度和风险不同。从整个总公司经营战略出发,需要对一部分地区进行回收,传统混合型的难度相对较大,有可能会失去整个地区的业务;现代混合型可以做到"人走业务留",不会因为加盟者的变更,完全失去客户。

(3) 现代混合型更类似直营模式,能够完全具备直营的优点,可以在所有网点间操作双向业务,而传统混合型却很难做到。

顺丰积极探索新模式,提升农村服务水平

随着"快递下乡"工程深入推进,农产品上行渠道日益畅通,农产品市场的繁荣活跃、中部地区的潜力释放成为带动行业增长的重要力量。

基于庞大的自营网络,顺丰积极探索创新发展模式,通过与顺丰商业网点、合作代理点、物业管理及智能快递柜的合作实现最后一公里的覆盖。在顺丰的鼓励下,不少快递小哥回乡创业,通过"共配模式"搭建农村市场配送服务平台,进一步提升农村服务能力。

2021年,"三农"工作重心将历史性地从集中力量脱贫攻坚转移到全面推进乡村振兴上来。对此,最新的中央"一号文件"对农村物流体系建设提出了新的要求,提出要加快完善县乡村三级农村物流体系,改造提升农村寄递物流基础设施,深入推进电子商务进农村和农产品出村进城,推动城乡生产与消费有效对接。八年以来,顺丰通过自营配送、共同配送、邮快合作、交快合作、快商合作等模式将服务延伸至村,乡镇覆盖率提升至87.8%,基本实现了"村村通快递"的服务网络覆盖能力,开创了农村物流发展的新局面。

2023年是"快递下乡"工程实施的第九年,"村村通快递"进入收官阶段。顺丰通过自营配送、共同配送、邮快合作、交快合作、快商合作等模式将服务延伸至村,乡镇覆盖率提升至87.8%,基本实现了"村村通快递"的服务网络覆盖能力,开创了农村物流发展的新局面。

(资料来源:https://baijiahao.baidu.com/s?id=16969183517230422238&wfr=spider&for=pc)

三、快递网点的岗位设置及岗位职责

各快递企业根据公司的战略部署和内部结构对快递网点的岗位设置都有自己的要求,但都不尽相同,一般规模较大的网点会根据需要设置快件收派岗、调度岗、快件操作岗、行政后勤岗、质量监控岗、车辆管理岗等岗位。

1. 快件收派岗

快递员是指从事快件揽收、派送和客户信息收集、关系维护及业务推广工作的人员,

其岗位职责如下。

(1) 在规定时间内,安全、快捷、准确地完成取件派件任务。

(2) 确保快件不受损、公司利益不受侵害。

(3) 及时处理客户月结账单及发票,及时收回款项上交财务入账。

(4) 维护公司形象,妥善处理客户提出的各项需求,做好客户开发与维护工作。

微课:快递网点的岗位设置及工作职责

(5) 遵守公司规章制度,严格执行标准化操作流程。

(6) 单据及时整理录入,保证实务与表单一致,做好货物进出库工作。

2. 调度岗

调度员是指将取件指令传达给快递员,合理调度取、派件资源(人和车)的工作人员。调度员的岗位职责如下。

(1) 根据客服或大客户的取件指令,将取件任务及时准确地传达给路区中的快递员。

(2) 与快递员保持畅通的联系,了解取、派件任务的完成情况。

(3) 在取、派件高峰时期,根据各快递员的取、派件量,合理调配取件任务。

(4) 监控快递员在路区中的工作情况,及时应对异常情况,并上报重大情况。

(5) 对快递员的工作绩效和路区划分情况给予合理化建议,掌握每个快递员的平均取件响应时间和工作负荷情况。

3. 快件操作岗

负责快件在网点内的操作。操作员岗位职责如下。

(1) 按照要求检查并接收快递员收取的快件,协助快递员进行快件的包装和运单检查。

(2) 按照站点分拣方案对出站快件进行分拣、集装、暂存、装车,按本操作站点的路区划分对进站快件进行分拣。

(3) 审核快递员带出派送的快件。

(4) 严格按操作流程逐件扫描快件和集装包,并及时上传系统。

(5) 将出站快件的运单信息及时准确地录入系统中,并将派送信息及时准确地反馈到系统中(快递员没有配备无线扫描枪的站点)。

(6) 在特殊情况下,负责支援客户服务工作以及快递员的紧急取、派工作。

(7) 负责快件信息预报的发送、接收和站点之间的联络工作。

4. 行政后勤岗

负责站内的行政、后勤保障工作(如物料管理、操作设备维修保养等)。行政后勤岗位职责如下。

(1) 负责站内的行政、人事考勤工作。

(2) 站内安保、保洁,以及工装、操作设备、办公用品的分发与保管。

(3) 物料管理。

(4) 对除机动车之外的操作设备进行维修及常规的维护和保养。

5. 质量监控岗

负责制作各种反映质量情况的报表、汇报和跟进本站点各种服务缺失问题。质量监控员岗位职责如下。

（1）上报和跟进本站点的各种操作缺失问题。

（2）制作并按时上报本站点的质控报告，研究上级提供的质控报告，跟进本站点既定的操作指标，对达不到要求的考核指标进行分析。

（3）对于操作的现有情况和改进措施提供合理化建议。

（4）负责与本站点操作相关的培训工作和培训组织工作，并跟进培训效果，配合上级推行操作标准、流程和新项目的实施。

6. 车辆管理岗

掌握车辆的使用情况，负责车辆的维修、配置与监控班车运输资源，管理分供方车辆。管理员岗位职责如下。

（1）监督每日正点班车和加班车辆的发运情况、配载情况、车辆空舱等情况，用GPS监控车辆行驶的路由是否合理、是否按既定时间行驶等情况。

（2）站点车辆耗油、行驶里程、运行安全等数据的收集、整理、归档与保存，所有车辆的维修和养护。

（3）处理车辆运行中的突发事件。

（4）负责与运输分供方的联系工作，定期对分供方进行业务培训，提出改进建议。

（5）负责车辆报修故障的月报统计工作，并分析人为或机械因素。对当地的运输市场进行定期调研，寻找替补分供方。

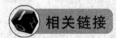 相关链接

快递服务主体应有效保障快递从业人员合法权益

（1）与快递从业人员订立书面协议，合理确定双方的权利义务。

（2）依法为快递从业人员缴纳社会保险。

（3）按照行业劳动定员定额标准，科学确定劳动者工作量和劳动强度。

（4）配备必要的劳动安全卫生设施和劳动防护用品，制订恶劣天气等特殊情形下的劳动保护措施。

（5）针对投诉申诉问题，建立完善的快递从业人员内部救济渠道。

（6）采取适当措施，改善生产生活条件。

（7）关注快递从业人员身心健康，及时开展心理疏导。

（资料来源：http://gd.spb.gov.cn/gdsyzglj/c106480/mmshd/c106941nb/202211/60d008360e6e42658c4c22e3fa0aa7d3.shtml）

 思政园地：弘扬奉献精神　共建和谐社会

49名快递员收获"好心快递小哥"荣誉奖

2023年2月28日，中国快递协会第三届四次理事会上举行了"好心快递小哥荣誉奖"颁奖仪式，对49名"好心快递小哥"集中表彰。顺丰总裁王卫、圆通董事长喻渭蛟、韵

达董事长聂腾云、菜鸟 CEO 万霖、申通总裁王文彬、极兔 CEO 樊苏洲等 10 余位企业家向各自的"好心小哥"代表颁发了奖杯和证书。

火场勇救一家三口的顺丰好心小哥张裕表示："一次见义勇为只是今后工作和生活的新起点,我会将平凡的好事继续做下去。"

快递业的蓬勃发展离不开全国数以百万计的快递员的辛勤劳动,他们每日奔走在大街小巷,是我国经济社会中不容小觑的新生力量。习近平总书记充分肯定他们是"勤劳的小蜜蜂",是"美好生活的创造者、守护者",他们在畅通经济循环、方便生产生活、促进社会和谐方面发挥着重要作用。

为落实好保障快递员群体合法权益,做好关心关爱快递小哥的工作,中国快递协会联手今日头条于 2021 年 10 月启动"寻找好心快递小哥"的公益活动。活动旨在寻找挖掘快递员中的见义勇为、助人为乐、公益善心之举等,通过对这些凡人善举的传播,传递他们的奉献精神,弘扬来自快递业的正能量,同时也传达行业和社会对他们的鼓励和认可。

(资料来源:http://www.cea.org.cn/content/details_15_23579.html)

思政讨论：
(1) 案例中获奖快递员的事迹体现了社会主义核心价值观的哪些方面？
(2) 结合自己的体会,谈一谈快递行业给我们的生活带来了哪些便利。

任务二　快递网点的选址及布局

任务导入

小王经过培训入职后,负责配合网点运营部孙经理筹建新快递网点。孙经理让小王用一周的时间写一份网点筹建策划书,并要求策划书包含以下内容:选址、布局设计、岗位设置、人员招聘等。如果你是小王,你会如何撰写该网点筹建策划书？

一、快递网点建立的条件

快递网点的设置,应依据当地人口密度、居民生活水准、整体经济社会发展水平、交通运输资源状况以及公司发展战略等因素来综合考虑,要本着因地制宜的原则,科学、合理地设置。从我国快递企业目前设置情况看,城市网点多于农村,东部地区多于西部地区、经济发达地区多于经济欠发达地区。收派集散点是快件传递网络的末梢,担负着直接为客户服务的功能。具体要求如下。

微课:快递网点的选址及布局

(1) 区域范围。要求网点的辐射区域达到一定标准,如辐射半径在 3km 以上、5km 以内等。

(2) 业务量要求。业务量要求是指每天可收派快件的业务量达到一定标准或有一定的市场潜力。

(3) 成本要求。建点时要充分分析成本收益情况,对于收益不稳定的区域一般不予建点。

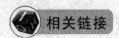 相关链接

快递营业场所的选址要求

(1) 应符合国家有关政策法规、城市总体规划及道路交通规划要求。

(2) 宜考虑所在区域的企业及商业设施分布情况,以及人口结构、收入水平、消费习惯和用户需求。

(3) 宜考虑同业发展情况、商业化程度、土地价格、租金。

(4) 宜选择在交通便捷的地点,以满足运输、揽投等车辆的进出。

(5) 应考虑周边环境,减少营业过程中给居民生活和休息带来的不便。

(资料来源:邮政行业标准 YZ/T 0137—2015 快递营业场所设计基本要求)

二、快递网点选址的标准

1. 配套设施

各种配套设施要齐全,如网络系统、通信系统、消防系统、电力、水等方面必须能满足快递企业正常的使用要求。

2. 合法性

自建的派送网点需要有合法的房产证,租用的房屋需要有出租房屋的房产证复印件及房屋租赁合同等证明材料。

3. 治安状况

派送网点的治安条件要好,以保证快件暂存的安全性和快件经营不受打扰。

4. 交通便利

派送网点选址时,需对该区域的交通情况进行调查了解,如网点出入的主干道应比较畅通,以免快件运输时经常发生交通堵塞,不利于快件的正常流转。另外,需考虑交通管制因素,例如周边单行道较多的地点不宜考虑设置派送网点。

5. 地理位置适中

(1) 派送网点最好选择在业务量密度最高的地区附近。业务量密度是指单位面积的收派票数。既要考虑现有业务量,也要充分考虑潜在市场的发展要求。

(2) 将派送网点选在服务区域的中心地带。尽量考虑各快递业务员返回网点的距离,满足大部分快件的派送时效,并为快递企业节约收派成本。

(3) 考虑派送网点到达下一中转环节的路况及车流,以行驶时间最短为宜。

6. 场地要求

(1) 具有固定的独立空间。

(2) 基本型营业场所应包括业务接待区和暂存区,两者应物理分隔;拓展型营业场所是在基本型营业场所的基础上,增加了独立的操作、停车及装卸、充电等功能区。

(3) 基本型营业场所面积不应小于 $15m^2$,拓展型营业场所面积不应小于 $30m^2$,且营业场所的面积应与快递业务量大小相适应。

(4) 同一服务品牌的快递服务组织,其快递营业场所的设计应保持统一风格。

(5) 符合国家对于营业场所其他方面的要求。

三、快递网点选址的步骤

1. 进行规划

将站点或集散中心服务区域未来5~10年快件量的预测数据(包括竞争对手的相关数据)提交给计划工程部(有的公司没有设立该部门,相关工作交由运营中心负责),由计划工程部进行规划、设计、布局、编制年度总投资预算,然后征求相关部门的意见及建议,并经修订后提交给高层管理人员会议或董事会审核通过,且成立项目小组。

2. 调研与论证

项目小组根据以上规划进行站点或集散中心的选址、询价,对备选站点或集散中心进行现场调研,编制推荐方案论证报告、投资预算及施工周期,征求相关部门的意见及建议,经修订后提交给高层管理人员会议或董事会审核通过。

3. 办理相关手续

一般程序为谈判(购买价格或租赁的价格、租期等)、查验需要购买或租赁物业的相关合法证件、与预算比对、测算快件所承担的单位成本、拟订合同、律师审核、正式签订合同。

4. 采购相关设备与施工

对土建工程及采购设备应采取招标形式:采购设备时,至少邀请3家供应商参与报价或邀请多家进行投标,对所采购的设备应当保障在3~5年内不落后于行业中等水平(包括考量性价比)。采购流程结束后就开始签订合同、施工、安装、调试、试运行。

四、快递网点场地布局

以直营快递网点为例,营业场地应根据现场实际,在场所内划分接待、暂存、操作、停车及装卸、充电等相关功能区域,各功能区域可用标线进行分隔,保持出入畅通,方便人员、车辆及快件的进出。基本型快递网点功能分区示例如图1-1所示,拓展型快递网点功能分区示例如图1-2所示。

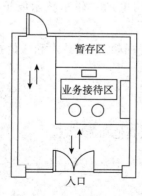

图1-1 基本型快递网点功能分区示例

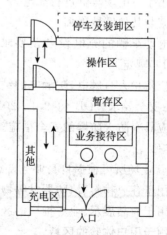

图1-2 拓展型快递网点功能分区示例

1. 业务接待区

业务接待区应满足以下功能或要求。

（1）向用户提供业务咨询。

（2）便于用户填单、等候或提取快件。

（3）用于快件的交寄、接收、验视、封装、称重和信息采集等。

2. 暂存区

暂存区应满足以下功能或要求。

（1）用于临时存放快件。

（2）文件类和物品类应分开存放。

（3）揽收件和投递件应分开存放。

（4）错发件、无着快件、破损件、损毁件等异常快件应分别存放。

3. 操作区

操作区应满足以下功能或要求。

（1）依据流向对揽收件和投递件进行分拣处理。

（2）对揽收件进行打包处理。

（3）可对打包件进行整体称重。

（4）可满足特殊业务处理要求。

4. 停车及装卸区

停车及装卸区应满足以下功能或要求。

（1）设置车辆减速、限速标志。

（2）设立机动车和非机动车停靠区域标线。

（3）方便停车和进行快件装卸操作。

（4）满足车辆停放整齐等相关要求。

5. 充电区

充电区应满足以下功能或要求。

（1）用于对电动车辆进行充电。

（2）应与其他区域隔离。

（3）电动车辆的充电设备及要求应符合《快递专用电动三轮车技术要求》（YZ/T 0136—2014）规定。

（4）应防止人身触电，防触电的结构要求应符合《音视频、信息技术和通信技术设备 第1部分：安全要求》（GB 4943.1—2022）中的规定。

（5）应具有防火防爆的安全措施。

文档：《快递专用电动三轮车技术要求》

6. 其他

快递营业场所可根据自身业务特点及发展需求设置其他功能区域。

（1）用于存放物料、消防器材等物品的区域。

（2）用于商品展示、业务推广的区域。

（3）用于用户体验的区域。

（4）用于员工休息的区域等。

快递营业场所的设计要求

快递营业场所宜具有固定的、易识别的场地,如搬迁或停业应通过各种渠道和有效方式告知用户,并满足以下要求。

(1) 场所设计宜符合《快递营业场所设计基本要求》(YZ/T 0137—2015)要求。

(2) 应按《邮政业安全生产设备配置规范》(YZ 0139—2015)要求,根据场所类型配备消防、隔离、监控、安检、报警等安全生产设备。

(3) 应在显著位置公布:

① 经营许可信息;

② 服务种类;

③ 服务产品,包括服务产品名称、服务地域、服务时限、投递方式、资费标准等;

④ 包装产品价格和包装收费标准;

⑤ 快件查询;

⑥ 损失赔偿;

⑦ 投诉处理;

⑧ 其他服务承诺;

⑨ 服务电话和电子邮箱;

⑩ 监督投诉电话和电子邮箱。

(4) 提供必要的业务单据、填写样本或网络下单指引。

(5) 办理国际快递业务的营业场所,备有中英文对照的服务说明,至少指定或设置一个收寄国际快件的营业窗口。

(资料来源:http://gd.spb.gov.cn/gdsyzglj/c106480/mmshd/c106941nb/202211/60d008360e6e42658c4c22e3fa0aa7d3.shtml)

快递行业要把提升服务质量放在首位

近年来,我国快递业务量始终保持高速增长态势。规模稳定增长的同时,各大快递企业也不断在快递时效、末端派送等服务质量方面寻求提升。例如,菜鸟在2022年"6·18"期间宣布升级冷链服务,推出"送前电联、送货上门""化冻包赔"等多项服务,希望提升消费者的收货体验。

送货上门一直是快递行业老生常谈的难题。此前中国消费者协会发布的舆情分析报告显示,在消费者吐槽较多的配送类问题中,排名第一的就是不送货上门。其实,《快递暂行条例》中明确规定,经营快递业务的企业应当将快件投递到约定的收件地址,并告知收件人或代收人当面验收。这意味着选择哪种配送方式,征求收件人意见是前提。"不上门就赔钱"的承诺至少表明,一些快递企业已经意识到,提升服务质量是摆脱同质化竞争、走向高质量发展的关键。

"不上门就赔钱"还表明快递市场正在逐步回归理性价值竞争,从拼价格转向比服务。不过,虽然当前在城市地区,已初步形成了宅递、箱递、站递等多元化发展模式,农村地区也初步形成了邮快、交快、快快合作等多种"快递进村"模式,但城乡发展不平衡和末端服务不到位的情况仍然突出。尤其是农村寄递物流体系仍存在末端服务能力不足、可持续性较差、基础设施薄弱等问题,与广大农民群众的期待还有一定差距。

对广大消费者来说,如今网上购物、快递到家已是家常便饭。在此背景下,消费者群体也更加丰富。这就要求快递企业在投递方式和投递深度上不但要有差异化,更要有质量保障。要主动求变,不断更新、突破多年来行业既有的定价模式、商业模式和管理模式,用贴心、个性化的服务满足用户多样化需求,帮助品牌提升用户黏性、提高回购率。

(资料来源:https://baijiahao.baidu.com/s? id=17441684148157826598&wfr=spider&for=pc)

五、快递网点的设施设备

快递网点应设置和配备与所经营业务相适应的设施设备,设施设备的摆放和设置应满足安全条件,不应影响人员通行、大件物品进出和业务操作。

1. 室外设施

(1) 快递营业场所外应悬挂体现快递服务组织统一服务品牌标识的标牌,宜放置于门口上方突出位置。

(2) 快递营业场所外应悬挂营业场所标牌,应放置于入口处明显位置。

① 营业场所标牌应包括营业场所具体名称和营业时间。其中,营业场所具体名称由"快递服务组织名称+营业场所名称"组成,如××快递西直门营业厅。

② 营业场所标牌尺寸以 400mm×300mm 为宜,规格尺寸示例见图1-3。

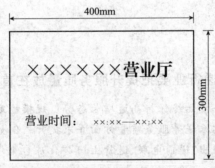

图1-3 营业场所标牌规格尺寸

③ 营业场所标牌与地面距离不应小于1.2m。

2. 室内墙体张贴

快递营业场所墙体应于醒目位置采用张贴或其他方式展示以下内容。

(1) 经营资质证明。

(2) 服务种类、服务承诺、资费标准。

(3) 禁限寄物品目录、收寄验视规定、安全生产警示。

3. 室内设施设备

(1) 书写台。快递营业场所应设置书写台，供用户书写填单使用，书写台上应放置各类业务单据的填写样本，并提供客户所需书写工具。

(2) 座椅。快递营业场所应设置座椅。

(3) 营业终端设备。快递营业场所应配备个人计算机、手持终端、采集器（扫描枪）等基本的营业终端设备。个人计算机和手持终端中，应至少有一台设备与快递服务组织总部的计算机管理系统联网，能按照要求实现相关电子数据的传送、交换。

(4) 计量设备。快递营业场所应配备与业务量相适应的计量设备，如（电子）磅秤或（电子）台秤、卷尺或皮尺等。所配备的计量设备应具有国家计量检定合格证书，且应在使用有效期内。

(5) 通信设备。快递营业场所应配备与业务量相适应的通信设备，如宽带、电话、传真等。

(6) 操作设备。快递营业场所应配备与业务量相适应的货架、包装设备和手推车等。

(7) 快递封装用品。快递营业场所应提供快递封装用品，快递封装用品应符合相关国家标准及行业标准的规定。

六、快递网点的安全要求

1. 消防安全

快递网点应按照"国家标准 GB 50016—2014"（《建筑设计防火规范》）的要求，设置醒目的防火标志，消防通道、安全出口符合紧急疏散要求，标志明显并保持畅通。

快递网点应配备与场所面积相适应的消防设施、设备及器材，消防器材的配置应符合"国家标准 GB 50140—2005"（《建筑灭火器配置设计规范》）的规定。

快递网点内严禁使用明火，以及与快递服务无关的电气设备。

2. 用电安全

快递网点充电区的电压，应能满足三相用电设备的正常使用。

3. 安全监控

快递网点应配置与场所面积相适应、符合国家相关要求的监控设施设备，监控设备的安装应达到无死角、无盲区的要求。

监控设备应全天候 24 小时运转，监控资料保存时间不得少于 30 天，并按照邮政管理部门的要求进行报送。

4. 其他要求

快递网点应符合国家关于营业场所安全与环保方面的其他规定。

项目总结

项目一总结见表 1-1。

表 1-1　项目一总结

知 识 点	相 关 内 容
快递网点	快递网点是快递企业在单个城市中最小、最基本的操作单位,具体指用于提供快件收寄、派送、交接及提供其他末端服务的快递营业场所
快递网点的分类	按照服务范围分类:自营网点、代收网点、代理网点 按照各快递公司的经营模式主要分为三大类:直营模式、加盟模式和混合模式
快递网点的岗位设置	一般规模较大的网点会根据需要设置快件收派岗、调度岗、快件操作岗、行政后勤岗、质量监控岗、车辆管理岗等岗位
快递网点的设置要求	① 区域范围:要求网点的辐射区域达到一定标准,如辐射半径在3km以上、5km以内等 ② 业务量要求:业务量要求是指每天可收派快件的业务量达到一定标准或有一定的市场潜力 ③ 成本要求:建点时要充分分析成本收益情况,对于收益不稳定的区域,一般不予建点
快递网点选址的步骤	选址步骤:进行规划、调研与论证、办理相关手续、采购相关设备与施工
快递网点场地布局	以直营快递网点为例,在场所内划分接待、暂存、操作、停车及装卸、充电等相关功能区域

技 能 训 练

一、单项选择题

1. 关于快递网点的概念,下列表述错误的是(　　)。
   A. 快递网点是快递企业在单个城市中最小、最基本的操作单位
   B. 快递网点是快递企业收寄和派送快件的基层站点
   C. 快递网点承担着城市之间快递中转的任务
   D. 快递网点的功能是集散某个城市某一地区的快件,以及按派送段进行分拣和派送

2. 关于快递网点选址的步骤正确的是(　　)。
   A. 规划、调研、论证、办理相关手续、采购设备、施工
   B. 调研、规划、论证、办理相关手续、采购设备、施工
   C. 调研、论证、规划、办理相关手续、采购设备、施工
   D. 论证、调研、规划、办理相关手续、采购设备、施工

3. 关于快递网点的设置要求正确的是(　　)。
   A. 网点的辐射半径在1km以上
   B. 快递网点自负盈亏没有业务量要求

C. 建点时要充分分析成本收益情况,对于收益不稳定的区域,一般不予建点
D. 网点设置要尽量全覆盖,特别是偏远地区
4. 下列( )不是混合模式网点的优点。
   A. 启动成本低　　　B. 发展速度迅速　　　C. 利润高　　　D. 服务水平高
5. 下列快递公司属于直营式网点的是( )。
   A. 圆通速递　　　B. 顺丰速递　　　C. 韵达速递　　　D. 中通速递

二、多项选择题

1. 快递网点按照服务范围分类可以分为( )。
   A. 自营网点　　　B. 代收网点　　　C. 代理网点　　　D. 智能快递柜
2. 快递网点按照各快递公司的经营模式主要分为( )。
   A. 直营模式　　　B. 加盟模式　　　C. 合作模式　　　D. 混合模式
3. 下列( )属于快递网点的岗位设置。
   A. 快件收派岗和操作岗　　　　　B. 调度岗
   C. 行政后勤岗　　　　　　　　　D. 质量监控岗
   E. 车辆管理岗等岗位
4. 快递网点布局应包含下列( )区域。
   A. 暂存　　　B. 操作　　　C. 停车及装卸　　　D. 充电区
5. 直营式网点的优点是( )。
   A. 经营管理统一化,易于发挥整体优势　　　B. 服务水平高
   C. 员工队伍稳定　　　　　　　　　　　　　D. 信息化程度高

三、简答题

1. 叙述快递网点的分类。
2. 分析直营式网点和加盟式网点的优缺点,并举例说明。

实 践 训 练

实训要求:根据本项目所学的快递网点的功能和场地布局,绘制一份某公司直营快递网点的设计图,要求设计图符合中华人民共和国邮政行业标准《快递营业场所设计基本要求》(YZ/T 0137—2015),并把各区域名称标注在相应的位置上。

实训目的:通过设计快递网点平面设计图,加深对快递网点的功能、作业和业务流程的了解和认知。

实训方式:以个人为单位完成实训任务。

项目二

快递网点业务管理

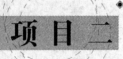

知识目标
1. 了解快递网点收派需要准备的事项；
2. 掌握快递收派的方式、收派的流程、收寄验视的要求等；
3. 熟悉网点常用的业务指标并进行优化。

技能目标
1. 能够做好收派前的准备工作；
2. 能够按实名收寄的要求进行收寄工作；
3. 能够对快递网点的收派工作进行优化。

素养目标
1. 增强职业认同感；
2. 培养敬业精神和工匠精神；
3. 树立科技创新意识。

快递员是指使用快递专用工具、设备和应用软件系统，从事国内、国际及港澳台地区的快件揽收、分拣、封发、转运、投送、信息录入、查询、市场开发、疑难快件处理等工作的人员。快递员在工作前首先应该遵守以下职业守则：遵纪守法，诚实守信；爱岗敬业，勤奋务实；团结协作，准确快速；保守秘密，确保安全；尊重客户，文明礼貌；衣着整洁，举止得体；热情服务，奉献社会。

任务一 快递网点收派准备工作

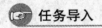

本周小王被分配到公司某直营快递网点工作，职位是快递员。今天是他进入网点的

第一天,他希望多了解一些关于快递网点的知识,公司网点张经理对小王说"工欲善其事,必先利其器",收派前要事先做好准备。张经理希望小王在工作一天后能够回答以下问题。

(1) 快递收派工作的工具有哪些?
(2) 有些快递比较贵重,该怎样进行处理?

一、收派工具准备

(一) 运输工具准备

目前常见的运输工具有电动三轮车、汽车等,出行前应做好运输工具的准备。确保运输工具工作状态良好,是实现人身安全、快件安全以及高效收派件必不可少的一项前期工作。某快递公司快递电动三轮车、汽车示例如图 2-1 所示。

微课:快递网点收派准备工作

图 2-1 某快递公司快递电动三轮车、汽车示例

1. 电动三轮车检查要点

(1) 检查轮胎气压,气压不足及时充气。气压充足可以降低轮胎与道路的摩擦力;气压不足时电动车骑行费力,消耗电能增多,续航里程缩短。

(2) 车把转向是否可靠,前、后制动器是否灵敏,整车螺栓是否松动,链条、飞轮是否需要加润滑油,确保行车安全。

(3) 电池盒的插座、充电器的插头是否松动,电池盒是否锁好,电量是否充足。

(4) 配套工具及附件是否备齐。

2. 汽车检查要点

(1) 车辆外观。查看有无明显破损,有无影响安全的漏洞,四门能否关牢、锁死。

(2) 车辆内部。查看车厢内是否清洁,防止污染快件。

(3) 行车安全。查看轮胎的胎面是否有鼓包、裂纹、切口、刺穿、过分磨损等情况;检查制动系统,观察制动距离是否正常;检查发动机运转是否良好,火花塞点火是否正常;检查机油、制动液、冷却剂是否足量。

(4) 检查车辆的各种零件有无松动,车辆的照明灯、信号灯、喇叭、玻璃升降器手柄等是否能正常使用。

(5) 配套工具。检查随车的简单修理工具、备用轮胎等是否齐全。

（二）移动扫描设备准备

快递领域中常见的移动扫描设备是快递员在收派件服务时用于采集快件信息的终端设备，快递移动扫描设备示例如图2-2所示。市面上各种数据采集器种类、型号繁多，但其主要功能和构造相差不大，在使用前需检查的要点及保养常识如下。

图2-2　快递移动扫描设备示例

1. 手持终端检查要点

（1）电量是否充足，如果电量不足，一般会自动提示。
（2）能否打开条码识别功能。
（3）能否正常读取条码信息。
（4）按键是否灵敏正确。
（5）显示屏是否正常显示扫描信息。
（6）采集器通信接口是否清洁、有无杂物。
（7）运行程序和速度是否正常。
（8）采集器能否实时上传数据。
（9）历史数据是否已经上传且删除。

2. 日常维护与保养知识

（1）避免剧烈摔碰、挤压，远离强磁场。
（2）注意防潮、防湿，通信口避免杂物进入。
（3）电池电力不足时，手持终端将会提示，应及时充电。
（4）当用户程序不能正常运行时，应重新设置系统程序及应用程序。
（5）不要擅自拆卸机器，若出现故障，应与公司相关人员联系。

（三）证件准备

证件包括个人证件和车辆营运证。个人证件是向客户证明身份的证件，主要包括工牌（工作证）、居民身份证、驾驶证等。

（四）其他物品准备

出行收件前，快递员应携带足够的工作用具和包装材料，如运单打印纸、运单打印机、包装箱、名片、专用双肩背包、单肩挎包、通信设备、各式单证、零钱、介刀、便携式电子秤（内置卷尺）等。常用收寄工具及说明如表2-1所示。

表 2-1　常用收寄工具及说明

物 品 名 称	物 品 说 明	示 例 图 片
运单打印纸	用于填写快件信息	
运单打印机	用于打印快递电子运单	
手推车	用于收派快件	
胶带	用于快件的封箱	
包装箱	用于快件的包装	
背包或挎包	用于文件类、小包裹类快件的集装	
便携式电子秤（内置卷尺）	用于计量快件重量或体积	
介刀	日常收派件使用	

二、特殊收派情况准备

（一）特殊天气收派准备

快递员需每天看天气预报，并实时跟进天气情况，在雨雪雾天气，需提前备好雨布、雨衣、塑料薄膜等防水防冻物品。

1. 大风天气注意事项

大风天气要注意防备路旁建筑物上刮落的花盆、玻璃等物品伤人；防备路旁树木倒伏、树枝折断伤人；防备广告牌、广告架被大风刮倒伤人。

2. 大雨天气注意事项

大雨天气要防备过路或通行车辆在视线和路况不好、制动性能不稳定的情况下对自身造成伤害，尽量与机动车辆保持较远距离。

注意绕开路上的下水井，以防落入无盖井中；要高度集中精神，小心谨慎驾驶机动车辆、电动车或助力自行车；在不明前方路况的情况下，应暂停行进或绕道通过；雷雨天气还要注意预防雷击。

3. 大雪冷冻天气注意事项

大雪冰冻天气驾驶机动车要防备路面打滑或被过往车辆撞击；采用助力自行车应缓慢行驶，转弯时采取下车推行或两脚着地等安全防范措施。

4. 大雾天气注意事项

大雾天气应集中精力，注意观察，减速慢行；使用汽车派送快件的途中，还需要按规定打开雾灯；使用自行车派送快件时，需要减速慢行。

（二）贵重物品收派准备

贵重物品收派需单独进行，每一环节交接人都要签字，且与其他快件分开放置。

1. 利用非机动车收派

（1）快递员在进行贵重快件收派过程中，快件不得交由他人捎转带，不乱扔乱放，不让他人翻阅。

（2）进入单位或居民区内，车辆及快件应尽量放在视线可及或有人看管的相对安全的地方，做到贵重快件不离身。

（3）收派贵重快件时，不出入与工作无关的场所。

（4）收派时，将贵重快件捆扎牢固。

2. 利用机动车收派

（1）收派车后厢玻璃窗应有防护措施，摩托车装快件的容器应加装锁具。

（2）机动车递送快件时，要将车辆放在适当的位置（视线可及的范围）。

任务二　快递网点收寄管理

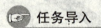

快递员小王经过一天学习，能够很顺利地准备好收派所需要的工具，但是他还不能自

已去进行收派工作。张经理让小王今天跟着老师傅去学习一下快递网点的收寄管理,希望小王在学完后能够回答以下问题。

(1) 快递网点收寄方式有哪些,需要注意什么?

(2) 为什么要进行实名收寄验视,验视的操作方法是怎样的?

(3) 不同收寄方式的收寄流程是怎样的?

微课:快递下单及收寄的方式

一、接收快递订单的方式

1. 通过快递服务主体下单

图2-3展示的是某快递企业网站下单示例,通过快递服务主体电话、网站、App等途径下单,应满足以下要求。

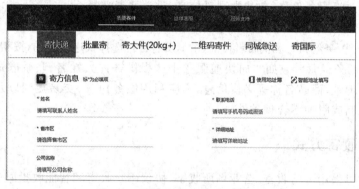

图2-3 某快递企业网站下单示例

(1) 快递服务主体应明示或告知服务产品、服务时限、投递方式、投递要求、服务范围、服务价格、包装产品价格和包装收费标准等,提供用户选择渠道,供用户选择。

(2) 快递服务主体应提醒用户阅读服务协议、保价等条款。

(3) 用户应准确完整填写或选择姓名、取件地址、联系方式、服务产品、内件品名、投递地址、投递方式等相关信息。

(4) 双方约定取件方式。

(5) 上门取件的,应约定取件时间。

(6) 快递服务主体若不能提供快递服务,应以适当的方式及时告知用户。

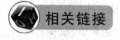

快递员国家职业技能标准

为规范从业者的从业行为,引导职业教育培训的方向,为技能人才评价提供依据,依据《中华人民共和国劳动法》,适应经济社会发展和科技进步的客观需要,立足培育工匠精神和精益求精的敬业风气,人力资源和社会保障部、国家邮政局组织有关专家,制定了《快递员国家职业技能标准》。该标准以《中华人民共和国职业分类大典(2015年版)》为依据,以"职业活动为导向、职业技能为核心"为指导思想,对新增职业快递员从业人员的职业活动内容进行规范细致描述,对各等级从业者的技能水平和理论知识水平进行了明确规定。

(资料来源:http://chinajob.mohrss.gov.cn/c/2019-12-18/234863.shtml)

2. 通过电子商务平台下单

通过电子商务平台下单,应满足以下要求。

(1) 由电子商务经营者选择快递服务的,快递服务主体应与电子商务经营者提前约定服务产品、服务时限、投递方式、服务范围、服务价格等。在消费者购买商品时,电子商务经营者应将快递服务产品、服务时限、投递方式、服务价格明确告知消费者,并承担运输中的风险和责任。

(2) 由电子商务经营者提供多样化、差异化快递服务,供消费者选择的,宜满足以下要求。

① 电子商务经营者宜在商品销售页面标明快递服务主体的品牌、快递服务产品、服务时限、投递方式、服务价格、包装类别等信息,供消费者选择。

② 电子商务经营者宜分别展示商品价格和快递服务产品价格。

(3) 经电子商务经营者和消费者协商,由消费者自行选择快递服务的,按相关要求执行。

(4) 电子商务经营者应如实向快递服务主体提供寄件人姓名、联系方式和收件人姓名、联系方式、地址、商品名称等必要信息,不应利用服务协议、交易规则以及技术等手段进行不合理限制或附加不合理条件。

二、快递的收寄方式

邮件快件可采用上门收寄、营业场所收寄、协议用户收寄和智能收投服务终端收寄四种方式。快递服务主体应以建制村和社区为基本单元,建立其服务网络地址信息库,并明示其服务地域,对于超出投递服务能力(含合作)所及区域的快件,不应收寄。

1. 上门收寄

上门收寄是收派员到寄件人现场完成收寄的服务方式,快递服务主体接单后应立即通知快递员取件。快递员取件应满足以下要求。

(1) 取件时间应在2小时内,有约定的除外。

(2) 宜统一穿着具有企业标识的服装,并佩戴工号牌或胸卡。

(3) 应带好必备的快递运单、快递封装用品和计量器具等。

(4) 取件后,应及时将快件送交快递营业场所或快件处理场所。

2. 营业场所收寄

营业场所收寄是通过营业网点完成收寄的服务方式,快递服务主体应按公示的营业时间提供收寄服务,为用户提供必需的用品用具,必要时应协助用户完成下单操作。

应明确、完整告知寄件人快递服务合同条款、遵守禁止寄递和限制寄递物品等有关规定,并落实实名收寄、收寄验视规定。

3. 协议用户收寄

协议用户收寄是对签订寄递协议的交寄量大或交寄频次高的寄件人提供批量交寄的服务方式,协议用户收寄应该按照所签订的寄递协议执行。

4. 智能收投服务终端收寄

智能收投服务终端收寄是通过智能快件箱、智能远程收寄终端等设备完成收寄的服务方式。通过智能信包箱、智能快件箱、无人车等智能收投服务终端收取快件应满足以下要求。

（1）智能收投服务终端运营企业应明确、完整告知寄件人快递服务主体服务区域。

（2）能收投服务终端运营企业应为实名收寄提供技术条件和技术服务，确保落实实名收寄要求。

（3）智能收投服务终端运营企业应明确、完整告知寄件人快递服务合同条款、包装管理要求、遵守禁止寄递和限制寄递物品等有关规定。

（4）寄件人应如实提供寄递信息，接受身份查验；通过查验后，将未封装的交寄物品放至智能收投服务终端的箱体内。

（5）快递服务主体取出交寄物品时，应当场验视、封装，并作出标识。

三、实名收寄验视

1. 收寄验视制度

收寄验视制度是指邮政企业、快递企业依照法律规定，对收寄的邮件、快件进行查验，防止禁止或限制寄递物品进入寄递渠道的法律制度。收寄验视制度是我国邮政安全法律制度的重要内容，邮政企业收寄邮件时应切实加以遵守。

微课：实名收寄验视

邮件快件寄递渠道连通千家万户以及学校、机关等单位，查验寄件人身份、登记寄件人身份信息，是从源头上防范不法活动、保护用户安全用邮权益的有效措施，是《中华人民共和国反恐怖主义法》的刚性约束。实行实名收寄对于防范、打击寄递渠道违法犯罪活动，维护国家安全、公共安全，促进邮政业持续健康发展具有重要意义。

2. 实名收寄验视相关要求

寄递企业人员/收派员应根据寄件人填报内容对交寄的物品、包装物、填充物等进行实物验视，具备条件的可在视频监控下验视，验视过程相关要求如下。

（1）验视前，具备条件地区可对寄件人交寄的物品进行过机安检。

（2）验视时，宜由寄件人打开封装。

（3）应重点查验寄件人交寄的物品、包装物、填充物是否符合国家关于禁止寄递、限制寄递和绿色环保的规定，以及是否与运单上所填报的内容相符。

（4）验视时，应注意人身安全，不应用鼻腔直闻，不应直接用手触摸不明液体、粉末、胶状等物品。

（5）应在不影响交寄物品完整性、价值的前提下，拆分验视到最小单元；对于一票多件的邮件快件，应逐件清查。

（6）验视后，如寄件人提出再次核实寄递物品，应在寄件人最终确认寄递物品后，进行再次验视，特殊地区应通过安检机进行加验。

（7）验视完成，寄递企业应以加盖或打印验视戳记等方式作出验视标识，并由寄递企业在寄件人在场情况下封装。

（8）邮件快件封装应坚固、完好，防止突出物对寄件人、营业员/收派员或其他人员造成伤害，防止运输过程中包装破裂，确保封装的邮件快件不污染或损坏其他物品。

（9）邮件快件封装应整洁、干燥，没有异味和油渍；包装外表面不应有突出的钉、钩、刺等，宜搬运、装卸和摆放。

（10）封装完成后，应牢固张贴邮件快件运单，并对易碎品等特殊物品加盖或张贴相应标识。

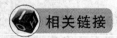 **相关链接**

寄件人出示的有效身份证件的类型

为了保障寄递渠道安全和寄递用户信息安全,规范邮件、快件实名收寄活动,根据《中华人民共和国邮政法》《中华人民共和国反恐怖主义法》《中华人民共和国网络安全法》《快递暂行条例》等法律、行政法规,制定《邮件快件实名收寄管理办法》,其第三条规定:邮政企业、快递企业、经营邮政通信业务的企业(以下统称寄递企业)应当执行实名收寄,在收寄邮件、快件时,要求寄件人出示有效身份证件,对寄件人身份进行查验,并登记身份信息。

寄件人出示的有效身份证件包括:

（1）居民身份证、临时居民身份证;

（2）中国人民解放军军人身份证件、中国人民武装警察身份证件;

（3）港澳台居民居住证、港澳居民来往内地通行证、台湾居民来往大陆通行证;

（4）外国公民护照;

（5）国家规定的其他有效身份证件。

(资料来源:http://www.gov.cn/zhengce/zhengceku/2018-12/31/content_5443856.htm)

3. 验视操作方法

（1）观察寄件人。

① 精神紧张、言行可疑、假装镇静者。

② 营业时间将结束或已经结束,匆忙交寄邮件快件者。

③ 与公安机关通缉的嫌疑人外貌特征相似的人员。

④ 故意遮掩面部者。

⑤ 表现异常、催促检查者。

⑥ 态度蛮横、不愿接受检查者。

⑦ 冒充熟人、假献殷勤者。

（2）询问。

① 询问清楚物品的名称、属性、用途等,对含糊其词、语言前后矛盾者要特别关注。

② 询问寄件人是否为别人代寄,对为陌生人代寄的情况要特别注意。

③ 询问寄件人贵重物品是否增加保价和保险服务。

（3）查看外部。

① 经过伪装的邮件快件。

② 重量不均、厚薄不匀的邮件快件。

③ 有个别部位突起或过硬的邮件快件。

④ 内部有粉末状物品的邮件快件。

⑤ 包装或信封有油污渗出或变色的邮件快件。

⑥ 缺少邮寄地址的邮件快件。

⑦ 不寻常的重量或体积大的邮件快件。

⑧ 使用限制性语言的邮件快件。

⑨ 外包装上标有9类危险品标识的邮件快件。

(4) 检查内件。

① 是否装有易燃易爆等危险品和禁寄品。

② 有关部门通报应检查的物品。

③ 是否携带均匀透明、淡黄色至棕色、油状或黏稠状态等液体物质和粉末状固态可疑物质。

④ 易藏匿爆炸品的物品,如罐状物品、玩具、电器、中间挖空的书籍,卷曲的印刷品、物品的空隙、服装夹层是否藏有异物。

⑤ 印刷品、出版物是否符合相关规定,是否有夹带。

⑥ 所查物如有拉链及分层,注意拉链下方,上下层之间有无连接物,以防松发或拉发爆炸装置。

⑦ 多块拼装结成的木箱,应先拆一侧板,确认内部物品与箱盖无连接物时,方可打开箱盖,分层检查内装物。

(5) 掂量。通过掂邮件快件,主观衡量物品重量,再根据寄递物品品名判断是否过重或过轻、与正常重量是否相符,发现可疑点应从严进行验视。

(6) 称量。

① 检查邮件快件内件包装是否标明重量。

② 通过用秤称重后,与内件标明重量相比过重或过轻判别是否为可疑邮件快件。

(7) 听。

① 判断邮件快件内部是否有机械手表、石英钟、洗衣机、电风扇定时器等改装的机械定时装置。

② 通过听,发现其他异常声音。

  思政园地:寄递安全　协同共治

七号检察建议

2021年10月20日,最高检向国家邮政局制发检察建议书,即"七号检察建议",同时抄送交通运输部、商务部等有关部门。

检察建议书的开头引用了周恩来总理为邮政业先驱林卓午的题词——"传邮万里国脉所系"。全文以扎实的数据和事实为基础,指出了当前寄递行业存在的寄递安全监管与行业发展形势不匹配、寄递新业态存在监管盲区、寄递安全监管力度亟待加强、寄递安全制度执行不到位、寄递从业人员安全防范意识和应对能力不足五个方面的问题。

国家邮政局在收到"七号检察建议"后高度重视,专题召开党组会对落实工作进行研究部署,印发了《落实最高人民检察院"七号检察建议"进一步加强寄递渠道安全管理工作方案》,补短板、建机制、强监管、增能力,推动从更高层面解决长期困扰邮政寄递业安全发展的难题。在七号检察建议推动下,各地也充实市级邮政监管力量、增设县级邮政监管机构。"安全"两个字深深烙印在寄递行业上下相关人员的心里。

2022年11月,国家邮政局、中央政法委、中央网信办、最高人民检察院、公安部等12家单位联合印发《关于进一步加强邮件快件寄递安全管理工作的指导意见》,进一步完善寄递渠道联合监管责任体系、制度措施和工作机制,统筹加强对寄递渠道的安全管理。

多部门协同共治,使行政执法与刑事司法的衔接也更加高效、有力。
(资料来源:https://www.spp.gov.cn/spp/zdgz/202301/t20230130_599296.shtml)

思政讨论:作为一名快递从业人员,如何看待快递收寄验视制度?

四、收寄流程

(一)上门收寄流程

1. 上门收寄操作流程图

上门收寄操作流程图如图 2-4 所示。

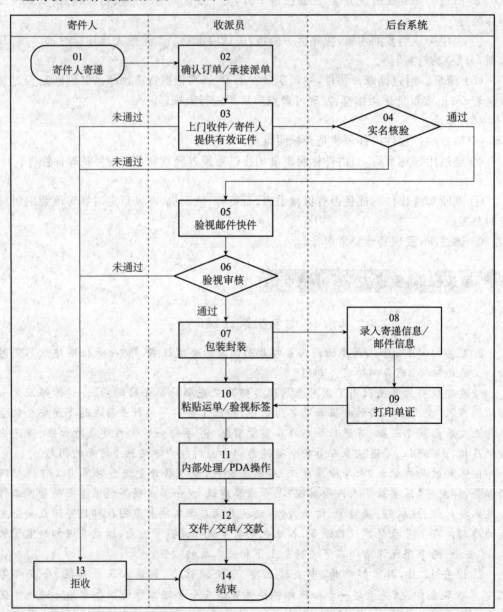

图 2-4 上门收寄操作流程图

2. 上门收寄操作流程

上门收寄操作流程的操作步骤、要求及说明如表 2-2 所示。

表 2-2　上门收寄操作流程的操作步骤、要求及说明

收寄环节	节点	操作步骤	操作要求	说　明
收寄前准备	01	寄件人寄递	寄件人提出寄递快件需求	—
收寄前准备	02	确认订单	① 应检查订单信息完整性 ② 应确认为收派员服务区域	① 当具体位置无法确定、地址欠详时，应电话联系核实或预约 ② 当发现订单信息异常时，应使用 PDA 做异常备案
收寄前准备	03	上门收件	收派员应佩戴明显的身份辨识证件并上门收寄	—
实名查验	01	查看有效身份证件，进行实名核验	① 寄件人应出示有效身份证件 ② 对证件的有效性应进行查验	① 寄件人姓名应填写真实姓名，不应填写先生、女士、网名、昵称等 ② 代寄快件时，代寄人应出示寄件人和代寄人有效身份证件进行查验
实名查验	02	采集实名信息	① 实名采集寄件人信息，宜选用 NFC 或 OCR 功能 ② 信息采集应齐全	① 不应使用他人证件为寄件人实名 ② 代寄快件应采集寄件人及代寄人两者的有效身份证件 ③ 如运单寄件人与现场实际寄件人及有效身份证件信息不符的，需重新采集或修改，确保三者一致
实名查验	03	证件校验	① 校验证件类型与号码应符合验证逻辑 ② 校验寄件人姓名应与采集的身份证件姓名一致	
实名查验	04	通过核验	实际寄件人信息正确、完整，通过核验	寄件人信息通过核验
收寄验视	01	验视提示	收派员应向寄件人提出验视要求，并指导寄件人将快件放置到指定位置	—
收寄验视	02	验视快件	① 按照"当面验视"原则，辅助寄件人收寄验视 ② 应按物品种类和名称清点快件数量，并与寄件人确认	① 验视前宜对快件外观进行查看，应无异常 ② 验视过程应规范化，物品重量、尺寸和状态应符合收寄要求
收寄验视	03	验视审核	① 应按照相关规定对寄递物品合规性进行审核 ② 应验视内件物品名称、性质，有无禁寄物品等 ③ 内件属于限寄物品的，应验视物品数量是否符合限寄规定	① 寄递物品应合规，如需要相关证明，寄件人应配合提供 ② 验视存疑应及时报告相关负责人
收寄验视	04	通过验视	寄递物品验视完毕，准备接收	—

续表

收寄环节	节点	操作步骤	操作要求	说 明
接收	01	接收快件	① 验视时发现疑似禁止寄递物品或不能当场确定物品安全性的,寄件人应出示寄递物品相关证明 ② 对通过审核的寄递物品应按照相关规定进行包装,封装应牢固可靠 ③ 封装好的快件不应再交给寄件人	① 证明应有效 ② 应检查、清除外包装的旧运单、标识等,如需要提供或购买包装材料应清晰说明
	02	录入寄递信息	① 应在PDA中按寄件人需求选择界面,录入实际重量 ② 应正确填写/输入托寄物内容,出口件应标明材质、用途等	① 应正确填写(或录入)准确、完整、有效的收件人和寄件人姓名地址、收派员姓名、物品品名、物品数量、物品单位、物品价值、重量和其他相关信息 ② 当寄件人订单信息不符合快件发运要求时,应与寄件人充分沟通并征得寄件人同意后,方可在PDA中修改运单信息
	03	打印单证	① 应对运单信息进行确认 ② 应打印运单和其他单证,将收寄凭证交寄件人	
	04	粘贴运单	① 将运单粘贴在邮件快件上 ② 应在运单或外包装上加盖或打印(粘贴)"已验视""易碎"等标签 ③ 留存收寄凭证	① 运单不宜粘贴在包装封装线处和褶皱面 ② 宜对包装再次进行检查 ③ 快件宜妥善暂存在指定区位
	05	完成收寄	保存信息	正确退出实名收寄信息系统
拒收	01	拒收	对存在不符合实名查验或收寄验视相关规定的情况应不予收寄	① 禁限寄物品要求见《禁止寄递物品管理规定》 ② 如发现伪造证件、证明和疑似违法快件,应及时报告相关负责人,按有关规定隔离和暂存快件及证明
结束	01	结束/交回网点	① 清点快件数量,封袋 ② 快件交回营业网点	防止遗漏快件

(二)营业场所收寄流程

1. 营业场所操作流程图

营业场所操作流程图如图2-5所示。

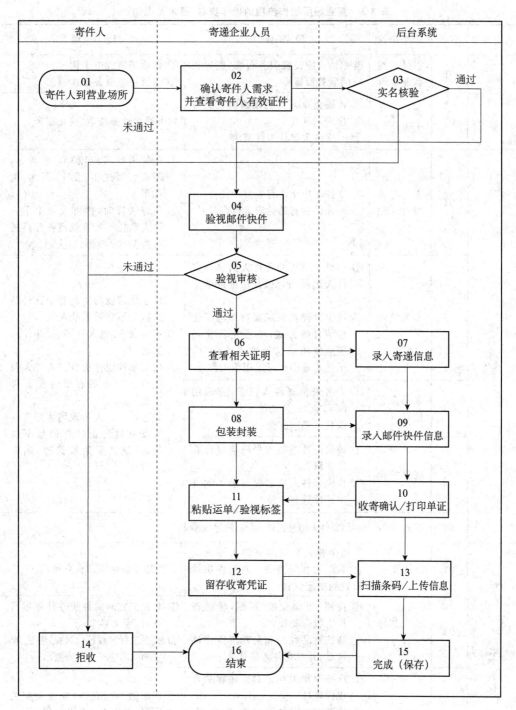

图 2-5 营业场所操作流程图

2. 营业场所操作流程

营业场所操作流程的操作步骤、要求及说明等如表 2-3 所示。

表 2-3 营业场所操作流程的操作步骤、要求及说明

收寄环节	节点	操作步骤	操作要求	说明
收寄前准备	01	寄件人到营业场所	营业场所应设置服务台席,配置相应的服务设施	① 营业场所宜电子化 ② 保留手工服务方式
	02	确认寄件需求	① 寄递企业人员应佩戴明显的身份辨识证件 ② 与寄件人确认寄件需求	如不符合业务要求,终止服务
实名查验	01	查看有效身份证件	① 寄件人应出示有效身份证件 ② 对证件的有效性应进行查验	① 寄件人姓名应填写真实姓名,不应填写先生、女士、网名、昵称等 ② 代寄快件时,代寄人应出示寄件人和代寄人有效身份证件进行查验
	02	实名核验	① 运单上填写的寄件人信息与寄件人出示的有效身份证件信息应一致 ② 核实过程宜采用实物和电子化相结合的方式,电子化营业场所应使用信息处理系统,非电子化营业场所可采用手工作业	① 电子化营业场所的身份证件信息核验不宜手工录入 ② 不应使用他人证件为寄件人实名 ③ 代寄邮件快件应登记寄件人及代寄人两者的有效身份证件信息 ④ 如运单寄件人与现场实际寄件人及有效身份证件信息不符的,需重新采集或修改,确保一致
	03	采集实名信息	① 实名采集寄件人信息,宜选用 NFC 或 OCR 功能 ② 信息采集应齐全	
	04	证件校验	① 校验证件类型与号码应符合验证逻辑 ② 校验寄件人姓名应与采集的身份证件姓名一致	
	05	通过核验	实际寄件人信息正确、完整,通过核验	—
收寄验视	01	验视提示	寄递企业人员应向寄件人提出验视要求,并指导寄件人将邮件快件放置到指定位置	放置邮件快件工作台宜整洁
	02	验视邮件快件	① 按照"当面验视"原则,辅助寄件人收寄验视 ② 应按物品种类和名称清点快件数量,并与寄件人确认	① 验视前宜对邮件快件外观进行查看,应无异常 ② 验视过程应规范化,物品重量、尺寸和状态应符合收寄要求
	03	验视审核	① 应按照相关规定对寄递物品合规性审核 ② 应验视内件物品名称、性质,有无禁寄物品等 ③ 内件属于限寄物品的,应验视物品数量是否符合限寄规定	① 寄递物品应合规,如需要相关证明,寄件人应配合提供 ② 验视存疑应及时报告相关负责人
	04	通过验视	寄递物品验视完毕,准备接收	—

续表

收寄环节	节点	操作步骤	操作要求	说明
接收	01	接收邮件快件	① 验视时发现疑似禁止寄递物品或不能当场确定物品安全性的,寄件人应出示寄递物品相关证明 ② 对通过审核的寄递物品应按照相关规定进行包装,封装应牢固可靠 ③ 封装好的快件不应再交给寄件人	① 证明应有效 ② 应检查、清除外包装的旧运单、标识等,如需要提供或购买包装材料应清晰说明
接收	02	录入寄递信息	应通过实名收寄信息系统录入邮件快件信息,准确填写寄递物品名称、数量,实际收寄物品与运单上打印的物品品目应一致	① 非电子化营业场所可人工填写 ② 应正确填写(或录入)准确、完整、有效的收件人和寄件人姓名地址,收派员姓名,物品名、数量、单位、价值、重量和其他相关信息
接收	03	打印单证	① 应对运单信息进行确认 ② 应打印运单和其他单证,将收寄凭证交寄件人	—
接收	04	粘贴运单	① 将运单粘贴在邮件快件上 ② 应在运单或外包装上加盖或打印(粘贴)"已验视""易碎"等标签 ③ 留存收寄凭证	① 运单不宜粘贴在包装封装线处和褶皱面 ② 宜对包装再次进行检查 ③ 快件宜妥善暂存在指定区位
接收	05	完成收寄	保存信息(上传信息)	正确退出实名收寄信息系统
拒收	01	拒收	对存在不符合实名查验或收寄验视相关规定的情况应不予收寄	① 禁限寄物品要求见《禁止寄递物品管理规定》 ② 如发现伪造证件、证明和疑似违法快件,应及时报告相关负责人,按有关规定隔离和暂存快件及证明
结束	01	结束	清点邮件快件数量,封袋	防止遗漏快件

(三)协议用户收寄流程

1. 协议用户操作流程图

协议用户操作流程图如图 2-6 所示。

快递网点与处理中心管理

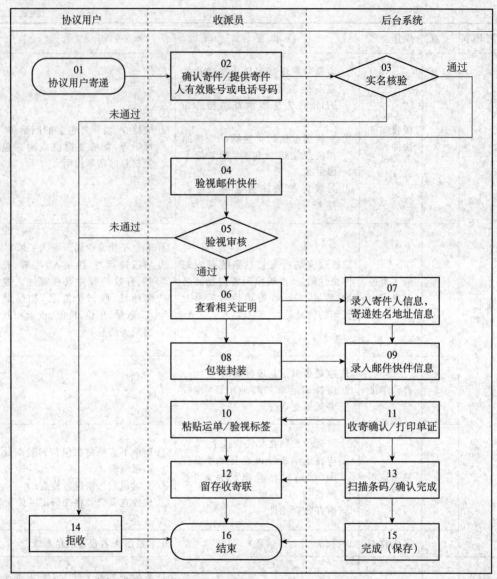

图 2-6 协议用户操作流程图

2. 协议用户操作流程

协议用户操作流程的操作步骤、要求及说明等如表 2-4 所示。

表 2-4 协议用户操作流程的操作步骤、要求及说明

收寄环节	节点	操作步骤	操作要求	说　　明
收寄前准备	01	协议用户寄递	协议用户收寄场所应配置相应的服务设施	—
	02	确认寄件需求	① 收派员应佩戴明显的身份辨识证件 ② 与寄件人确认寄件需求	如不符合业务要求,终止服务

续表

收寄环节	节点	操作步骤	操作要求	说　明
实名查验	01	寄件人提供有效寄件人编号	协议用户应提供有效账号或协议约定的电话号码	协议用户应提供有效账号或协议约定的电话号码
	02	实名信息校验	① 协议用户提供的账号或电话号码应与协议签订时登记的账号或电话号码一致 ② 寄件人姓名应与登记的身份证件姓名一致	① 账号或电话号码应有效 ② 如寄件人填写错误,应同寄件人核实并经寄件人同意,更正寄件人姓名等信息 ③ 核实过程宜采用实物和电子化相结合的方式
	03	通过核验	实际信息应正确、完整,通过认证	—
收寄验视	01	验视邮递快件	① 按照"当面验视"原则,辅助寄件人收寄验视 ② 应按物品种类和名称清点快件数量,并与寄件人确认	① 验视前宜对邮件快件外观进行查看,应无异常 ② 验视过程应规范化,物品重量、尺寸和状态应符合收寄要求
	02	验视审核	① 应按照相关规定对寄递物品合规性进行审核 ② 应验视内件物品名称、性质、有无禁寄物品等 ③ 内件属于限寄物品的,应验视物品数量是否符合限寄规定	① 业务量大时,可到协议用户邮件交寄点进行收寄验视 ② 验视存疑应及时报告相关负责人
	03	通过验视	寄递物品验视完毕,准备接收	—
接收	01	接收邮递快件	① 验视时发现疑似禁止寄递物品或不能当场确定物品安全性的,寄件人应出示寄递物品相关证明 ② 对通过审核的寄递物品按照相关规定进行包装,封装应牢固可靠	① 证明应有效 ② 应检查、清除外包装的旧运单、标识等,如需要提供或购买包装材料应清晰说明
	02	导入收件人信息	宜通过实名收寄信息系统导入收件人信息	—
	03	录入寄递信息	应通过实名收寄信息系统录入邮件快件信息,准确填写寄递物品名称、数量,实际收寄物品与运单上打印的物品品目应一致	应正确填写(或录入)准确、完整、有效的收件人和寄件人姓名地址,收派员姓名,物品品名、数量、单位、价值、重量和其他相关信息
	04	打印单证	① 应对运单信息进行确认 ② 应打印运单和其他单证,将收寄凭证交寄件人	收寄凭证交寄件人后,应提醒寄件人保存好收寄凭证,注意查收邮件快件
	05	粘贴运单	① 将运单粘贴在邮件快件上 ② 应在运单或外包装上加盖或打印(粘贴)"已验视""易碎"等标签 ③ 留存收寄凭证	① 运单不宜粘贴在包装封装线处和褶皱面 ② 宜对包装再次进行检查 ③ 快件宜妥善暂存在指定区位
	06	完成收寄	保存信息	正确退出协议用户实名收寄信息系统

续表

收寄环节	节点	操作步骤	操作要求	说明
拒收	01	拒收	对存在不符合实名查验或收寄验视相关规定的情况应不予收寄	① 禁限寄物品要求见《禁止寄递物品管理规定》 ② 如发现伪造证件、证明和疑似违法快件，应及时报告相关负责人，按有关规定隔离和暂存快件及证明
结束	01	结束/交回营业网点	① 清点邮件数量，封袋 ② 邮件快件交回营业网点	防止遗漏快件

（四）智能收投服务终端收寄流程

1. 智能收投服务终端收寄操作流程图

智能收投服务终端收寄操作流程图如图2-7所示。

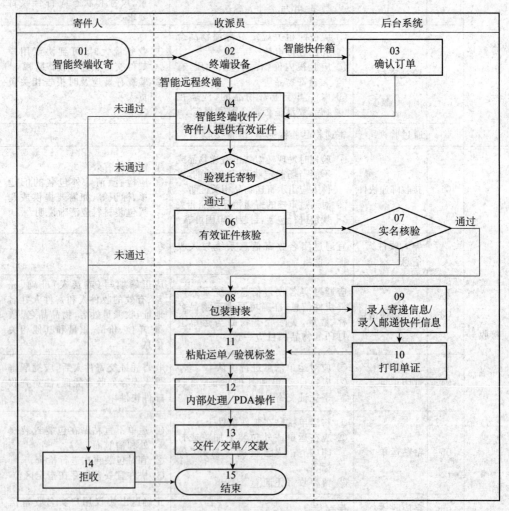

图2-7 智能收投服务终端收寄操作流程图

2. 智能收投服务终端收寄操作流程

智能收投服务终端收寄操作流程的操作步骤、要求及说明等如表2-5所示。

表2-5　智能收投服务终端收寄操作流程的操作步骤、要求及说明

收寄环节	节点	操作步骤	智能快件箱操作要求	智能远程收寄终端操作要求	说　　明
实名查验	01	提供有效身份证件信息	按照邮递快件收寄验视要求,寄件人应提供有效身份证件进行认证,然后进行寄递	① 使用智能远程收寄终端收寄时,寄件人应与远程寄递企业人员建立视频链接,确认寄件需求 ② 按照邮递快件收寄验视要求,寄件人应提供有效身份证件进行认证,然后进行寄递	寄件人姓名应填写真实姓名,不应填写先生、女士、网名、昵称等
实名查验	02	采集实名信息	① 实名信息采集时,宜优先选用身份证读卡器或OCR功能,其次为手动录入 ② 应采集寄件人的姓名和身份证号码信息		① 邮递快件收寄时,系统应自动将寄件人登记的身份证件信息传至收寄终端 ② 利用智能远程收寄终端时,寄件人实名信息自动同步到收寄系统 ③ 不应使用他人证件进行实名
实名查验	03	证件校验	① 证件类型与号码应符合验证逻辑 ② 寄件人姓名应与采集的身份证件姓名一致	人脸与证件读取信息应一致	利用智能快件箱收寄时,如寄件人填写错误,应提醒寄件人核实并更正寄件人姓名等信息
实名查验	04	人脸核实	① 人脸与证件信息应一致 ② 宜优先采用人脸生存认证校验,其次为照片校验		直接或间接与公安系统进行链接校验,姓名、身份证号和人脸应一致
实名查验	05	认证成功	应采集寄件人的实名信息进行注册,并通过认证	实名查验完毕,准备收寄	直接或间接与公安系统进行链接校验,姓名、身份证号和人脸应一致
实名查验	06	下单成功	应通过实名查验校验,下单成功,返回订单信息	—	—
实名查验	07	到柜投递	寄件人到达快件箱,支付费用,并应将快件放入智能快件箱	—	寄件人应依据下单成功信息将快件投入智能快件箱

续表

收寄环节	节点	操作步骤	智能快件箱操作要求	智能远程收寄终端操作要求	说明
收寄验视	01	验视提示	智能设备应向寄件人提示禁止投递违禁物品,寄递企业将按照相关规定对收寄物品进行开箱验视		智能远程收寄终端验视前可根据邮寄物品大小提供合适包装物
	02	派发任务	智能快件箱应给寄递企业和收派员派发寄件订单信息和对应的寄件人实名信息	—	—
	03	确认订单	收派员应确认订单信息完整性和取件单为本人服务区域	—	①当智能收投服务终端具体位置无法确定、地址欠详时,应电话联系核实 ②当发现订单信息异常时,应做异常备案
	04	远程验视		寄件人根据寄递企业人员的指示,应将寄递物品放到远程视频验视台,配合视频验视	寄件人不配合验视,寄递企业可拒绝收寄
	05	录入寄递信息	—	应通过实名收寄信息系统录入邮件快件信息,准确填写寄递物品名称、数量,实际收寄物品与运单上打印的物品品目应一致	①根据邮寄物品大小可提供合适包装物 ②通过预约或与寄件人沟通获取收寄件人信息,通过智能远程收寄终端采集重量、体积信息,通过远程验视和与寄件人沟通获取品名和数量
	06	信息确认	—	智能远程收寄终端向客户推送电子交寄清单,寄件人确认信息	①信息确认无误,寄件人利用智能终端进行电子签名 ②信息有误时,寄递企业人员修改后再推送确认,直至无误
	07	支付费用	—	寄件人支付费用	—

续表

收寄环节	节点	操作步骤	智能快件箱操作要求	智能远程收寄终端操作要求	说明
收寄验视	08	打印单证	—	智能远程收寄终端打印收寄凭证和运单	—
	09	包裹暂存	—	① 远程寄递企业人员打开合适的包裹暂存柜格口 ② 寄件人将邮件、包装物、运单放到包裹暂存柜	在视频监控下完成包裹暂存
	10	到柜收件	收派员应到智能收投服务终端收件		① 收件操作应按"三个百分百"原则,在快递柜监控范围内对快件进行开箱验货,分别完成收寄操作,包括称重、打印、贴单、寄付回执交互等 ② 不宜将邮递快件带回网点再集中收寄操作,不应造成贴错单、运单信息不符等
	11	验视邮件快件	① 在智能收投服务终端监控范围内对邮件快件进行开箱验货 ② 应按物品种类和名称清点邮递快件数量,并与寄件人电话确认		① 验视前宜对邮递快件外观进行查看,应无异常 ② 验视过程规范化,物品重量、尺寸和状态应符合收寄要求
	12	验视审核	① 应按照相关规定对寄递物品合规性进行审核 ② 应验视内件物品名称、性质,有无禁寄物品等 ③ 内件属于限寄物品的,应验视物品数量是否符合限寄规定		① 寄递物品应合规,如需要相关证明,寄件人应配合提供 ② 验视存疑应及时报告相关负责人
	13	通过验视	收寄验视完毕		—

续表

收寄环节	节点	操作步骤	智能快件箱操作要求	智能远程收寄终端操作要求	说明
接收	01	接收邮件快件	对通过审核的寄递物品应按照相关规定进行包装，封装应牢固可靠		① 证明应有效 ② 应检查、清除外包装的旧运单、标识等，如需要提供或购买包装材料应清晰说明
	02	录入寄递信息	① 应在PDA中按寄件人需求选择相应界面，并录入实际重量 ② 应正确填写托寄物内容等	—	应正确填写（或录入）准确、完整、有效的收件人和寄件人姓名地址，收派员姓名，物品品名、数量、单位、价值、重量和其他相关信息
	03	打印单证	① 应对运单信息进行确认 ② 应打印运单和其他单证	—	收寄凭证交寄件人后，应提醒寄件人保存好收寄凭证，注意查收邮件快件
	04	粘贴运单	① 将运单粘贴在邮件快件上 ② 应在运单或外包装上加盖或打印（粘贴）"已验视""易碎"等标签		① 运单不宜粘贴在包装封装线处和褶皱面 ② 宜对包装再次进行检查 ③ 快件宜妥善暂存在指定区位
	05	完成收寄	保存信息		正确退出协议用户实名收寄信息系统
拒收	01	拒收	对存在不符合实名查验或收寄验视相关规定的情况应不予收寄		① 禁限寄物品要求见《禁止寄递物品管理规定》 ② 如发现伪造证件、证明和疑似违法快件，应及时报告相关负责人，按有关规定隔离和暂存快件及证明
结束	01	结束/交回营业网点	① 应保存和上传信息，正确退出系统 ② 应妥善保存所收邮件快件，收纳随身携带器具 ③ 邮递快件交回营业网点		① 对现场进行清理 ② 不应遗漏邮件快件

项目二 快递网点业务管理

任务三 快递网点派送管理

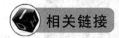

经过一段时间的网点实习,快递员小王已经能够顺利地完成快递的收寄工作,并且能够很好地对寄递物品进行实名验视。快递网点张经理接下来让小王负责一个区域的派件工作,在派送之前先让小王熟悉一下派送环节需要掌握的内容。

（1）快递的投递有哪些方式？具体要求是什么？
（2）不同投递方式的派送流程是怎样的？
（3）派送路线的设计原则有哪些？如何进行优化？

一、快递的投递方式

投递方式应主要包括上门投递、投递至智能收投服务终端（箱递）、投递至快递服务站（站递）以及其他方式。用户应在下单时选择投递方式,快递服务主体应按用户选择的投递方式提供投递服务。因客观因素无法按用户选择的方式投递的,快递员应与收件人协商解决。

微课：快递的
投递方式

相关链接

快递员的职业等级

《快递员国家职业技能标准》严格按照《国家职业技能标准编制技术规程（2018年版）》有关要求,明确了快件收寄、快件派送、客户服务等职业功能的工作内容、技能要求和相关知识,体现了新发展、新技术、新规范对从业人员知识、技能方面的要求。本职业分为五级/初级工、四级/中级工、三级/高级工、二级/技师和一级/高级技师五个等级,包括职业概况、基本要求、工作要求和权重表四个方面的内容。

（资料来源：http://www.mohrss.gov.cn/SYrlzyhshbzb/rdzt/zyjntsxd/zyjntsxd_xdzn/202001/t20200106_352133.html?eqid=830f62850000e29c00000005644a7050）

1. 上门投递

图2-8是上门投递的示意图。

上门投递的具体要求如下。

（1）投递时间。快递服务主体投递应不超出向用户承诺的服务时限。

（2）人员着装。快递员投递时宜统一穿着具有企业标识的服装,并佩戴工号牌或胸卡。

（3）投递次数。

① 快递服务主体应对上门投递快件提供至少两次免费投

图2-8 上门投递

递,投递宜在8:00—20:00时间段进行。两次免费投递之间应间隔8小时以上,与用户有约定的除外。

② 上门投递2次未能投交的快件,快递服务主体可与收件人约定采用延迟投递或箱递、站递方式投递;收件人仍选择上门投递的,快递服务主体可收取额外费用,但应事先告知收件人收费标准。无法联系收件人的,可根据寄件人要求对快件进行处理。

(4) 验收。

① 快递服务主体投递快件时,应告知收件人当面验收快件,由收件人查看快件外包装,外包装完好的,收件人应接收快件。快递包装出现明显破损的,应告知收件人,收件人可以当面查看内件物品的外观或拒收快件。

② 快递服务主体与寄件人事先书面约定了收件人查看内件物品具体方式的,快递服务主体应在快递电子运单上以醒目方式注明,并在投递快件时履行约定。

(5) 代收。若收件人无法验收时,经收件人(寄件人)允许,可由其他人代为验收。代收时,快递员应核实代收人姓名和身份,并告知代收人代收责任。

(6) 费用收取。收件人(代收人)支付快递服务费用后,快递服务主体应提供发票。

(7) 例外情况。用户选择上门投递,因不可抗力或客观因素无法上门投递的,快递员应与收件人协商解决,不应自行更换投递方式。

2. 箱递

按照约定采用箱递方式进行投递的,快递服务主体应按与用户的约定将快件投递至约定的智能收投服务终端。没有约定具体智能收投服务终端的,按照就近原则将快件投递至智能收投服务终端。智能收投服务终端如图2-9所示。

未约定采用箱递方式进行投递的,快递服务主体应满足以下要求。

(1) 上门投递变更为箱递的,应事先征得用户同意。

(2) 没有约定且未经用户同意的,不应投递至智能收投服务终端。

图2-9 智能收投服务终端

(3) 对经用户同意投递到智能收投服务终端的快件,快递服务主体应当进行标记;智能收投服务终端不应接收未经标记的快件。

采用箱递方式进行投递的,快递服务主体还应满足以下要求。

(1) 快件出现外包装明显破损、重量与快递电子运单记载明显不符等情况的,不应采用箱递,应选择其他方式投递。

(2) 快递电子运单注明快件内件物品为生鲜产品、贵重物品的,不宜采用箱递。

(3) 应及时通知收件人取出快件,告知收件人智能收投服务终端的名称、所在位置,以及快件编号、取件码、快递员联系方式、快件保管期限等信息。

(4) 快件延误、损毁、内件短少的,收件人可以当场拒绝验收,并按照智能收投服务终端运营企业的提示将快件退回智能收投服务终端。

3. 站递

按照约定采用站递方式进行投递的,快递服务主体应按与用户的约定将快件投递至约定的快递服务站。没有约定具体快递服务站的,按照就近原则将快件投递至快递服务站。快递服务站如图2-10所示。

(a)　　　　　　　　　　　　　　　(b)

图2-10　快递服务站

未约定采用站递方式进行投递的,快递服务主体应满足以下要求。

（1）上门投递变更为站递的,应当事先征得用户同意。

（2）没有约定且未经用户同意的,不应投递至快递服务站。

（3）对经用户同意投递到快递服务站的快件,快递服务主体应当进行标记;服务站不得接收未经标记的快件。

采用站递方式进行投递的,快递服务主体还应满足以下要求。

（1）快递服务主体应与快递服务站开办企业签订协议,明确双方权利、义务和责任,不应利用服务协议、交易规则以及技术等手段进行不合理限制或附加不合理条件。

（2）应及时通知收件人收取快件,告知收件人快递服务站的名称、所在位置、联系方式,以及快件编号等信息。

（3）收件人取件前,快递服务站应妥善保管快件,防止损坏或丢失。

（4）快递服务主体应为快递服务站提供快件编号、收件人姓名、地址、联系方式等必要的投递信息。

4. 其他投递方式

收件人地址为行政村及行政村以下自然村的,快递服务主体应将快件投递至行政村,或村内约定地址。与用户另有约定的从其约定。

除上门投递、箱递、站递外,用户需要采用其他投递方式的,双方可另行约定。

思政园地:科技赋能　　创新发展

快递无人机实现跨琼州海峡配送　徐闻到海口半日达

2023年2月19日,顺丰集团公众号发布消息称,为全面提升快件送达效率,解决因特殊地理环境、高峰期运输拥堵所导致的时效问题,顺丰无人机（图2-11）首次开创以省会城市辐射周边县的跨海快件运输业务,新增航线湛江市徐闻县至海口市秀英区,为两地

之间资源共享提供新的物流方式,并顺利完成测试飞行,迎来首飞,即将进入常态化运营阶段。服务对象为跨海高时效快件,快件运输时间减少超过10小时,时效由隔日达提升至半日达。

据悉,无人机用科技手段,突破了时间、空间、地理等诸多限制,解决了资源分配、交通拥堵等诸多难题。顺丰未来将不断加大航线密度,以中心城市辐射周边城市,带动多地区域经济发展,优化民众生活方式。

图2-11 顺丰无人机

(资料来源:https://baijiahao.baidu.com/s?id=1758449959378715338&wfr=spider&for=pc)

思政讨论:新型投递方式为快递业带来怎样的变革?

5. 无法投递快件

快递服务主体应在投递前联系收件人,当出现快件无法投递的情况时,应采取以下措施。

文档:《无法投递又无法退回快件管理规定》

(1) 首次无法投递时,应主动联系收件人,通知第二次投递的时间及联系方式。

(2) 第二次仍无法投递时,快递服务主体应主动联系收件人,协商处理方式;若收件人仍需提供投递服务的,快递服务主体应事先告知收件人收费标准和服务费用。

(3) 若联系不到收件人,或收件人拒收快件,与寄件人有事先约定的,按约定处理。与寄件人没有事先约定的,快递服务主体应在彻底延误时限到达之前联系寄件人,协商处理办法和费用。主要包括:寄件人放弃快件的,快递服务主体按无着快件处理;寄件人通信地址和联系方式不详或错误,以及联系不到寄件人的,快递服务主体按无着快件处理;寄件人需要将快件退回的,应支付退回的费用;在国内快件完成投递前,如用户提出申请,快递服务主体可提供改寄服务,提供改寄服务时,快递服务主体应告知用户需要承担的改寄费用并告知收费标准。

6. 无着快件

快递服务主体应按《无法投递又无法退回快件管理规定》等相关规定对无着快件进行处理。

二、派送流程

在快件派送的几种投递方式中,上门投递和箱递是目前快递服务的主流形式,体现了其便捷、灵活的特点。但在上门投递和箱递不能实现或客户有特殊要求的情况下,也存在站递等其他的情况,因这些方式使用较少,我们不再赘述。

(一) 上门投递派送流程

上门投递派送流程如图2-12所示。

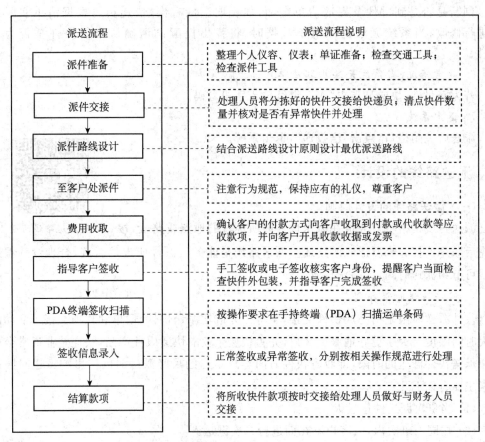

图 2-12　上门投递派送流程

(二) 箱递派送流程

1. 派前预约

在快件派送前,致电收方客户同意后,可将快件妥投至智能快递柜,快件无须做上门派件操作,也无须交回单,直接按照智能快递柜系统操作,将快件投递入柜。

2. 账号注册

快递员登录智能快递柜操作界面,点击"快递员登录"→"去注册"→输入"手机号""密码""快递公司""工号""网点代码"→"马上注册"→输入"工号"→注册完成。

3. 账号认证

完成注册后,需进行认证才能使用智能快递柜。根据操作界面指示按步骤拍摄身份证正反面、工牌照片完成认证。

4. 选择派件

快递员登录后,选择"派件"功能,进入快递柜格口选择界面,根据快件重量体积选择格口类型。

5. 录入快件识别信息

快递员选择格口后,进入运单扫描界面,将运单条码对准扫描口,系统自动读取运单号判断是否是到付件及提取清单金额,如提取金额有误,快递员可根据清单实际情况进行修改;当系统无法提取清单数据时,将弹出提醒:"请确认当前快件是否为到付件。"

6. 异常情况(当系统无法提取清单)

若为寄付件,快递员点击"否",继续输入手机号码。

7. 退出系统

派送后关闭格口,点击"已投递",退出系统。

三、派送路线的设计

(一)派送路线的设计原则

派送路线是指将业务员在派送快件时所经过的地点或路段,按照先后顺序连接起来所形成的路线。派送路线是业务员派件所走的轨迹,合理设计派送路线可节约派送时间,提高派送效率。

微课:派送路线的设计

1. 保证派送时限原则

快件派送时限是指完成快件交接,至客户处成功派送快件、运单和款项交接等活动的最大时间限度。为了更好地服务客户,完善快递企业的快递服务产品,快递企业通常会向客户承诺快件派送的时限,即收寄快件时向客户承诺的最晚派送时间。影响派送时限的因素主要有以下几点。

(1)当班次派送件量过大。

(2)在同一班次内,因客户不在而进行二次派送。

(3)天气、交通堵塞、交通管制等不可控因素。

2. 优先派送原则

优先派送快件是指因时限要求、客户有特殊要求等原因,需要安排优先派送的快件。优先派送的主要类型包括以下三种。

(1)时限要求高的快件,如同时有即日达、次日达需要派送,应优先派送即日达。

(2)客户明确要求在规定时间内派送的快件,如等通知派送的快件,需要在客户要求的时间内完成派送。

(3)二次派送的快件,即首次派送不成功,客户要求再次派送的快件。

3. 先重后轻,先大后小原则

先重后轻是指优先安排重量较重的快件,再安排重量较轻的快件;先大后小是指优先派送体积较大的快件,再派送小件快件。由于重的或体积大的快件的装卸搬运劳动强度大,优先处理,可减轻全程派件作业的难度。

此原则只针对非轻泡货件,若既有非轻泡货件,又有轻泡货件时,则需根据实际情况灵活处理。

4. 减少空白里程原则

空白里程是指完成当班次所有快件的派送所行走的路线的实际距离减去能够完成所

有快件派送的有效距离。空白里程产生的是无用功,增加了业务员的劳动时间和劳动强度。造成空白里程的原因有以下几点。

(1) 对派送段所包含的路段、地址、门牌号不熟悉,导致在派送时绕路。业务员胜任独立派送快件前,应熟悉派送段,掌握每条路段、街道所包含的门牌号,如商场、超市、学校等场所,需要了解其布局,确保能以最短距离到达收件客户处。

(2) 排序时未将同一客户的多票快件排在一起,导致多次派送。快件排序时,需要注意将同一客户的多票快件整理到一起,同时派送,避免多次派送。

(3) 派送路线交叉过多或重叠。业务员对于同一个派送段,应掌握多条派送线路,以最佳方式派送。

(4) 信息滞后,如对交通管制、封路信息掌握不及时,导致绕道而行。业务员须及时掌握派送段内的路况信息,避开交通管制或修路的路段。

5. 考虑道路情况原则

派送路线的设计,需要综合考虑派送段的路况、车流量,当班次的快件数量,快件时效要求等要素进行设计。

(1) 遵守道路运输及领域相应法律法规,选择允许派送车辆行驶的路段。

(2) 派送路段路况。避开车流量或人流量较大的路段,减少运输时间。

(3) 快件时效要求。减少运输时间,尽量避免在十字路口行驶,减少等待时间。

(4) 行车安全。选择路况较好的路段,包括路面质量好、车道宽敞、车流量较小、坡度和弯道密度小。

合理的派送路线对于派送工作的有效完成具有重要的作用,具体体现为有利于满足快件时效要求,实现派送承诺;节省行驶和派送时间,减小劳动强度;节省运输成本,减少车辆损耗。因此,在派送前一定要做好派送线路的设计。在实际操作中,派送路线的设计需要综合考虑各个原则。如果各个原则不能同时满足,则应当首先满足根本原则,其次再满足其他原则。

(二) 派送路线的设计方法

派送路线的设计方法主要有传统经验组织法、运筹选择法等。

1. 传统经验组织法

派件量少、客户比较集中、交通网络简单的情况下,可采用传统经验组织法设计派送路线,即快递员依靠对派送段道路、客户地址地理分布、交通的熟悉情况及经验来设计派送路线。

针对派送段的特点,选择以下不同的方法。

(1) 单侧行走。单侧行走是指派送快件时靠路的一侧行走。适宜于街道较宽、房屋集中、派件数量多而行人车辆稠密的街道。

(2) "之"字形行走。"之"字形线路是指派送快件时沿路的两侧穿梭行走。适宜于街道较窄、派件数量少、行人车辆也稀少的街道。

(3) 单侧行走与"之"字形行走相结合。这种走法适宜于街道特点有明显不同的派送段。

2. 运筹选择法

运筹选择法是运用运筹学的相关原理,在规划设计派送路线时选择合理派送路线以加快快件派送速度,并合理节约人力。相对于传统的普通运输车辆行驶路径最短路问题的求解,我国快递车辆配送路径优化问题更为复杂,其约束条件往往与快递配送车辆性能、货物数量、客户需求等密切相关,即快递配送车辆与普通车辆在车辆性能要求、服务客户需求等层面上存在差异性。

针对实际情况,我国快递车辆配送路径优化问题可以描述如下:某国内快递公司的一辆快递配送汽车正处于公司快递配送中心所在位置,并在此等待公司配送派件指示,即该快递配送汽车进行配送派件活动的起始点为公司快递配送中心处。随后按照公司指示需要前往 A 客户所在地进行配送派件活动,且公司快递配送中心与 A 客户之间存在多条行车路径,即车辆配送派件路线的不唯一性。同时每个需要前往进行配送派件活动的客户位置和需求量一定,并且该快递公司每辆配送派件汽车的载质量也是定值,要求合理安排快递派送车辆的行车路线,使该快递配送汽车的总运距最短,并满足以下条件:每条配送路径上所需送达给客户的快递派件总质量之和不超过该快递车辆的载质量;每条配送路径的长度不超过快递车辆一次派件活动能够行驶的最大距离;每个客户的需求必须满足且只能由一辆快递车辆进行派件;公司快递配送中心的位置已知且唯一。我们这里介绍最常用的狄克斯特拉(Dijkstra)算法,可适用于需要派送的快件数量较多、客户分布区域广、交通道路网络复杂的情况。

(1) Dijkstra 算法介绍。Dijkstra 算法由荷兰算法学家 Edsger Wybe Dijkstra 在 1959 年首次提出。该算法是一种典型的最短路算法,一般用于解决有向图中单个源点到其他各个端点的最短路径问题。在现实生活工作中,许多问题都与寻找一个图的最短路径问题密切相关,如交通路线的选择、城市下水管道的布局、网络线路的铺设等。20 世纪 50 年代末,Dijkstra 提出了按路径长度不减次序产生的最短路径算法。Dijkstra 算法按照从给定起点到图中顶点的距离、顺序求出最短路径。Dijkstra 算法的主要特点可以概括为以起始点为中心向外层层扩展,直到扩展到所需解决问题的终点为止。

(2) Dijkstra 算法流程。Dijkstra 算法的基本思路是将快递车辆配送最短路径问题所描述的路径网络图中的每个节点都赋予一个标号 (a_n, b_n),其中,路径网络图中的每个节点代表了快递公司的各个不同客户所在位置或快递公司自身配送中心所在处。从起点 s 到节点 n 的快递车辆最短配送路径长度将被记作 a_n,从起点 s 到节点 n 的最短快递配送路径中 n 点的前一点会被记为 b_n,一个节点到其自身的最短路径长度设为 0,若两节点之间不存在车辆行驶路径,则其距离设为 inf(即无穷大)。

Dijkstra 算法的基本流程如图 2-13 所示。

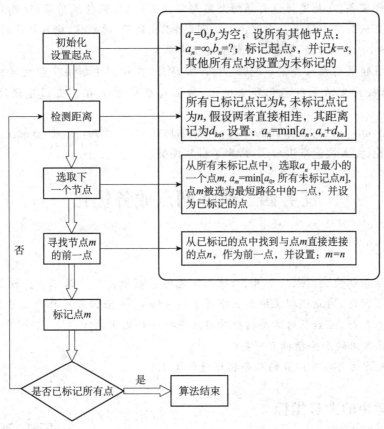

图 2-13 Dijkstra 算法的基本流程

思政园地：快递赋能　方便快捷

淄博市首台菜鸟无人快递车落户淄博职业学院

淄博市首台菜鸟无人快递车落户淄博职业学院。交付仪式在淄博职业学院南校区尚德楼前广场举行，阿里巴巴菜鸟公司校园驿站山东省城市经理、淄博创客空间商贸有限公司、校企合作与就业指导中心、后勤服务管理处、工商管理学院等部门负责人及相关师生参加了活动。菜鸟无人快递车如图 2-14 所示。

在交付仪式结束后，菜鸟无人快递车在校园进行了现场演示。无人快递车穿梭于密集的人流和车流中，遇到障碍物会主动避让；拐弯之前会自动打转向灯；被同学玩闹时，它会站定了跟大家说："同学，我正在工作，请让一让。"在有较多起伏的坡路，也能匀速上下，如履平地。好奇心比较强的同学，尝试了免费

图 2-14 菜鸟无人快递车

预约送货到楼服务,在物流详情页预约天猫淘宝包裹送货,预约成功后,菜鸟无人车在指定时间把包裹送到宿舍楼下。当收件人收到写着"我到了"的短信,输入收件码取走包裹,全程只花5~10秒,给大家带来美妙的快递服务体验。

淄博市首辆菜鸟无人快递车进驻淄博职业学院,在校园中解决了学生远距离寄取快递的难题,让校园生活更智能化和便捷化,为淄博职业学院智慧校园建设注入了新鲜血液。

(资料来源:https://baijiahao.baidu.com/s?id=1714739417536257042&wfr=spider&for=pc)

思政讨论:无人快递车进校园,带来了哪些便捷?

任务四 快递网点业务优化

📌 任务导入

小王已经入职快递网点三个月了,他已经能够很好地完成收派工作。最近网点的经营效益出现了问题,网点经理又给小王布置了新的任务,网点经理先让小王熟悉了一下网点常用的业务指标,然后针对这些指标对网点进行一些优化。

(1) 网点常用的业务指标有哪些?

(2) 哪些方法可以对网点的业务指标进行优化?

一、网点常用的业务指标

(一) 效率指标

1. 整体效率评价指标

日平均派送单量 $= \dfrac{\text{网点报告期派送总量}}{\text{报告期天数}}$;

单日最高派送单量;

日平均派送客户数 $= \dfrac{\text{报告期派送客户总数}}{\text{报告期天数}}$;

微课:网点常用的业务指标

单日最高派送客户数;

车平均日派送单量 $= \dfrac{\text{日平均派送单量}}{\text{平均日运行车辆总数}}$。

2. 个体评价指标

日平均派送单量;

单日最高派送单量;

日平均派送客户数;

单日最高派送客户数;

日平均派送里程 $= \dfrac{\text{报告期派送总里程}}{\text{报告期天数}}$;

单日派送最高里程。

计算时参考整体效率评价指标,将有关业务数据调整为快递员个人业务数据即可。

3. 车辆设备评价指标

由于车辆设备一般被分配给快递员个人使用,每个设备的业务量方面的指标与快递员个体评价是一致的。车辆设备方面还需考虑成本指标,车辆设备的日均派送量/车辆设备的日均成本,即为该车辆的成本效率指标。

(二) 服务质量指标

服务质量指标是网点运营管理的一项重要工作,是网点管理人员对快递业务员评价考核以及决策的重要依据,一般包括时效类指标、服务类指标和安全类指标。

1. 时效类指标

(1) 妥投率。妥投率是指派送人员接收到快件后,应在规定的时间或客户要求的时间内,完成派送的件数与应派送的快件总件数之比。

$$妥投率 = \frac{按时派送的件数}{应派送快件总件数} \times 100\%$$

妥投率反映了派送人员的收派组织能力,以及派送线路设计的合理性,也是反映收派质量的重要指标之一。

(2) 快件延误率。快件延误率是指没有按照承诺的时限或行业标准规定的时限送到客户指定的地址和收件人的快件与应派送的快件总件数之比。

$$快件延误率 = \frac{未按时派送件数}{应派送快件总件数} \times 100\%$$

造成快件延误的内部因素主要有快递企业调度与管理问题、资源或人员配置少、产品时限不明确等。外部因素主要包括天气影响、航班或班车晚点、交通管制、车辆故障、发件人将收件人信息填写错误等。

(3) 信息上网及时率。信息上网及时率是指在规定时间内将已收寄处理的快件信息完整准确地录入信息系统并上传到互联网的件数与收寄总件数之比。

$$信息上网及时率 = \frac{按时规范上传件数}{收寄快件总件数} \times 100\%$$

快件信息是快件运营重要的基础数据,信息及时完整地录入,对下一环节的操作配载等工作非常重要,是影响运营质量的重要因素。快件信息及时上传,便于快递企业及时对快件的整个生命周期进行监控,还便于客户随时查阅相关信息。

2. 服务类指标

(1) 收件及时率。收件及时率是指在一个周期内按照规定时间或客户要求到达客户指定地址并完成快件收寄的件数与下达收件指令的总件数之比。

$$收件及时率 = \frac{按时收寄件数}{下达收件指令总件数} \times 100\%$$

收件及时率反映了调度工作的合理性和收派系统的反应速度以及快递员个人的收派能力,是衡量快递组织满足客户要求的重要服务类质量指标。

(2) 快件签收率。快件签收率是指快件到达营业场所后在规定的派送时效内完成签收,并及时规范地上传签收信息至信息系统的件数与到达营业场所的总件数之比。

$$快件签收率 = \frac{规范签收快件数}{派送总件数} \times 100\%$$

快递企业在监控签收率时,需注意防范虚假签收现象。客户在寄快递时,签署的运单相当于与快递企业建立了一个合约,快递企业没有将指定快件送至收件人处,已经属于违约,如果快递企业的快递员冒充收件人虚假签收,则有欺诈之嫌,快递企业应承担由此造成的责任及损失。

(3) 客户满意度。客户满意度是指客户对其要求明确提出的、隐含的或必须履行的需求或期望已被满足的程度的感受,是客户满意情况的反馈,是对快递企业的产品或服务性能的评价。

(4) 用户投诉率。用户投诉率是指在一段时间内,快递企业受理用户投诉的快件件数与收寄快件总件数之比。

$$用户投诉率 = \frac{投诉快件的件数}{收寄快件总件数} \times 100\%$$

快件丢失与内件短少、快件损坏、收寄与派送服务态度问题、未按名址投递问题是当前快递行业客户投诉的重点。

(5) 申诉率。申诉是指消费者对快递企业处理结果不满意或在规定的时限内未予答复的,通过客服电话或网络向行业主管部门消费者申诉中心提出申诉。用户有效申诉是指经行业主管部门消费者申诉中心受理,并确认快递企业在服务过程中存在不当服务责任的申诉。申诉率则是指申诉的快件占收寄总件数的比率。

3. 安全类指标

(1) 快件品质合格率。快件品质合格率是指收寄的快件中不含违禁品、险品等不符合快件承运标准的物品的件数与总件数之比。

$$快件品质合格率 = \frac{收寄合格件数}{收寄快件总件数} \times 100\%$$

快件品质合格率反映了快递员的责任心和业务熟悉度,是安全防控管理的重要指标之一。

(2) 快件损毁率。快件损毁率是指在一段时间内,快递企业损毁件的件数与收寄快件总件数之比。

$$快件损毁率 = \frac{损毁件的件数}{收寄快件总件数} \times 100\%$$

快件损毁率是对快递全流程各操作环节安全操作考核的重要指标,它可以客观地反映快递企业的整体质量管理水平。

(3) 快件遗失率。快件遗失率是指在一段时间内,快递企业丢失件的件数与收寄快件总数之比。它也是安全操作考核的重要指标。

$$快件遗失率 = \frac{丢失件的件数}{收寄快件总件数} \times 100\%$$

思政园地：服务全国　持续发展

提升配送效率、改善消费体验 "双 11" 大考快递业服务升级

随着"双 11"大促在各大电商平台陆续拉开帷幕，邮政快递业也将迎来一年一度的业务旺季。据悉，2022 年快递业务旺季从 11 月初开始，到 2023 年春节前夕结束。扩大预售前置规模、按需送货上门、升级保价服务、推动包装绿色环保……眼下，各大快递企业正铆足干劲谋划各种旺季保障服务措施，努力给广大消费者带来更安心、更快捷、更优质的寄递体验。

保障配送效率，除了要及时揽收发货，把商品前置到距离消费者最近的仓库也是关键措施。据京东物流到仓业务负责人章根云介绍，2022 年"双 11"期间，京东物流依托在全国设立的 90 个到仓转运中心、212 个上门提货城市、超 20 000 辆车辆资源、1 000 条精品路线，助力提升商家全平台送仓时效、降本增效。届时，超 200 座城市的消费者，待支付尾款后都将有机会体验到最快"分钟级"的收货体验。

配送效率的提升，也离不开快递行业的数智化升级。赶在大促之前，申通在河北固安、河南郑州、山东济南等地的转运枢纽陆续投运，申通最大的转运中心——固安华北转运中心规划产能超 700 万单，不仅能满足北京的快递包裹智能化分拣，还可以辐射津冀。

为了提升消费者的寄递体验，快递企业在末端服务上也是纷纷出招。据悉，苏宁易购物流日前宣布，2022 年"双 11"期间升级大件"安心装"服务，将送装一体服务范围从原来的 331 个城市扩展为覆盖全国所有地级市及超九成县级市。菜鸟也宣布，未来 3 年，将投入 10 亿元建立一支 1 万人规模的末端送装师傅团队，在全国 2 800 多个县（区、市）实现电器家装商品"一次上门，免费送装"。

（资料来源：https://baijiahao.baidu.com/s?id=1748163428458470672&wfr=spider&for=pc）

思政讨论：快递网点如何在保证寄递效率的情况下兼顾寄递体验？

二、收派作业效率优化（1+X）

1. 信息识别

小王所在的网点有 30 个快递员，他们的业务量有高有低，甚至在一个月当中业务量能相差三四千，为了保证该网点的公平、高效，小王决定对以往数据进行分析，以便跟网点经理汇报。

首先要明确分析的目的，然后根据目的从庞杂混乱的数据中确定所需的有用信息。这是小王在学习时，网点经理特别强调的在进行数据分析时首先要完成的工作。小王认为，对快递员的收派区域进行效率分析，至少需要快递员的区域分配数据、业务量数据和出勤数据。他想先依据这些数据进行初步分析，如果有必要，再进一步做实地调查，确定是否必须对区域做调整。

2. 数据收集

小王的快递网点配备了完善的信息管理系统，很容易从系统中导出他想要的各种数

据。该快递网点共有 30 名快递员,7 月派送业务量数据如表 2-6 所示。

表 2-6 网点 7 月派送业务量数据

快递员	派送区域	本月出勤天数	本月派送业务量/件
刘力嘉	1	27	8 100
李亚东	2	20	5 720
贺改清	3	24	7 848
乔静	4	26	7 878
裴婷婷	5	28	8 932
王浩哲	6	27	7 992
陈东梅	7	23	6 463
冯学超	8	29	8 033
冀超凡	9	21	6 090
王龙	10	28	9 016
安美玲	11	20	5 500
李雪蕊	12	30	9 240
吕爽	13	26	8 398
刘红威	14	26	7 748
陈心男	15	24	6 840
张诏钰	16	29	8 352
张继	17	30	8 400
关仙菊	18	24	7 920
刘心馨	19	27	7 668
王晓明	20	21	6 888
苗宇瑞	21	24	6 696
尚英娥	22	29	8 613
楚鼎	23	22	5 962
李旭坤	24	30	8 790
史鹏飞	25	22	6 908
常巧霞	26	27	8 451
岳伟	27	20	6 120
张妮	28	30	9 690
李维东	29	30	8 760
郭宝霞	30	26	7 982

3. 数据分析

大量数据被导出来时，小王瞬间就看花了眼。他知道，必须对这些数据进行分析处理了。分析的思路就是比较每一个区域的平均日派送件量和所有区域的总平均日派送件量，明显高于和低于总平均日派送件量的区域应该特别予以关注，这会直接导致员工的收入不平衡。

由于采取专区专人的收派区域分配方式（只有当员工休假时，才会由其他员工临时代为派送，但整体影响可以忽略不计），区域总平均日派送件量和每个区域的平均日派送件量都可以通过区域总派送件量出勤天数来进行计算。

(1) 计算网点日人均业务量（四舍五入，不保留小数，例如 195 件）。

所有区域 7 月的总派送件量为 230 998 件。

所有员工 7 月的总出勤天数为 770 天。

$$\frac{总派送量}{总出勤天数} = \frac{230\ 998}{770} = 300(件/天)$$

(2) 计算所有快递员的日均业务量如表 2-7 所示（四舍五入，不保留小数，例如 140 件）。

表 2-7 快递员的日均业务量数据

快递员	派送区域	日均业务量/件	快递员	派送区域	日均业务量/件
刘力嘉	1	300	张诏钰	16	288
李亚东	2	286	张继	17	280
贺改清	3	327	关仙菊	18	330
乔静	4	303	刘心馨	19	284
裴婷婷	5	319	王晓明	20	328
王浩哲	6	296	苗宇瑞	21	279
陈东梅	7	281	尚英娥	22	297
冯学超	8	277	楚鼎	23	271
冀超凡	9	290	李旭坤	24	293
王龙	10	322	史鹏飞	25	314
安美玲	11	275	常巧霞	26	313
李雪蕊	12	308	岳伟	27	306
吕爽	13	323	张妮	28	323
刘红威	14	298	李维东	29	292
陈心男	15	285	郭宝霞	30	307

快递网点与处理中心管理

(3) 为了更直观地体现不同派送区域的差异,小王运用了图表工具,如图 2-15 所示。

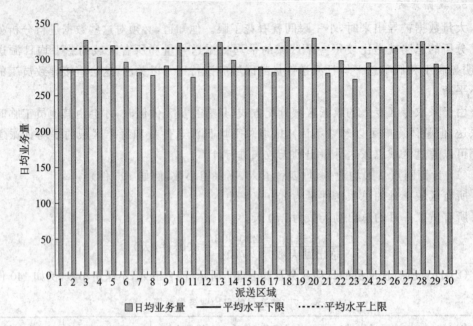

图 2-15 各区域日均业务量比较

4. 分析结论

小王根据经验设定了 5% 的浮动水平后,从图 2-15 中可以看出,3、5、10、13、18、20、28 日区域平均日派送量明显高出平均水平,而 7、8、11、17、19、21、23 日区域明显低于平均水平。这有可能预示着快递员所负责的收派区域需进行必要的调整了。小王谨慎地决定再继续观察一段时期,看看更长期内的数据是否仍然支持这一结论。

三、收派作业质量优化(1+X)

1. 原因整理

小王所在的网点最近总是因为快件遗失被总公司罚款,网点经理头疼不已,小王想借助大学里学习到的鱼骨图来分析快件遗失发生的原因。因此,小王整理了最近网点快件遗失出现的原因,以此为基础进行分析。快件遗失原因包括监守自盗、不熟悉操作规范、故意漏扫、无全自动分拣设备、监控有死角、没有操作专用工具箱、没有即时数据比对、没有做当面交接、没有交叉复核、5S 管理不到位。

鱼 骨 图

鱼骨图,顾名思义长得像鱼的骨架,头尾之间用粗线连接,如脊椎骨一样。鱼骨图是由日本管理大师石川馨先生发明出来的一种发现问题"根本原因"的方法,也被称为因果分析图或石川图，它具有简洁实用、深入直观的特点。鱼骨图是一个非定量的工具，可以帮助我们快速找出引起问题的潜在根本原因。鱼骨图如图2-16所示。

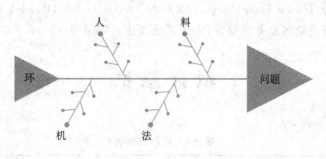

图2-16 鱼骨图

（资料来源：https://baike.baidu.com/item/%E9%B1%BC%E9%AA%A8%E5%9B%BE?from Module=lemma_search-box）

2. 鱼骨图绘制

快件遗失鱼骨图分析如图2-17所示，共包含三层。

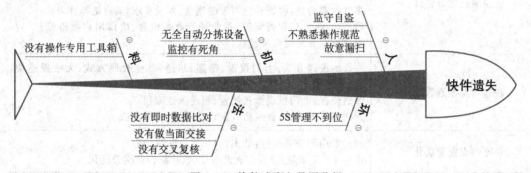

图2-17 快件遗失鱼骨图分析

3. 确定主要原因

通过鱼骨图分析，小王确定了快件遗失的主要原因是快递员嫌麻烦漏扫了快件，因此他向网点经理建议每天工作完成后及时比对系统中的数据就可以发现漏扫问题。

 思政园地：服务全国　持续发展

我国快递网点基本实现乡镇全覆盖

党的十八大以来，我国邮政快递业实现了由小到大的跨越，进入了年快递业务量过千亿件、年快递收入上万亿元的新阶段，建成了世界上最为通达、最为普惠、规模最大、受益人数最多的邮政快递网络。截至目前，我国邮路总长度（单程）超过1 000万公里，快递服务网络总长度（单程）超过4 000万公里，拥有邮政快递营业网点41.3万处，广泛覆盖的邮政快递网络为建设全国统一大市场提供了重要保障。

邮政普遍服务均等化水平持续提升,全国50余万个建制村、128个边海防哨所全部实现直接通邮,快递网点基本实现乡镇全覆盖,建制村快递服务覆盖率超80%。

(资料来源:http://www.gov.cn/xinwen/2022-10/11/content_5717142.htm)

思政讨论:有些地区业务量很少,为什么还要建立快递网点?

项 目 总 结

项目二总结见表2-8。

表2-8 项目二总结

知 识 点	相 关 内 容
快递网点收派准备工作	收派工具准备:运输工具准备、移动扫描设备的准备、证件准备、其他物品准备 特殊收派情况准备:特殊天气收派准备、贵重物品收派准备
快递网点收寄管理	接收订单的方式:通过快递服务主体下单、通过电子商务平台下单 快递的收寄方式:上门收寄、营业场所收寄、协议用户收寄、智能收投服务终端收寄 实名收寄验视:收寄验视制度的概念、相关要求、验视的操作方法 收寄流程:上门收寄流程、营业场所收寄流程、协议用户收寄流程、智能收投服务终端收寄流程
快递网点派送管理	快递的投递方式:上门投递、箱递、站递、其他投递方式、无法投递快件、无着快件 派送流程:上门投递派送流程、箱递派送流程 派送路线的设计:派送路线设计的原则、设计方法
快递网点业务优化	网点常用的业务指标:效率指标、服务质量指标 快递1+X相关:收派作业效率优化、收派作业质量优化

技 能 训 练

一、单项选择题

1. 收派网点的准备证件包括个人证件和( )。
   A. 车辆营运证　　B. 身份证　　C. 户口本　　D. 工作证
2. 以下不属于箱递派送流程的是( )。
   A. 派前预约　　　　　　　　　　B. 账号注册
   C. 账号认证　　　　　　　　　　D. PDA终端签收扫描
3. 派件量少、客户比较集中、交通网络简单的情况下,可采用传统经验组织法设计派送路线,以下不属于传统经验组织法的是( )。
   A. 单侧行走　　　　　　　　　　B. "之"字形行走
   C. 单侧行走与"之"字形行走相结合　　D. 最短路径法

4. 按照约定采用箱递方式进行投递的,快递服务主体应按与(　　)将快件投递至约定的智能收投服务终端。

　　A. 用户的约定　　　　　　　　　B. 就近原则

　　C. 历史经验　　　　　　　　　　D. 公司规定

5. 鱼骨图是一个非定量的工具,可以帮助我们快速找出引起问题潜在的(　　)。

　　A. 规律　　　B. 根本原因　　　C. 直接原因　　　D. 主要原因

二、多项选择题

1. 快递的收寄方式有(　　)。

　　A. 上门收寄　　　　　　　　　　B. 营业场所收寄

　　C. 协议用户收寄　　　　　　　　D. 智能收投服务终端收寄

2. 快递的投递方式有(　　)。

　　A. 上门投递　　　B. 箱递　　　C. 站递　　　D. 其他投递方式

3. 以下属于效率指标的是(　　)。

　　A. 整体效率评价指标　　　　　　B. 个体评价指标

　　C. 车辆设备评价指标　　　　　　D. 收件及时率

4. 派送路线设计的原则有(　　)。

　　A. 保证派送时限原则　　　　　　B. 优先派送原则

　　C. 先重后轻、先大后小原则　　　D. 减少空白里程原则

5. 下列概念描述正确的有(　　)。

　　A. 服务质量指标一般包括时效类指标、服务类指标和安全类指标

　　B. 上门收寄实名查验按照认证方式分为寄件人证件验证和代寄场景证件验证

　　C. 投递方式应主要包括上门投递、投递至智能收投服务终端(箱递)两种

　　D. 派件量少、客户比较集中、交通网络简单的情况下,可采用运筹法来设计派送路线

三、简答题

1. 快递网点收寄方式有哪些?在收寄时应该注意哪些事项?
2. 快递网点投递方式有哪些?派送路线该怎样进行设计?

1＋X 实践训练

实训要求:根据本项目所学的快递网点业务管理的内容,绘制鱼骨图以分析快件破损的原因。

实训目的:通过此次训练,加深对快递网点服务质量的理解,能够解决现实当中发生的快递遗失、破损等问题。

实训方式:以个人为单位完成实训任务。

模块二　走进快递处理中心

快递处理中心认知

学习目标

知识目标

1. 了解处理中心的概念；
2. 明确处理中心的功能、作用；
3. 掌握处理中心工作流程；
4. 了解快件处理相关概念；
5. 熟悉处理中心岗位设置；
6. 了解处理中心内部管理方法。

技能目标

1. 能够根据处理中心的功能和作用绘制工作流程图；
2. 能够描述快递处理中心各岗位的工作职责；
3. 能够根据工作流程对处理中心作业区域进行规划。

素养目标

1. 培养敬业精神和职业认同感；
2. 树立科技创新意识；
3. 厚植家国情怀，培养工匠精神。

项目导入

快递处理中心在一些邮政快递企业中也被称为分拨中心、中转场、转运场、集散中心等，是快递网络中的集散节点，其基本功能是对快件进行集散和转运。通过处理中心的分拣作业，快速完成快件按既定路由的集散与转运。其运作模式的主要特点在于它不是从事具体商品生产的组织单位，主要是将从其他网点汇集来的快件进行集中、交换和转运，实现快件在全网中从分散到集中再到分散的流动。处理中心一般都具有不同程度的机械化、自动化处理能力,以提高效率,降低成本。

任务一 认识快递处理中心

任务导入

小李是某职业学院邮政快递运营管理专业毕业的应届毕业生,通过应聘成为国内某大型快递公司处理中心的实习生,职位是快件处理员。今天是他入职的第一天,他希望多了解一些关于快递处理中心的知识,公司派王经理负责带他参观处理中心操作现场并介绍工作流程。王经理在带小李参观之前给他留了几个问题,希望参观完之后能够思考回答。

(1)快递处理中心在整个快递服务网络中的定位是什么?
(2)快递处理中心的作用是什么?
(3)快递处理中心的工作流程有哪些?

快递服务是一个有机的整体,每票快件从寄件人交寄到派送给收件人,要经过快件收寄、处理、运输、派送四大作业环节。在快件传递过程中,收寄是传递的始端,派送是终端,中间环节是运输,而在收后、派前都要进行分拣封发处理,快递处理中心就是负责快件转运和封发的场所。

一、处理中心的概念

快递处理中心是专门从事快件处理活动的经济组织,是快件传递网络的节点,主要负责快件的分拣、封发、中转任务。处理中心一般都具有不同程度的机械化、自动化处理能力,以提高效率,降低成本。大型的快递处理中心主要负责一个片区或全网快件集散处理。邮政快递企业根据自身业务范围及快件流量来设置不同层级的处理中心,并确定其功能。处理中心将下属各中转点的快件集中后再统一处理,通过汽车或飞机等运输方式发往其他处理中心,或发送至下属相应的中转点。各级处理中心各自覆盖相应的区域,构成整个快递网络中的节点。

二、处理中心的作用及功能

分拨中心是快递网络中的重要节点,起着对本区域(地区)业务组织管理及与其他区域(地区)业务联结的重要作用。

微课:处理中心的
概念、作用及功能

(一)处理中心的作用

1. 集散作用

快件处理环节将不同运输方式、不同路向、不同时段接收的快件,依据快递运单地址和收寄信息,经过整理、集中,再通过人工分拣或自动流水线分拣,封成总包后,发往目的地,这一过程实际上是由分散到集中,再由集中到分散的过程,起到了集散作用。

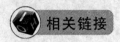

快件集散的作用

(1) 规模发运,降低成本。快件的集中是基于运输的规模经济性,把相对分散的快件逐级集中起来进行运送、处理,从而达到降低整体运送成本的目的。

(2) 集中处理,保障时效。快件集中本质上就是把某区域相对分散的快件集中到相应的场所,以便对这些快件集中处理,提高处理效率,保障快递时效。

(3) 过程审核,及时纠错。核对快件数量与交接单上数量是否相符,包装是否完好无损,若实际数量与交接单上数量不符或出现包装破损等情况,需要当面及时查明原因,及时记录,及时处理。

2. 控制作用

来自各方面的快件都要经过分拣中心进行集中处理。处理过程中,需要对这些快件的规格、流向等进行有效的质量控制检查,并对各种错误进行制约和纠正。如发现禁寄物品,还需就地控制处理,不再发往下一环节,从而提高快递服务的全程质量,实现快件快速准确、安全便捷的传递。

3. 协同作用

处理中心是快件传递网络的节点,起到衔接上下作业环节的作用。快件的分拣封发既是快件运输的上一环节,也是快件运输的下一环节。也就是说,快件分拣封发的两端均与快件运输相衔接。做好上下环节的协作配合,不仅直接关系着分拣、封发的作业质量,而且在一定程度上影响着快件处理全过程的质量和效能。

(二) 处理中心的功能

(1) 根据处理中心在快递服务全过程所承担的任务和作用,其基本功能包括以下几个方面。

① 快件接收功能。快件接收功能是指快件处理人员交接验收各营业网点或其他处理中心运输的总包或总包单件,并进行总包拆解。

② 快件分拣功能。快件分拣功能是指快件处理人员对接收的快件按照快递详情单地址、邮编、电话区号、航空代码进行分类。

③ 快件封发功能。快件封发功能是指将同一寄达地及经转范围的快件经过分拣处理后集中在一起,按一定的要求封成快件总包并交运。

(2) 根据不同级别处理中心辐射服务范围的大小,其功能可以划分成以下四个级别。

① 省际区域处理中心是全网起核心作用的处理中心,在省际区域内起到主导作用的直营枢纽集散中心,承担跨区域的快件转运及区域内的快件集散及转运功能、有丰富的运输资源(航空、铁路、汽运等)。

② 省内处理中心是省内起核心作用的处理中心,在省内起到主导作用的直营枢纽集散中心,承担省内集散转运功能、有较丰富的运输资源(航空、铁路、汽运等)。

③ 省内部分处理中心是省内起重要作用的处理中心，承担部分省内集散转运功能、有较丰富的运输资源（航空、铁路、汽运等）。

④ 末端处理中心是在辖区内起到主导作用的直营处理中心，主要承担辖区内接驳点、加盟公司快件的转运、集散功能，按运输资源也可承担部分跨省汽车、航空运输线路。

三、处理中心的主要作业区域

（1）接收作业区。在接收作业区主要完成进站快件的卸货、交接、暂存等操作，一般分为卸货平台区、总包拆解区、分类操作区和暂存区等。

微课：处理中心的主要作业区域与作业流程

（2）快件查验区。在快件查验区主要完成快件的品质检查、单证检查、包装检查以及对快件的再包装、加贴标识等操作。对查验区要求较高的是以航空运输前端检查或国际快件报关操作为主要操作任务的处理中心；而以转陆运运输或分拨派送为主的处理中心，一般不单独设立查验区。

（3）快件分拣区。快件分拣区是处理中心的重要区域，对场地的要求较高，主要设施有自动分拣线、带式传送机以及分拣格架等。

> **思政园地：科技创新　引领全球**

京东"亚洲一号"无人仓

京东上海"亚洲一号"于 2014 年 10 月正式投入使用，是亚洲地区电商仓储领域建设面积最大、智能化程度最高的现代化物流快递中心之一，其中上海市的"亚洲一号"（图 3-1）无人仓是世界第一个全流程无人仓库。硬件方面，上海"亚洲一号"拥有自动化立体仓库（AS/RS）、自动分拣机等先进设备；软件方面，仓库管理、控制、分拣和配送信息系统均由京东公司开发并拥有自主知识产权，整个系统均由京东公司总集成，90% 以上操作已实现自动化。自建物流是京东的核心竞争力之一，上海"亚洲一号"更是京东的旗舰工程和"秘密武器"。

图 3-1　京东上海"亚洲一号"

截至2022年6月,京东物流已形成以43座"亚洲一号"大型智能仓库和全国范围内运营的约1 400个仓库为核心的仓配物流网络,总面积超过2 500万平方米。

科技创新不仅带来了企业内部的效能提升,还助力了经济与社会向前发展。作为一家以技术创新为发展重点的实体企业,京东将继续深耕物流科技的迭代升级和落地应用,为实体经济高质量发展贡献更大力量。

(资料来源:https://www.maigoo.com/citiao/254514.html)

思政讨论:在物流快递行业竞争日趋激烈的背景下,京东为什么要斥巨资打造"亚洲一号"无人仓?

(4) 封发作业区。在封发作业区主要完成出站快件的集装、加贴标签、出库、交接、装运等操作,一般分为装货平台区、集装操作区、待发快件暂存区等。

(5) 异常处理区。异常处理区的主要功能是对异常快件的分类存放及集中处理。

(6) 库房。一般来说,快件作业中心的库房不以快件仓储为目的,其主要功能是存放快递物料。

(7) 办公区。在办公区主要完成信息处理、组织调度、行政管理及信息查询等工作,一般分为信息处理区、调度区、配载区、行政服务区、财务结算区及计算机室等。

(8) 贵重物品暂存区。贵重物品暂存区的主要功能是暂时存放贵重物品和敏感物品。

(9) 总包堆码区。总包堆码区的主要功能是堆码卸载中转的总包。

四、处理中心作业流程

处理中心负责全国各类邮件的分拣封发任务,在整个快递服务网络中占有非常重要的地位。具体的作业流程如下。

(1) 快件接收。分拣部门接收快班汽车、航班或转运部门交来的国内标准快件,点验总包数量、规格,与交方办理快件及路单交接手续。

分拣部门接收转运部门交来的总包,检查运输车辆封志,无误后卸车。之后验视总包有无异常,确认正常后,进行数量核对。

(2) 快件拆解。托卡将快件总包运至开拆台席,开拆人员开始对总包进行拆解。开拆邮件袋要做到一袋一清。对拴有"红杯"或"红杯水"袋牌的总包必须轻拿轻放。

拆解完成后清点拆出的快件数目并核对数量。逐件验视快件的外包装,查看有无破损或拆动痕迹。点验无误后,扫描录入邮件状态。

(3) 快件的分拣。分拣根据快件的路由去向又分为初分和细分。经过分拣,明确了去向的邮件就进入了另一个环节,即封发。

快件的初分与细分

快件初分是指因受赶发时限、运递方式、劳动组织、快件流向等因素的制约,在快件分拣时不是将快件一次性直接分拣到位,而是按照需要先对快件进行宽范围的分拣。

快件细分是指对已经初分的快件按寄达地或派送路段进行再次分拣,将快件放置到目的地所属的分拣栏或架内。

分拣的正确与否决定了快件能否按预计的时限、合理的路线及有效的运输方式送达客户手中。

(4) 快件的封发。封发员按封发格口扫描散件条码录入封发清单,打印封发清单和总包条码袋牌,快件装袋封发,系统生成总包快件信息。快件、清单、袋牌三核对,检查总包封发规格及条码质量,检查现场有无漏封发快件。在系统中对开拆散件数和封发散件数进行数量核对,最后扎袋。

(5) 快件的发运。由快递系统生成路单,各类快件在封妥成袋后,按发寄的路向分别堆码。托卡将快件总包拉到发运平台,工作人员进行扫描装车,信息核对,上施封锁。然后处理中心的工作人员与司押员进行总包交接,并在路单上签名,将信息上传,快件将被送往下一目的地。

我国快递行业经过20余年的发展,各企业都形成了自己的一套处理中心作业流程,但都大同小异,其具体流程如表3-1和图3-2所示。

表3-1 快件处理流程描述

活动编号	流程活动	流程活动说明
001	引导到站车辆	引导快件运输车辆准确停靠,并核对车牌号码
002	验视车辆封志	检查车辆封志是否完好,核对封志上的印志号码
003	拆解车辆封志	使用不同的工具,按照正确的方法将车辆封志拆解
004	拆解总包	把总包快件从运输车厢内卸出,注意安全,按序码放
005	验视总包	查点总包数目,验视总包规格,对异常总包交主管处理
006	扫描称重	对总包进行逐袋扫描比对,称重复核,上传信息并将扫描信息与总包路单核对
007	办理签收	交接结束后,交接双方在总包路单上签名盖章,有争议事宜在总包路单上批注
008	拆解总包	解开总包,倒出包内快件,检查总包空袋内有无漏件
009	逐件扫描	逐件扫描快件条码,检查快件规格,将问题件剔出,交有关部门处理
010	快件分拣	按快件流向对快件进行分类、分拣
011	快件登单	逐件扫描快件条码,扫描结束及时上传信息,打印封发清单
012	总包封装	制作包牌,将快件装入包袋并封口
013	交发总包	交接双方共同核对总包快件数量,检查总包规格、路向
014	装载车辆	按照正确装载、码放要求将总包快件装上运输车辆
015	车辆施封	交接双方当面施加车辆封志,保证封志锁好,核对号码
016	车辆发出	交接完毕,在总包路单上签名盖章,引导车辆按时发出

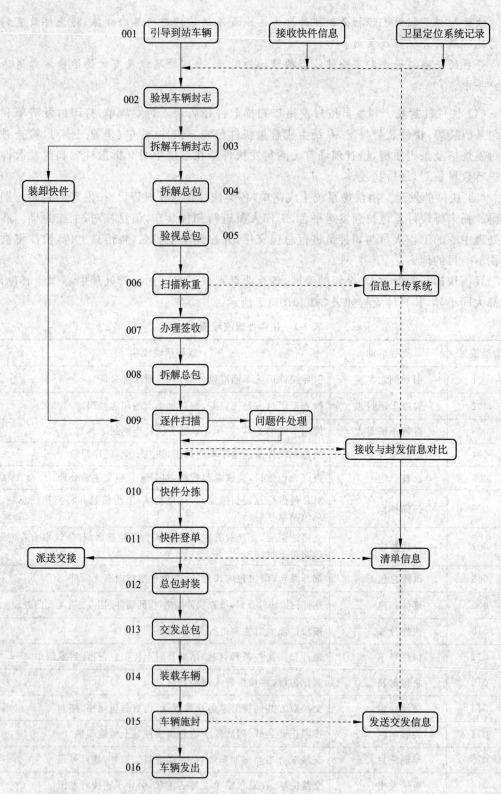

图 3-2 某快递公司处理中心作业流程

相关链接

某快递公司武汉快递处理中心作业流程

某快递公司武汉快递处理中心拥有12台包件分拣机、7台扁平件分拣机、6台塑封机、21台安检机、30台装卸过桥、DLP系统、LED大屏显示系统、12 000多平方米的滚轮平台、总长超过10km的带式输送系统、总长超过2.5km的信盒输送系统。设计处理能力达到50万件以上。

武汉处理中心的作业流程如下。

(1) 货物到达。快递运输部门通过专用车辆、飞机将快件运到武汉集散中心,在交寄的当晚快件便会抵达南京集散中心,而为了更高效地工作,使客户更快地收到快件,南京集散中心采取的是全夜工作的形式,工作人员都是夜班。

每天22:30,湖北、湖南、河南、江西的邮件就会通过专用车辆到达武汉集散中心参与分拣。之后,满载快件的航空专用飞机到达,引导车、引导员把飞机引导到指定位置。引导员要引导飞机正确安全地入位,执行飞机的过站检查工作单,对飞机的各个部位进行检查,确保飞机的各个基本零件工作正常。待飞机平稳后,利用各种装卸设备有条不紊地将快件集装箱卸下,驶入分拣场地,开始分类分拣。

(2) 安全检查。检查出不符合国家安全规定的快件。此项安全检查只针对陆路运输的快件,航空运输的快件已经在登机时完成了安全检查,因此可以直接进入分拣环节。进入现场的工作人员也需要进行安检,与工作无关的物品禁止带入现场。

(3) 卸车。将快件卸车运往分拣中心。

(4) 分拣。经过分拣的快件,会自动地走向相应的格口,由工作人员进行扫描装箱分发。

(5) 装机。快件被运至专用飞机旁边等待装机。

快递航班运行采用全夜航模式,飞机从各地机场起飞,前往武汉集散中心进行货物的集散和处理,所有飞机在上午10:00之前便可返回各地机场,并在当天完成快件的投递工作。

(资料来源:https://baijiahao.baidu.com/s?id=15899102342989206218&wfr=spider&for=pc)

五、快件处理的相关概念

1. 总包及总包单件

为防止在运输途中超小快件(航空运输长、宽、高之和不得小于40cm,铁路不得小于60cm)发生遗失和信件型快件、快件运单被折叠或损坏,同时也为了便于快递服务过程中两环节的交接,缩短时间,提高效率,在快件运输环节中,往往采取将多个小件汇成总包运输的办法。

(1) 总包。总包是指将寄往同一寄达地(或同一中转站)的多个快件集中装入的容器或包(袋)。总包经封扎袋口或封裹牢固形成一体,便于运输和交接。总包必须拴有包牌或粘贴标签,同时总包内应附寄快件封发清单或在包牌及标签上写明内装件数。考虑到搬运方便,以及总包包袋的容量和承载能力限制,快件总包每包(袋)重量不宜超过32kg。

(2) 总包单件。总包单价是指有些快递企业为减少重复劳动,在保证快件安全质量的情况下,对较大快件不再装入总包空袋内,而是单独发运,但是在操作上视同总包,也必须登列交接单(路单),所以称作总包单件。

在实际操作中,所谓的总包往往涵盖了总包单件的概念。也就是说,狭义的总包仅指多个快件集中封装而成的总包,而广义的总包除外,还包括按照总包操作的总包单件。

2. 作业术语

(1) 接收。接收是指处理中心验视进站总包快件装载车辆的封志,检查总包快件规格,复核交接总包数量,并办理签收手续的处理过程。

(2) 分拣。分拣是指将快件按寄达地址信息进行分类的过程,也就是指按快递运单书写的寄达地址,将快件分到规定格口内的处理过程。

(3) 封发。封发是指按发运路线将快件进行封装并交付运输的过程。

(4) 装运。装运是指将封装后的总包按规定装码在运输设备和工具中的过程。

(5) 进站(进港)。进站是指其他处理中心发出的总包快件进入某一处理中心并被接收的过程。

(6) 出站(出港)。出站是指某处理中心将封装好的其他处理中心的总包快件发运出去的过程。

(7) 中转。中转是指快件的运输线路不能直接到达目的地,需通过中转环节再次处理后,转发至目的地的过程。

(8) 直封。直封是指快件不需中转,直接封成总包发往目的地的过程。

3. 处理时限与频次

(1) 处理时限。处理时限是指在快件处理作业环节,从快件进站、经分拣封发到快件出站整个作业过程中不得超过的最大时间限度。

(2) 频次。频次是指在规定时间内快件交接、封发的次数。处理环节的频次可分为交接频次和封发频次。交接频次是指每天交接快件的次数;封发频次是指在快件封发作业环节,对同一寄达地点每日封发的次数。

任务二 快递处理中心内部管理

任务导入

王经理带实习生小李参观完处理中心操作现场后,又带他来到了处理中心的办公区。在这里小李将了解处理中心的岗位设置及各岗位职责,以及基本的岗位管理规范。他发现无论是处理中心的操作区还是办公区都干净整洁,工作人员都穿戴统一制服,操作场地设备摆放整齐。每个工作区域的显眼位置都挂有统一制作的岗位责任、操作规范和作业流程等标识牌。王经理看到小李正在认真阅读标识牌上的内容,他向小李提出了一个问题:这种将所有管理制度全部上墙的目的是什么?

相关链接

快件处理员

按照 2015 年版《中华人民共和国职业分类大典》中的定义,快件处理员是指从事快件及总包的接收、卸载、分拨、集包、装载、发运等工作的人员。在快递企业处理中心的业务实际中,快递处理员的岗位一般按照处理作业的工序进一步分为装卸、扫描、供件、分拣、转运等工位。

(资料来源:《中华人民共和国职业分类大典》2022 年版)

一、处理中心的岗位设置

在快递处理中心,一般设置有内场操作员,航空进出港联络与订舱员,提、发货人员,质量监控员,车辆管理员,陆运、空运调度员,行政后勤人员等岗位。它们对应的岗位职责如下。

1. 内场操作员

内场操作员的岗位职责如下。

(1) 按照到港货物信息(航空、铁路、班车等),做好接货准备。

(2) 对到港货物进行卸货、分拣、扫描、集装、归位、装车。

(3) 核对预报件数、扫描件数与进港货物的件数是否相符。

(4) 对出港快件进行集散扫描,并按航班和班车的路由计划准时装车,与司机完成交接。

(5) 在快件出现异常情况时进行处理。

微课:处理中心的岗位设置

2. 进出港联络与订舱员

进出港联络与订舱员的岗位职责如下。

(1) 及时接收始发站或分拨中心的出货预报,整理预报及提货单据,安排提货。

(2) 收集本分拨中心所有的出港信息,及时向目的站或集散中心发送货物出港预报。

(3) 向各相关部门反馈本分拨中心进出港操作的异常信息(快件异常、操作异常、班车异常、航班异常等)。

(4) 根据各始发站、分拨中心货物出港预报,计算货量所需舱位,向航空公司或航空代理预订舱位。

(5) 作为本集散中心的对外接口,负责回复、解答涉及集散操作和班车航班等各方面情况的询问。

3. 提、发货人员

提、发货人员的岗位职责如下。

(1) 根据快件预报内容和进出港联络员的指示,在规定的时间内到相应的提货点提取货物并核对货物的数量及质量(破损情况等)。

(2) 提货后在规定的时间内回到分拨中心。

(3) 提货时如出现破损或丢失货物,必须当场与承运商交涉,开具破损或丢失证明。

(4) 将出港货物在规定的时间内送到指定的地点交货,交货时仔细核对单据和货物,确保搭乘预订的航班或车次。

(5) 将交货或提货时的异常情况及时反馈给主管领导。

4. 质量监控员

质量监控员的岗位职责如下。

(1) 上报和跟进本分拨中心的各种操作缺失问题。

(2) 制作并按时上报本分拨中心的质控报告;分析上级提供的质控报告;实时关注分拨中心的质控指标,对达不到指标的进行问题分析,制订改进措施。

(3) 统计本分拨中心每日操作货量并按时上报,对每个操作批次的进出港货量数据进行比对,编制比对报告,跟进数据异常情况处理。

(4) 接收并回复兄弟操作单位对本分拨中心操作缺失的查询。

5. 车辆管理员

车辆管理员的岗位职责如下。

(1) 分拨中心车辆操作的所有相关单据的收集、整理、归档与保存,所有车辆的维修和养护。

(2) 车辆报修故障的统计工作,并分析故障原因。

(3) 利用GPS监控自有或分供方的车辆运营情况,处理车辆运行中的突发事件。

6. 陆运、空运调度员

陆运、空运调度员的岗位职责如下。

(1) 安排本分拨中心的司机和车辆资源。

(2) 监督每日分拨中心快件的发货情况,报告班车配载情况;爆舱时安排加班车辆。

(3) 本分拨中心航空、陆运代理的管理。

(4) 维护本分拨中心与航空公司、空港地面服务部门和代理的关系。

(5) 收集、整理航线信息和空港操作信息,每周分析整理分拨中心空运成本(航空运价、地面操作费用),形成报表后上报集散中心总经理(经理)。

7. 行政后勤人员

行政后勤人员的岗位职责如下。

(1) 集散中心相关行政、人事事务。

(2) 安保、保洁、工装、办公用品管理。

(3) 物料管理。

(4) 对除机动车之外的操作设备、办公设备进行维修和常规的维护。

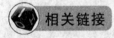相关链接

某快递公司处理中心组织架构

国内某快递公司处理中心组织架构如图3-3所示。

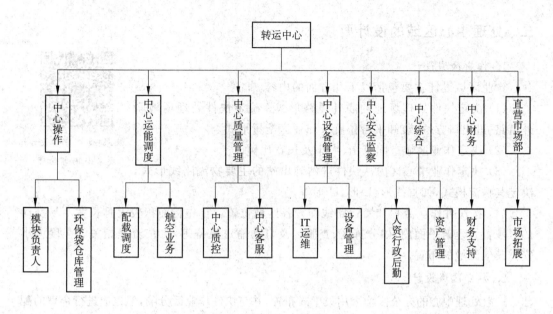

图 3-3　国内某快递公司处理中心组织架构

思政园地：工匠精神　国家关怀

快递小哥当选党的二十大代表

2022年10月16日，中国共产党第二十次全国代表大会在北京人民大会堂开幕，中国邮政其美多吉、京东物流宋学文、圆通速递马石光等8名邮政快递业代表参会。

10月22日，京东快递小哥宋学文亮相"党代表通道"，谈起快递行业十年间飞速发展，给大家生活带来了便利，人们对网购的需求更多样化，对快递服务品质的要求也更高，快递员这个职业也获得了更多的尊重和认可。"把普通的事情做到极致就是不普通不平凡，我会为了美好生活继续加油干。"宋学文表示，党的二十大描绘的蓝图让他充满接续奋斗的信心，他相信也能带动身边的快递员继续做好本职工作。

此外，快递员代表还亮相北京冬奥会。2022年2月4日晚，北京冬奥会开幕式上，传递中国国旗的代表团中有一位邮政快递业代表——来自顺丰的快递小哥刘阔。他感叹，现场交递国旗是一生值得回味的荣耀瞬间。

还有，"90后"快递小哥李庆恒被评定为高层次人才。2020年5月，申通快递小哥李庆恒在"浙江省第三届快递职业技能竞赛"中获得第一名，浙江省人社厅给他颁发了省级"技术能手"的奖状及杭州市100万元购房补贴，李庆恒也凭借这个奖评上了杭州市的D类高层次人才，引发社会关注。

（资料来源：http://views.ce.cn/view/ent/202210/24/t20221024_38189249.shtml）

思政讨论：结合自己对快递行业的了解，谈谈快递小哥为什么能获得这些荣誉？

二、处理中心区域的设计要求

1. 作业区域设计

作业区域设计主要包括以下几方面的内容。

（1）决定快件处理场地的联外道路形式。确定快件处理场地联外道路、进出口方位、装卸平台位置及作业区配置形式。

（2）决定作业区域空间范围、大小及长宽比例。

微课：处理中心设计要求与内部管理

（3）决定作业中心区内从快件进站到出站的主要物流路线形式，决定其物流模式，如直线形、L形、U形等。

（4）按快件作业流程和搬运路线配置各区域位置。首先将面积较大且长宽不易变动的区域置入建筑平面内，如分拣区、查验区及自动输送设备等，再按流程相关的强度大小安排其他区域的布置。

2. 办公区域设计

一般处理中心的办公区均采用集中式布置，并与快件作业区分隔，但也应进行合理的配置。中心办公区域的配置方法：首先将与各操作环节活动相关性最高的部门区域置入规划范围内，再根据活动相关强度大小，按与已置入区域关系的重要程度依次置入布置范围内。

3. 确定各种布局组合

根据以上方法，可以逐步完成各区域的概略配置，然后将各区域的面积置入各区域相对位置，并做适当调整，减少区域重叠或空隙，即可得到面积相关配置图。最后经调整部分作业区域的面积或长宽比例后，得到作业区域配置图。

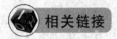 相关链接

快件处理场所的设计原则

统筹协调：快件处理场所设计应遵循"先规划、后设计"原则，统一规划、分期建设，与快递服务组织的发展战略、网络布局、作业组织、作业工艺等相协调，与所处区域的产业布局、区域规划等相协调，有利于快递服务组织进行全网调度，有利于促进当地经济社会发展。

安全可靠：快件处理场所应为独立的封闭空间，建筑设计应满足消防、抗震、防洪、防内涝、抗冰雹等要求，场所内部应配置视频监控设备，实现对主要生产作业区域监控全覆盖，保障人员安全、公共安全、快件安全和用户个人信息安全。

便捷高效：快件处理场所应合理规划布局，注重与多种运输方式相互衔接，便于快件"快进快出"，实现快件处理的便捷高效。

创新驱动：快件处理场所的设计应适度超前，注重智能化、数字化、自动化、可视化等技术的采用，不断提高快件处理场所的科技水平和现代化程度。

绿色发展：快件处理场所设计应遵循节地、节能、节水、节材的原则，合理利用资源，保护环境、减少污染。

（资料来源：中华人民共和国邮政行业标准 YZ/T 0161—2017 快件处理场所设计指南）

三、处理中心的内部管理

（一）处理中心现场管理

（1）现场管理的内容。现场管理也称"作业场地管理"，包括定置管理、设备管理、物品管理等。定置管理是指对仓库作业区域内的设备和物品的定位管理；设备管理是指固定设备和移动设备要有各自的存放位置；物品管理是指操作台、台车、磅秤、包装物料等要有固定的存放位置。

（2）现场管理的基本原则。管理的基本原则是科学、合理、方便使用。管理的基本要求是按照设备和物品的用途，划分作业区、货件堆位等。具体要求如下。

① 设备和物品要按指定位置摆放。
② 投入使用后不可随意挪动位置。
③ 工作终了用品用具要各归其位。
④ 各类设备和用具要明确责任人。

（二）5S 管理

（1）5S 现场管理法。又称"五常法则"。日本人发明的 5S 管理是国际上公认的有效的管理模式。5S 是整理（seiri）、整顿（seiton）、清扫（seiso）、清洁（seiketsu）、素养（shitsuke）五个单词首字母缩写。

① 整理。现场不放置非必需品，长期不用或很少使用的物品放在仓库的角落。
② 整顿。能在 30 秒内找到要找的东西，处于时间节约状态。
③ 清扫。作业场地和作业工具无垃圾、无灰尘，谁使用谁负责清扫。
④ 清洁。整理、整顿、清扫的做法制度化、公开化、透明化。
⑤ 素养。制度大家共同遵守，发扬团队协作精神。

（2）5S 管理的目标。

① 工作变换时，寻找工具，物品马上找到，寻找时间为零。
② 整洁的现场，不良品为零。
③ 努力降低成本，减少消耗，浪费为零。
④ 工作顺畅进行，及时完成任务，延期为零。
⑤ 无泄漏，无危害，安全，整齐，事故为零。
⑥ 团结，友爱，处处为别人着想，积极干好本职工作，不良行为为零。

（三）处理中心现场的可视化管理

可视化管理是利用各种形象直观、色彩适宜的视觉感知和信息来组织现场作业，达到提高作业效率的一种管理方式。它以视觉信号为基本手段，以公开化为基本原则，尽可能地显现管理者的要求和意图，借以推动自主管理、自我控制。在对处理中心的作业进行监督管理时，通过可视化的管理手段，可以使员工明确监督的规范依据，了解自身工作的实际情况，为后续工作的改进提高、考核奖惩提供便利。具体做法如下。

（1）监督依据。凡是与现场作业人员密切相关的规章制度、作业标准，如岗位责任制、作业流程图、操作规范等，都展示在岗位上，并应始终保持完整、正确和洁净。

(2) 工作进度。各部门、班组、员工的操作任务与完成情况、计划指标和实际进度采用图表化的形式张贴在墙上。

(3) 现场布置。与布置管理相结合,实现视觉显示信息的标准化,包括标志线、标志牌和标志色等。

(4) 信息传递。用电子"看板"迅速而准确地传递作业信息,无须管理人员现场指挥即可有效地组织生产。例如,动态提示在某时间段内应分拣完成的快件、已分拣完成的快件、还应分拣的快件数量等。

(5) 异常情况。在各质量管理、成本管理控制点上,利用板报形式,将"异常统计日报"公布于众,由有关人员进行分析,确定改进措施,防止异常再度发生。

5S可以教育、启发员工并使其养成良好的工作习惯,它是创建和保持组织化,使工作场地整洁和工作高效的有效方法。可视化管理则可在瞬间识别正常和异常状态,也能快速、正确地传递信息。5S和可视化管理是企业推行精益生产的基础,也是降低管理成本、提高管理效率、改善现场的最直接、最有效的方法。

四、处理中心各类设备的安全使用

在快件的装卸搬运过程中,搬运设备、集装设备对于提高效率、降低成本、确保服务质量等方面有着非常重要的影响。

(一) 手动液压搬运车

手动液压搬运车也称地牛,如图3-4所示,是一种理想的短途搬运、起重两用车,主要构造包括手把、叉架、液压器、轮子,造型美观,操作方便灵活,升降平稳,最大载质量可达1.5t。搬运快件时不需要动力,不会产生火花和磁场,与托盘结合使用不仅可提高工作效率,同时可有效降低现场操作人员的劳动强度。

图3-4 手动液压搬运车

微课:处理中心各类设备的安全使用

1. 操作方法

(1) 握住手把,推动手动液压搬运车,使叉架位于托盘下。

(2) 按下液压阀门开关,握住手把并上下运动,使叉架缓缓升高。

(3) 当叉架升高到托盘离开地面时,推动或拖动手动液压搬运车到快件摆放处。

(4) 扳上液压阀门开关,叉架相应落下,托盘也相应落地。

(5) 挪开手动液压搬运车即完成整个搬运过程。

2. 注意事项

(1) 不要超过其规定的最大载质量(1.5t)。

(2) 拖动手动液压搬运车转弯时,速度不要过快。

3. 日常保养

(1) 定时维护,保持手动液压搬运车表面清洁。

(2) 及时清洗泄压阀,不要出现污垢,否则易产生不卸压的情况。

(3) 防淋防晒,将车放在场地内通风、干燥、方便操作处。

(二) 平板手推车

平板手推车是人力搬运车,轻巧、灵活、转向方便,但因靠人的体力装卸、保持平衡和移动,所以仅适合装载较轻、搬运距离较短的场合,如图 3-5 所示。手推车一般采用自重轻的型钢和铝型材作为车体,车轮阻力小而且耐磨。平板手推车最大载质量为 100~300kg,一般适合处理中心、中转场和营业网点。

1. 注意事项

(1) 使用时不要让编织袋、绳子等缠入车轮。

(2) 不要超过其最大载质量。

(3) 推动时尽量选择好的路况,避免颠簸,减少碰撞,避免用力过猛。

2. 日常保养

(1) 定时维护,保持手推车表面清洁。

(2) 将车放在场地内通风、干燥、方便操作处,防止日晒雨淋。

(3) 定时打润滑油,检查螺栓是否松动并及时更换磨损车轮。

(三) 叉车

叉车标准化和通用性很高,如图 3-6 所示,广泛应用于仓库、车站、港口、机场、货场、处理中心及中转中心等场所,可以对快件、包装件及托盘集装箱等集装件进行装卸、堆码、拆垛、短途搬运等作业,是托盘运输、集装箱运输必不可少的设备。

图 3-5 平板手推车

图 3-6 叉车

1. 作用

(1) 实现装卸、搬运作业机械化,减轻劳动强度,节约大量劳动力,提高劳动效率。

(2) 缩短装卸、搬运、堆码的作业时间,加速物资、车辆周转。

(3) 减少快件破损,提高作业的安全程度。

2. 日常保养

（1）每次使用前，检查设备是否完好。

（2）使用后将叉车冲洗擦拭干净，进行日常例行保养后，停放在指定地点。

（四）带式输送机

带式输送机如图3-7所示，在快件处理场地被大量使用，一方面合理的场地规划，带式输送机的合理布局，保证了分拣工作高效、有序地进行；另一方面带式输送机的使用大幅减少了快件搬运工作量，降低了劳动强度。带式输送机是根据皮带与其他物体之间在相对运动时存在摩擦力的原理制成的。根据不同的需要可做成固定式、移动式、伸缩式，带面可对水平角度和有一定的倾斜角度的物体进行传输。

图3-7 带式输送机

1. 结构

带式输送机整体结构比较简单，通常由电动机、变速器、驱动轮、从动轮、运输皮带、张紧装置、托辊、机架和控制箱组成。

2. 工作原理

带式输送机是依靠带面和驱动轮之间的摩擦力来输送物品的，即动力电通过控制箱控制，输送一组三相电动机用电，使电动机转动，经变速器变速，达到带式输送机所需的转速，经过一定的传动形式使驱动轮按设定的传动比和方向进行转动，依靠带面和驱动轮之间的摩擦力使带面与驱动轮同方向传动，带面上的物品也随之移动，达到物品输送目的。

3. 注意事项

（1）开机前要注意带式输送机上有无工作人员，防止发生安全事故。

（2）机器运转时要由专人控制开关按钮，遇有危急情况立即关机。

（3）作业时严禁工作人员踩踏皮带，防止发生安全事故。

（4）严禁在带式输送机运转时，从机器下面捡拾掉落的快件，防止发生卷手事故。

（五）交叉带式分拣机

交叉带式分拣机是一种采用双向可控运行的交叉带式小车作为载运和下载容器，并将快件按事先设定的要求分拣入格的设备。交叉带式分拣机由自动上包系统、主机运行系统、动力电源系统、条码自动识别系统和计算机控制系统等组成，如图3-8所示。

图3-8 交叉带式分拣机

1. 结构

(1) 自动上包系统由上包平台、理包台、上包机和控制系统组成。

(2) 主机运行系统由机架轨道、交叉带式小车及格口滑槽组成。

(3) 动力电源系统主机通过变频器控制直线电动机,通电后直线电动机产生磁力推动小车极板使小车前进。

(4) 条码自动识别系统在快件经过扫描通道时对快件进行扫描,并将扫描信息送计算机控制系统处理,根据分拣要求,快件落入相对应的格口。

(5) 计算机控制系统负责交叉带式分拣机硬件控制以及相关信息的处理。

2. 工作原理

快件通过上包机上机分拣,上包机根据实际需要将条形码信息输入上包控制计算机。快件经过动态秤测得重量,通过光幕测得体积。如测得数据超过上机规格,将被拒绝上机分拣,转由人工进行处理;能上机分拣的快件,其信息通过上包控制计算机经局域网送到主控制机;上包固定红外通信站接收到上包控制计算机的信息,向对应的小车移动红外通信单元发出"小车动作"命令,将快件准确送到小车上,并将快件所上的小车号通知主控制机。落包控制计算机根据分拣信号和上包控制计算机提供的信息通知红外通信基站,红外通信基站控制相应的小车在指定的格口动作,将快件送入指定的格口内。

3. 注意事项

(1) 开机前要注意设备上有无工作人员,防止发生安全事故。

(2) 机器运转时要由专人控制开关按钮,遇有危急情况立即关机。

(3) 掌握设备运行规律,发现故障和异常现象,立即停止运行,及时通知维修人员。

(4) 不允许将不具备分拣条件的快件(如超大快件、包装有问题的快件)放到分拣机上。

(5) 在快件放置的过程中,不得抛掷;快件放置在皮带机中间,快件边缘不得超出小车皮带区域。

(6) 在放置快件的时候,必须确保面单向上;对于面单褶皱,信息无法识别的快件不得放置在分拣小车上。

(7) 在机器开启之前,将集包袋、集包袋包牌挂在指定卡位,使用手持终端对集包袋上的包牌进行站点关联扫描。

(8) 在快件装至集包袋 3/4 容量时,集包人员按下红色按钮开始集包(按下暂停按钮后,运转线上的快件将不再关联到之前的集包袋中)。

(9) 更换好空集包袋后,使用手持终端扫描本卡位新的集包袋包牌,并扫描对应站点信息,进行集包袋的关联,打开本卡位的红色暂停按钮,开始该卡位的正常分拣。

(10) 在对集包袋进行封口时,注意将集包袋封口绑扎牢固,避免在转运过程中漏件;在分拣过程中,集包人员须不断巡视分拣口,及时进行集包,避免快件满载溢出。

项 目 总 结

项目三总结见表 3-2。

快递网点与处理中心管理

表 3-2 项目三总结

知 识 点	相 关 内 容
处理中心概念、功能和作用	处理中心:快递处理中心是专门从事快件处理活动的经济组织,是快件传递网络的节点,主要负责快件的分拣、封发、中转任务 功能:接收、分拣和封发 作用:集散作用、协调作用、控制作用
处理中心的主要作业区域和作业流程	主要作业区域:接收作业区、快件查验区、快件分拣区 作业流程:接收、拆解、分拣、封发、装运
快件的初分与细分	快件初分:因受赶发时限、运递方式、劳动组织、快件流向等因素的制约,在快件分拣时不是将快件一次性直接分拣到位,而是按照需要先对快件进行宽范围的分拣 快件的细分:对已经初分的快件按寄达地或派送路段进行再次分拣
处理中心的岗位设置	一般设置有内场操作员、航空进出港联络与订舱员、提、发货人员、质量监控员、车辆管理员、陆运、空运调度员、行政后勤人员等岗位
处理中心内部管理	处理中心现场管理:现场管理也叫"作业场地管理",包括定置管理、设备管理、物品管理等。定置管理是指对仓库作业区域内的设备和物品的定位管理 5S 现场管理法:5S 即整理(seiri)、整顿(seiton)、清扫(seiso)、清洁(seiketsu)、素养(shitsuke),又称"五常法则" 可视化管理:利用各种形象直观、色彩适宜的视觉感知和信息来组织现场作业,达到提高作业效率的一种管理方式

技 能 训 练

一、单项选择题

1. 关于快递处理中心,下列说法正确的是(   )。
   A. 专门从事快件处理活动的场所
   B. 负责快递的收寄、运输和派送的部门
   C. 负责一个城市快件中转的业务场所
   D. 就是快递网点

2. 下列(   )不属于快递处理中心的功能。
   A. 接收　　　　　B. 分拣　　　　　C. 封发　　　　　D. 派送

3. 下列关于快递处理中心的作用错误的是(   )。
   A. 仓储作用　　　B. 集散作用　　　C. 协调作用　　　D. 控制作用

4. 关于快件的分拣正确的说法是(   )。
   A. 快件分拣要先细分再粗分
   B. 细分是指对已经粗分的快件按寄达地或派送路段进行再次分拣
   C. 快件的每次分拣都要做到细分才能保证快件按时到达
   D. 快件每次分拣都要先粗分再细分

5. 快件处理中心的作业流程的正确顺序是（　　）。
   A. 接收、分拣、拆解、封发、装运
   B. 装运、接收、拆解、分拣、封发
   C. 接收、拆解、分拣、封发、装运
   D. 接收、封发、拆解、分拣、装运

二、多项选择题

1. 关于不同级别处理中心的功能说法正确的是（　　）。
   A. 省际区域处理中心：是全网起核心作用的处理中心，在省际区域内起到主导作用的直营枢纽集散中心，承担跨区域的快件转运及区域内的快件集散及转运功能，有丰富的运输资源（航空、铁路、汽运等）
   B. 省内处理中心：是省内起核心作用的处理中心，在省内起到主导作用的直营枢纽集散中心，承担省内集散转运功能、有较丰富的运输资源（航空、铁路、汽运等）
   C. 省内部分处理中心：是省内起重要作用的处理中心，承担部分省内集散转运功能、有较丰富的运输资源（航空、铁路、汽运等）
   D. 末端转运中心：是在辖区设置的直营网点，负责辖区内快件的收寄和派送

2. 快件处理场所的设计原则是（　　）。
   A. 统筹协调　　　B. 安全可靠　　　C. 便捷高效
   D. 创新驱动　　　E. 绿色发展

3. 处理中心现场的可视化管理的具体做法包括（　　）。
   A. 监督依据　　　B. 工作进度　　　C. 现场布置
   D. 信息传递　　　E. 异常情况

4. 处理中心的主要作业区域包括（　　）。
   A. 快件存放区　　B. 接收作业区　　C. 快件查验区　　D. 快件分拣区

5. 快件集散的作用是（　　）。
   A. 规模发运，降低成本　　　B. 精准派送，保证时效
   C. 集中处理，保障时效　　　D. 过程审核，及时纠错

三、简答题

1. 什么是快递处理中心？其在整个快递服务网络中所起的作用是什么？
2. 快递处理中心的内部管理有哪些方法？举例说明其在快递企业管理中的具体体现。

实 践 训 练

实训要求：根据本项目所学的快递处理中心的功能对分拨中心进行布局设计，并绘制一份快递处理中心平面设计图，要求设计图符合中华人民共和国邮政行业标准 YZ/T 0161—2017《快递处理场所设计指南》，并把各区域名称标注在相应的位置上。

实训目的：通过设计快递处理中心平面设计图，加深对处理中心的功能、作业和业务流程的了解和认知。

实训方式：以个人为单位完成实训任务。

项目四

快递处理中心的中转模式和选址

学习目标

知识目标
1. 了解快递处理中心的中转模式；
2. 熟悉快递处理中心中转模式的选择；
3. 掌握快递处理中心的选址方法。

技能目标
1. 学会选择快递处理中心的中转模式；
2. 能够熟练运用各种处理中心选址方法进行模拟选址。

素养目标
1. 培育并践行社会主义核心价值观；
2. 增强爱国主义精神和民族自豪感。

项目导入

随着京东、苏宁易购、抖音、快手等平台电子商务的快速发展，快递行业受到了空前的挑战，无论从安全（破损、遗失）还是时效（兑现率）都提出了更高的要求。作为传统快递行业，如何在机遇与挑战面前再次赢得胜利，是每一个快递人都要思考的。在快递的运营体系中，运营网络的搭建是否健全决定了全网运行是否稳定。在运营网络中，主要分为场地、线路、时效、运力四个大的维度。其中场地往往是先决条件，场地的前置性最强，规划性最弱，机动性几乎为零。处理中心的选址是否合理不仅影响快递运输效率，还与快递服务网络、城市基础设施的规划、企业融资与运行等密切相关。

任务一　快递处理中心的中转模式

任务导入

小李是某职业学院邮政快递运营管理专业毕业的学生，经过一周的岗前培训，他已经对处理中心有了初步的认识,公司准备在华东地区投建一个快件处理中心,王经理希望他能提前了解一些关于快件中转的知识。

一、快件中转概述

快件中转是快递公司在运输快件的过程中,为了提高运输效率,不是直达目的地,而是根据区域进行集中分拣后再运输到目的城市,中转可以提高运输的效率。

微课:快件中转概述

快件中转是以区域集散管理为前提的,通过建立规范化、标准化的快件处理体系,制定分拨批次,实现对区域内的运输资源、人力资源、收派网络等资源的协调和组织,保障区域内快件快速、准确、及时转运。中转的效率很大程度上决定了快递服务的效率及质量。

二、中转模式的类型

(一)区内中转模式

1. 串点模式

串点模式中转如图 4-1 所示,是指经过同一交通主干道沿线分部收发快件串点拼装后发往同一个中转点集中交换。串点模式适用条件如下。

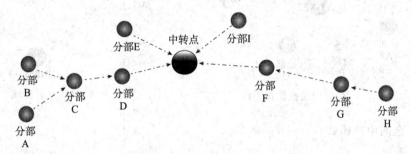

图 4-1 串点模式中转

(1)由于区域地形特点和业务状况,地区营业网点呈线形或带状分布。
(2)收件量较少,装载率低。
(3)网点串联运输,线路较优。
(4)区内件占比较少。
(5)此模式比较适合业务发展早期。

2. 集中交换模式(即轴辐式)

集中交换模式中转如图 4-2 所示,是指各分部所收快件全部一次性集中到一个中转场,再按快件目的地(或称快件类型)进行交换、运输和中转。集中交换模式适用条件如下。

(1)由于区域或地形特点和业务状况,网业网点分散或呈圆形分布。
(2)地区分点部数量较多。
(3)货量、装载率较高。
(4)运输距离最优。

(5) 区内件占比较低且时效要求不高。

3. 对开模式

对开是一种高效的货件流转方式,不经过任何中转节点,由快件始发地直接到达快件目的地的一种中转模式,如图4-3所示。具体而言,参与中转的区域或地区相互之间直接向其他区域或地区发车,把快件运送到目的地之后,返程时把发给该地区的快件带回。适用于网络分布不太密集或对开区域之间快件量较多并达到一定程度时,且要与集散模式结合使用。对开模式适用条件如下。

(1) 网点少且网点之间距离较远。
(2) 货量较多,装载率较高。
(3) 运输优化原则。
(4) 区内件多、占比高,且有时效要求。
(5) 此模式比较适合地区业务发展后期。

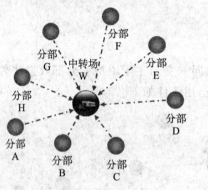

图4-2 集中交换模式中转

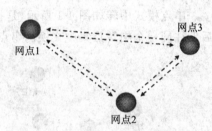

图4-3 对开模式

(二) 全网中转模式

1. 集散模式

集散模式是指将社会保障共性较强的项目集中起来,实行统一管理,而将特殊性较强的项目单列,由统一的社会部门分散管理。集散模式的特征是根据社会保障项目的不同,把集中统一管理和分散自主管理有机地结合起来。

集散模式既能体现社会保障社会化、一体化的要求,又能兼顾个别项目的特殊要求;有利于调动各方面的积极性,提高工作效率,降低管理成本,更好地促进社会经济发展。

2. 集散模式的特点

(1) 统一运输,运送低成本。
(2) 统一管理,运作简单。
(3) 中转效率不高、灵活性较差,对快递处理中心的处理能力要求较高。

3. 集散模式操作的注意事项

为确保快件的时效性,该模式在具体操作方面需要特别注意以下几点。

(1) 确保快件的集中与分散互相衔接,因此各区域快件的到达时间必须处于同一时间段。各区域车辆在快递处理中心的等待时间不能太长,因此要求快递处理中心具备很高的快件处理效率。

（2）该模式适用于网络分布比较密集或需采取多种运输方式转运且集散中心的位置处于各地区中心地带的地理特征的中转模式。

深圳区中转模式发展史

（1）2003年大集散模式。2003年，深圳区只有13个分部，月收件量不足80万票。因为网点少、件量少、快件类型中省内件占比较高，故在与东莞、广州较近的地方（宝安黄田）设一个深圳中转场，采用大集散模式进行快件中转，全天共设3个中转班次（白天2班，晚上1班）。其特点是：件量少，网点少，班次少；中转环节少、效率高、时效优。

（2）2005年中转集散模式。2005年，深圳区已有26个分点部，月收件量已达到150万票，因为网点多、件量增长迅速、航空件占比接近1/3，由于件量和网点增加，中转班次开始密集（白天4班、晚上2班），如果仍采用大集散模式将带来车辆运力资源的急剧增长，通过在龙岗区布吉分部设置一个中转场和关内红树林设置一个中转点来解决远离机场（一级分拨）区域的快件集散。其特点是：件量和网点增加，中转班次开始密集；采用中转点集散模式，减少车辆投入，提高快件时效，特别是航空件时效。

（3）2015年片区对开+省内对开模式。2015年，随着业务量快速增长，深圳区分点部已达到146个，月收件量突破1 000万票，中转班次已增加到8班（白天5班、晚上3班），中转模式除保留区内对开模式外，同时增加与省内业务区之间的对开。其特点是：随着网点、件量和中转班次继续增加，华南区与各区之间单班次交换的件量已达到一定的装载量/率，因此，通过增加省内对开，加速省内件的流转，为省内即日件的实现提供支持。

（4）2021年中转分流向集散模式。随着2021年深圳区业务量快速增长、分点部数量逐渐增加，预计月收件量将突破2 000万票，许多分部将出现某些班次1辆车无法装载完当班次快件的情况，且中转班次已不可能再无限增加；另外，深圳区航空件＋干线件占比约45%，省内件＋同城件占比约52%，两大类型的件量基本持平。因此，采取在有件量支撑的班次实现快件分流向集散，即同一班次发两台车，航空件＋干线件直发机场一级中转场，省内件＋同城件直发区内二级中转场，同时结合全自动分拣设备的采用，撤销一个关内片区中转场。其特点是：随着快件类型占比和分部件量增长到一定规模，采取按快件类型分发的模式，即航空件直发机场、省内件实行对开、同城件集中交换，可以有效区别快件时效，合理利用车辆、专机等运力资源。

（资料来源：http://www.doc88.com/p-510938115048.html）

三、快件中转模式的选择

快件中转模式的选择通常不是按照一个固定的标准，而是综合考量快递企业网络中某地区（区域）的运作体系及运作成本对服务时效性与企业收益的影响。

一般来说，区域内的中转采用集散模式是为了易于管理及降低成本，而地区之间由于快件量很大，快递处理中心处理能力受到限制，为了提高效率应采用对开模式，当然地区各区域间如果快件量也很大,同样也可采用对开模式,在特殊情况下,快递企业为了竞争的需要在某些区域可提前实施对开,目的在于通过服务效率与质量的提升来争取更多的客户。在更多的情况下,我们是把集散模式与对开模式综合起来运用,使两者的优势相结合。如跨区域(市区域)快件,各网点快件先集中到区域二级快递处理中心,然后在区域间接实现对开。

 思政园地:打造快递强国　振兴民族产业

从大到强的"快递强国"之路

从前,车马很慢,书信很远。现在,快递触手可及、无处不在。目前,中国快递业从零到全球第一,成为中国经济发展的奇迹。数据显示,中国快递业务量已经连续7年位居世界第一,对世界快递的贡献超过一半,多于欧洲各国、美国、日本快递业务量的总和。2020年我国快递业务量完成830亿件,同比增长30.8%,平均每天超过2亿个快递包裹寄出。

基于邮政业务分化而来的快递业务发展史不过37年的时间。1984年,中国邮政开办国内特快专递业务,开创中国快递业之先河。1994—2002年,申通、顺丰、圆通、韵达和中通等一批民营快递企业如雨后春笋般涌现。

近十年来,随着电子商务的高速发展,中国快递业也进入了飞速发展的"黄金十年"。2010—2020年,中国快递行业业务收入和业务总量均保持逐年增长趋势。其中,2014年中国快递业跨入百亿件时代,当年以快递业务量140亿件超越美国首次居于世界首位。

2021年,我国快递业奋力推进行业改革发展,胜利完成"千亿万亿"目标,行业与经济社会发展融合度持续提升,服务构建新发展格局的作用得到有效发挥,高质量发展步伐更加坚实有力,顺利实现"十四五"良好开局。

《邮政强国建设行动纲要》提出,到2035年基本建成邮政强国。实现网络通达全球化、设施设备智能化、发展方式集约化、服务供给多元化,基本实现行业治理体系和治理能力现代化。邮政业规模体量和发展质量大幅跃升,邮政企业运营规模位居全球邮政前列,快递形成若干家万亿级企业集团,行业收入占国内生产总值的比重与发达国家相当,部分地区和重点领域发展水平达到世界前列。

从古代驿站传书到如今乘坐飞机次日达,中国快递行业迈入2.0时代,正向着高质量发展阶段迈进。

(资料来源:https://baijiahao.baidu.com/s?id=1704227129094639537)

思政讨论:分析近十年来我国邮政快递业得以高速发展的原因有哪些?

任务二　快递处理中心选址

任务导入

小李已经对快件的中转模式有了一定的了解,公司马上就要对新的处理中心进行选址了,王经理希望小李能够对处理中心的选址提前做一些调研,小李应该从哪些方面入手呢?

快递处理中心的选址是一件非常重要的工作,快递公司的处理中心起着承上启下的枢纽作用,选址的好与坏,不仅对快递服务的效率起到关键的作用,同时也对整体公司的运营成本有着很大的影响。

一、处理中心选址的影响因素

影响处理中心选址的因素有以下几项。

(1) 地理位置。理论上,快递处理中心最理想的地理位置是处于所覆盖站点范围的中间位置,距离各站点路程相对均等。但是实际上,像上海的很多快递企业的快递处理中心却是选在青浦区,其主要原因是其毗邻虹桥国际机场和沪宁、沪杭高速公路匝道口。同时,也因为其土地与物业价格较低、大型货车进出不需要办理通行证。

(2) 交通便利性。进出快递处理中心的主要运输方式是陆运班车与航班运输。所以,理想的集散地址应该毗邻机场和高速公路的匝道口,如浙江省杭州市下沙经济开发区设立的省内与区域快递处理中心集聚区。

(3) 租赁物业手续的合法性。根据我国的法律、法规,商业用房的出租必须具备房管部门核发的房屋产权证以及房屋租赁许可证(外资背景的快递企业,除要求业主提供上述的地方证明外,还需要提供本房屋的消防设施达标合格证)。同时,需要安装传送带等分拣作业系统的,应预留电力容量扩容的空间。

(4) 中长期发展规划。在制订中长期发展规划时,要注意以下几点:①应考虑政府在经济和交通方面的发展规划、企业的发展战略、竞争对手的布局,规划从整体布局上分期进行。②在购买或租赁快递处理中心时,务必对城市发展规划进行咨询,防止盲目投资。③快递处理中心的配套设施投资较大,如安装分拣流水线等,有条件的快递企业最好采取购买的形式,从长期效益来看,可以降低快递处理中心的运作成本。④如果是采取租用形式,租赁期限应在8~10年,否则,分摊到单件上的集散运营成本会很高。

二、快递处理中心的选址步骤

(1) 提出宏观需求。将快递处理中心服务区域未来5~10年快件量的预测数据(包括操作、竞争对手的相关数据)提交给计划工程部(有的公司没有设立该部门,相关工作交由运营中心负责),由计划工程部进行规划、设计、布局,编制年度总投资预算,然后征求相关部门的意见及建议,并经过修订后提交高层管理人员会议或董事会审核通过,并成立项目小组。

(2) 调研与论证。项目小组根据以上规划进行快递处理中心的选址、询价,对备选的快递处理中心进行现场调研,编制推荐方案论证报告、投资预算及施工周期,征求相关部门的意见及建议。经过修订后提交高层管理人员会议或董事会审核通过。

(3) 办理相关手续。一般程序为谈判(购买价格或租赁的价格和时间等)、查验需要购买或租赁物业的相关合法证件、与预算比对、测算快件所承担的单位成本、拟订合同、律师审核、正式签订合同。

(4) 采购相关设备与施工。建议:对土建工程采取招标形式;采购设备时,至少邀请3家以上供应商参与报价或邀请多家进行投标,对所采购的设备保证在3~5年内不落后于行业中等水平(包括考量性价比)。采购流程结束后就开始签订合同、施工、安装、调试、试运行。

三、快递处理中心的布局

1. 车辆停放区

快递处理中心的车辆通常都是5t以上的大型厢式卡车,所以库区及通道需有足够的空间供大型货车掉头和行驶。有条件的公司应将操作月台纳入设计建筑中,以免装卸车时抬举货物,从而增加劳动强度。月台的高度需要与5t卡车车厢地板的高度一致。若有不同高度车型的车辆,月台上也可以安装人工升降台。月台上方应有遮雨棚,以免下雨时影响快件的操作及淋湿快件,遮雨棚伸出的长度应超出月台宽度的3m以上。为保障员工和车辆进出的安全,车辆停放区应该在醒目位置张贴限速里程标识牌。车辆进入和离开的行驶线路应事先规划,并在地面上做明显标示,以提醒驾驶员按照行驶线路行驶。

2. 仓储区

仓储区用来存放快递处理中心的操作物料和因各种原因未能按时发出的滞留快件,与站点的仓储区一样,这里也应该是一个密闭的空间(单独房间或铁笼),并有门禁系统和进出登记制度,有条件的公司应安装摄像头以全面照射该区域。快递处理中心的操作设备,如托盘、液压搬运车、叉车、可伸缩的移动传送带等设备体积较大,仓储区也应规划操作设备的固定存放位置,并做相关标示。

3. 快件进港分拣操作区及快件出港分拣操作区

快递处理中心的分拣、集装等操作都在此区域进行。快递处理中心分拣的快件量是站点的几十或上百倍,在操作区域的划分上需清晰地将进港操作区和出港操作区区分开来。在此操作中,包裹类快件的分拣与文件类快件的分拣采用的是不同的操作设备,因此,在分区域时也应将这两者分开,使其在不同的区域作业,以免互相影响。快递处理中心大部分都是在夜间操作,对灯光照明度要求较高,尤其是操作区,应有足够的照明,保证可以清楚地识别运单、标签,满足操作的各种需求。同时,应按照规定的时间保养维护备用发电机组。

4. 办公室区域

快递处理中心总经理(经理)、财务结算、IT等后勤保障人员在办公室区域工作,办公室区域应与操作区域分开。IT机房和财务办公室应符合安全要求,如安装门禁、进出必须登记、财务办公室需配备保险箱、IT机房需配备空气温度调节设备等。快递处理中心的快件处理量很大,为保证服务器和数据的安全,避免因突然停电而导致数据丢失,集散中心必须备有UPS(不间断电源)设备。办公室内严禁出现快件。如有特殊情况,需要将快件带入办公室处理的,必须有领取人的信息登记,并得到授权经理的签字批准,还需记录在每天的异常日志中。

5. 休息区

操作人员、驾驶员可在此区域进行休息、进餐等活动。休息区只能有桌椅、冰箱、微波炉等设备,所有的操作设备都不能存放在休息区,快件更不能出现在此。快递处理中心每天都有很多班车进出,班车驾驶员经常会在快递处理中心等待一定时间后再次出发。有条件的快递处理中心可以为班车驾驶员设置专门休息区。

四、快递处理中心的选址方法

1. 重心法

设有一系列点,分别代表生产地和需求地,各自有一定量货物需要以一定的运输费率运向一个位置待定的仓库,或从仓库运出,那么仓库该位于何处呢?我们以该点的运输量乘以到该点的运费费率,再乘以到达该点的距离,求出上述乘积之和(即总运输成本)最小的点。

$$\min TC = \sum_i V_i R_i d_i$$

式中:TC——总运输成本;

V_i——i 点的运输量;

R_i——到 i 点的运输费率;

d_i——从位置待定的仓库到 i 点的距离,m。

解方程,可以得到仓库位置的坐标值。其精确重心的坐标值为

$$\overline{X} = \frac{\sum_i V_i R_i X_i / d_i}{\sum_i V_i R_i / d_i} \quad \text{和} \quad \overline{Y} = \frac{\sum_i V_i R_i Y_i / d_i}{\sum_i V_i R_i / d_i}$$

式中:$\overline{X}, \overline{Y}$——位置待定的仓库的坐标;

X_i, Y_i——产地和需求地的坐标。

距离 d_i 可以由下式估计得到

$$d_i = K \sqrt{(X_i - \overline{X})^2 + (Y_i - \overline{Y})^2}$$

式中:K——一个度量因子,将坐标轴上的一个单位指标转换为更通用的距离度量单位。

2. 热力图法

热力图法是将人为选定区域的货量借助热力图的方式进行表达,以对选定区域的出发货量为基本参考维度,在出发货量较高区域设定分拨中心的方法。

热力图的使用更多的是从网点到分拨中心的运输距离的考虑,通过节约网点到分拨中心的运输距离,增加网点的货量,达到对分拨的最大化使用,避免过多的场地成本前置,从而提高场地的使用率。

3. 建立以成本为导向的评价体系

在场地方面,场地的前置成本是不可避免的,随着经济的稳步发展,对快递的要求更

高。建立以成本为导向的评价体系包括以下方面。

（1）运输成本。运输成本不仅包含前面提到的从网点到分拨中心的成本，而且这个成本占总体成本不足20%，那么，其他80%以上的成本是什么呢？这些成本就是分拨中心之间的卡车运输成本。在2012—2014年的运输成本分析中，9.6m车型单公里运输成本为4.5元/km（其中包含燃油费、车辆折旧费、车辆维修费、轮胎损耗、车体喷涂维护等），17.5m车型单公里运输成本为6元/km。看似每公里的运输成本并不是很高，其实差距非常大。

（2）人员成本。现代管理学之父彼得·德鲁克曾经这样说过，在一家成熟的企业中，人力资源成本将是最大的成本。这句话同样适用于高速发展的快递行业。

基于运输成本、人员成本的考虑，场地的选址不仅要满足单点的操作需求，更多的是从全网的布局分析。在场地确认的时候，侧重考虑生活的基础建设，这样的场地便是可以放在备选方案中的合适场地资源之一。

建立以成本为导向的评价体系，是为了在控制运营成本的同时，保证运营质量的稳定，包含了人员的稳定性、操作的稳定性、时效的稳定性。

项 目 总 结

项目四总结见表4-1。

表4-1 项目四总结

知 识 点	相 关 内 容
快递处理中心的中转模式	包括区内中转模式和全网中转模式 区内中转模式包括：①串点模式；②集中交换模式（即轴辐式）；③对开模式 全网中转模式主要是指集散模式。具体而言，集散模式是指将社会保障共性较强的项目集中起来，实行统一管理，而将特殊性较强的项目单列，由统一的社会部门分散管理。集散模式的特征是根据社会保障项目的不同，把集中统一管理和分散自主管理有机地结合起来
快递处理中心中转模式的选择	快件中转模式的选择通常不是按照一个固定的标准，而是综合考量快递企业网络中某地区（区域）的运作体系及运作成本对服务时效性与企业收益的影响
快递处理中心的选址影响因素、处理中心的选址步骤	影响因素主要包括：地理位置、交通便利性、租赁物业手续的合法性、中长期发展规划 选址步骤主要包括：提出宏观需求、调研与论证、办理相关手续、采购相关设备与施工
快递处理中心选址方法	重心法、热力图法、建立以成本为导向的评价体系

技 能 训 练

一、单项选择题

1. 全网中转模式包括( )。
   A. 串点模式　　　　　B. 对开模式　　　　C. 集中交换模式　　D. 集散模式
2. 下列不属于对开模式适用条件的是( )。
   A. 网点少且网点之间距离较远　　　　　B. 货量较多,装载率较高
   C. 运输优化原则　　　　　　　　　　　D. 货量、装载率较低
3. 下列属于集中交换模式适用条件的是( )。
   A. 网点少且网点之间距离较远　　　　　B. 货量较多,装载率较高
   C. 运输优化原则　　　　　　　　　　　D. 货量、装载率较低
4. 下面不属于集散模式特点的是( )。
   A. 统一运输,运送低成本
   B. 统一管理,运作简单
   C. 中转效率不高,灵活性较差,对快递处理中心的处理能力要求较高
   D. 货量、装载率较高
5. 下列不是影响处理中心选址的因素有( )。
   A. 地理位置　　　　　　　　　　　　　B. 离家近
   C. 租赁物业手续的合法性　　　　　　　D. 中长期规划

二、多项选择题

1. 快递处理中心的中转模式( )。
   A. 串点模式　　　　　B. 对开模式　　　　C. 集中交换模式　　D. 集散模式
2. 串点模式适用条件( )。
   A. 由于区域地形特点和业务状况,地区营业网点呈线形或带状分布
   B. 收件量较少,装载率低
   C. 网点串联运输,线路较优
   D. 区内件占比较少
3. 快递处理中心的选址步骤( )。
   A. 提出宏观需求　　　　　　　　　　　B. 调研与论证
   C. 办理相关手续　　　　　　　　　　　D. 采购设备及施工
4. 快递处理中心选址方法( )。
   A. 重心法　　　　　　B. 热力图法　　　　C. 建立以成本为导向的评价体系
5. 影响处理中心选址的因素有( )。
   A. 地理位置　　　　　　　　　　　　　B. 合法性
   C. 租赁物业手续的合法性　　　　　　　D. 中长期规划

三、简答题

1. 简述快递处理中心的选址方法。
2. 简述快递处理中心选址的影响因素。

实 践 训 练

实训要求：假设你是德邦物流公司华南区负责人，现要开设一个新店。根据本项目所学的快递处理中心的选址因素、选址方法等知识，做一份论证报告。

实训目的：通过模拟新店选址过程，加深对选址知识的了解。

实训方式：以个人为单位完成实训任务。

模块三 快递处理中心业务管理

项目五

快件接收

学习目标

知识目标
1. 了解总包相关知识、度量衡工具和快件接收前的准备工作;
2. 熟悉车辆封志、交接单的概念及使用;
3. 掌握总包卸载、验收、拆解的操作要求;
4. 明确快件接收的相关指标和作业监督管理的要求。

技能目标
1. 能够掌握快件接收涉及的基础知识、做好作业前的准备工作;
2. 能够按相应的操作要求卸载、验视和拆解总包;
3. 能够对简单的快件接收指标进行分析并进行作业监督管理。

素养目标
1. 增强快递职业能力;
2. 培养敬岗爱业精神;
3. 训练实操技能。

项目导入

快件接收是快件处理的第一个作业环节,在到站总包接收作业过程中,处理场地接收人员对到站车辆封志严格检查、开拆,车辆卸载后对交接总包的数量、规格和质量认真核对和检查,并按照交接验收规定填写快件交接单。

任务一　快件接收知识

任务导入

小李刚入职成为国内某大型快件处理中心的快递处理员,他的任务是进行总包卸载、验收以及拆解的工作。今天处理中心王经理给他的工作是对快件接收涉及的一些工具进行了解,同时做好快件接收前的准备工作。希望他工作一天后能够回答以下问题。

(1) 总包是什么? 它的常见形式有哪些?

(2) 度量衡的工具有哪些? 使用时该注意什么?

(3) 如何做好快件接收前的准备工作?

一、总包知识

(一) 总包的概念

总包是指将寄往同一寄达地(或同一中转站)的多个快件,集中装入的容器或包(袋)。狭义的总包仅指多个快件集中封装而成的总包,广义的总包指除此之外还包括按照总包操作的总包单件。

最常用的快递集装容器或包(袋)有快件集装笼和快件集装袋,国家邮政局分别在2016年制定了行业标准《快件集装容器　第1部分:集装笼》(YZ/T 0155—2016)和2018年制定了行业标准《快件集装容器　第2部分:集装袋》(YZ/T 0167—2018)。集装笼和集装袋如图5-1所示。

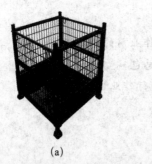

图 5-1　集装笼和集装袋

微课:总包知识

(二) 快件集装笼

1. 快件集装笼的概念

快件集装笼是指用于快件运输的封闭式集装器具,具有快件单元化积载功能,能够单独构成一个基本的集装运输单元。

2. 快件集装笼的分类

按照作业方式可分为无轮集装笼和有轮集装笼,其外部结构如图5-2所示。

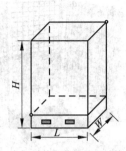 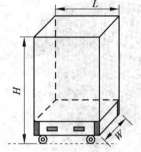

(a) 无轮集装笼外部结构　　　　(b) 有轮集装笼外部结构

图 5-2　无轮、有轮集装笼外部结构

按照笼体结构可分为固定式集装笼、可折叠式集装笼和可拆装式集装笼。固定式集装笼是指壁板永久并稳固地固定在底架上的集装笼；可折叠式集装笼是指壁板铰接在底架上可折叠起来进行存放和运输的集装笼；可拆装式集装笼是指壁板可拆装、底部结构和上部结构可以拆卸分离，能够进行堆叠存放和运输的集装笼。

按照壁部结构可分为全封闭式集装笼和格栅式集装笼。

快件集装笼的相关分类如图 5-3 所示。

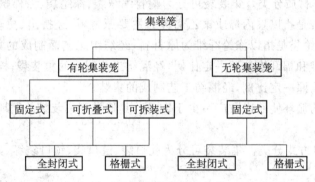

图 5-3　快件集装笼的分类

3. 常见快件集装笼示意图

快件集装笼主要由脚轮（可选配）、底架、角柱、壁板、笼门、施封锁、顶板等基本部件构成，常见的快件集装笼如图 5-4～图 5-7 所示。

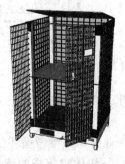 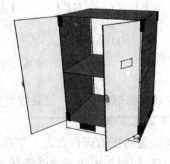

图 5-4　格栅式有轮集装笼　　　　图 5-5　全封闭式无轮集装笼

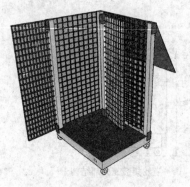 

图 5-6　可折叠式集装笼　　　　　　图 5-7　可拆装式集装笼

（三）快件集装袋

1. 快件集装袋的概念

快件集装袋是指以涤纶、塑料和棉麻等为主要原料,经编织、成卷、分切、印刷、裁剪、缝纫等加工工序制成的可在快件分拨、转运、处理等环节中循环使用的集装容器。

2. 快件集装袋的分类

（1）按照制作材质分类。集装袋可分为塑料编织袋、涤纶袋、涤棉帆布袋和棉麻帆布袋等。塑料编织袋是指以聚丙烯或聚乙烯等为主要原材料,经挤出、拉丝、编织等工艺而制成的集装袋;涤纶袋是指以涤纶纤维为原材料,经纺织工艺而制成的集装袋;涤棉帆布袋是指将涤纶纤维和棉纤维按照一定比例,经混纺工艺制成的集装袋;棉麻帆布袋是指将棉纤维和麻纤维按照一定比例,经混纺工艺制成的集装袋。

塑料编织袋的循环使用次数应不少于 20 次,其他类型集装袋的循环使用次数应不少于 50 次。

（2）按照封口方式分类。集装袋可分为扎口袋、链口袋、锁口袋等,如图 5-8 所示。

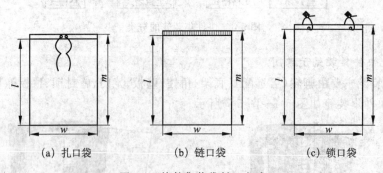

图 5-8　快件集装袋封口方式

（3）按照底部形状分类。集装袋可分为方底袋、长底袋、无底袋等。

3. 快件集装袋示意图

快件集装袋的正面应包含企业信息（企业名称、企业标识）、参考循环使用次数和最大允许装载质量,同时正面应预留动态转运信息的贴放区;快件集装袋的背面应按《塑料制品的标志》(GB/T 16288—2008)的规定印制可重复使用标志和制作信息(生产单位名称和代码)。集装袋正面和反面如图 5-9、图 5-10 所示。

图 5-9 快件集装袋正面

图 5-10 快件集装袋背面

 思政园地：绿色环保　创新驱动

可循环环保快递总包

为贯彻落实习近平生态文明思想，打好邮政业污染防治攻坚战，指导经营快递业务的企业做好绿色包装工作，根据《快递暂行条例》等有关规定，国家邮政局制定发布了《快递业绿色包装指南（试行）》(简称指南)，规定了行业绿色包装工作的目标，即快递业绿色包装坚持标准化、减量化和可循环的工作目标，加强与上下游协同，逐步实现包装材料的减量化和再利用。

指南要求企业积极推行在分拨中心和营业网点配备标志清晰的快递包装回收容器，建立相应的工作机制和业务流程，推进包装物回收再利用。要逐步推广使用可循环快件总包，避免使用一次性塑料编织袋。快件总包使用的材质、规格等应符合快递行业相关标准，循环使用次数不低于 20 次。

创新是推动人类社会向前发展的重要力量，所以要实现和使用可循环环保快递总包，必须创新。作为当代大学生，一定要有创新精神，对快递总包的包装材料、快递总包的包装方法和包装技术进行一定程度的创新，以符合相关标准，实现标准、减量和可循环。

(资料来源：https://www.spb.gov.cn/ztgz/gjyzjzt/2018tjss/ssdt/201812/t20181217_1718487.html)

思政讨论：邮政业为什么要大力发展可循环总包？

二、度量衡工具

在快件处理场地，常用的度量衡工具主要有电子地磅、电子秤和卷尺。

1. 电子地磅

电子地磅又称电子汽车衡，实际上是装在地上的大电子秤，它一般用于对不方便过秤的车辆和其他物品的称重。在处理场地，地磅一般装在门口处，满载快

微课：度量衡工具

件的车辆可以直接过磅,称出重量,待车辆卸完快件后再上地磅称重,两个重量相减就得出快件的重量。一般地磅可以称几十吨到几百吨的快件。

电子地磅标准配置主要由承重传力机构(秤体)、高精度称重传感器、称重显示仪表三大主件组成,由此即可完成电子地磅基本的称重功能,也可根据快递企业自身的要求,选配打印机、大屏幕显示器、计算机管理系统以完成更高层次的数据管理及传输的需要。电子地磅如图 5-11 所示。

图 5-11 电子地磅

使用电子地磅应注意以下事项。

(1) 在称重时,不要超过电子地磅的额定量程。

(2) 过磅车辆应等仪表开机显示归零后听从工作人员指挥方可上磅。

(3) 过磅车辆应在地磅两边的安全黄线内前后行驶、车辆驶上秤台后,应直线行驶,并尽可能停在秤台中心位置进行称量。

(4) 每次车辆称重上下地磅应小心行驶,车速不得超过 13.7km/h,禁止在秤台上紧急刹车,禁止车辆长时间停靠在地磅上面。

(5) 汽车衡秤台上严禁电焊作业或将秤台作为接地线使用。

(6) 基坑内要保持清洁,不要有垃圾及物品进入。

(7) 秤体四周及秤台台面经常清扫,保持清洁,无积水。

(8) 电子地磅在使用过程中要定期检查秤台与限位装置的间隙,以免因限位间隙太小卡住秤体而使称重不准,间隙太大则会导致秤体晃动厉害,正常的间隙保持在5mm左右。

(9) 雷雨天气严禁使用电子地磅,断开电源并积极做好排水工作,避免接线盒进水浸泡,避免传感器浸泡在水中造成灵敏度下降或直接被烧毁。

(10) 打印机的电源线插头要插在接触良好的插座上,避免中途停电,预防打印时卡死,打印机在更换打印纸时,要保持双手清洁,不能有油污,否则会使橡胶轮表面变硬,打滑造成不走纸。

(11) 电子地磅当秤上有车辆时不允许仪表断电,如临时断电,在恢复上电后应先让车辆下秤台,等待仪表恢复零点后再重新计量。

(12) 未接受过培训的人员不得操作仪表及计算机。

(13) 下班后应切断所有称量及附属设备的电源。

(14) 工作在潮湿、粉尘、温差大的环境中时,应及时排除可疑干扰并做相应的排潮、降温、除尘等维护工作。

(15) 要定期对称重传感器进行检查,主要检查它是否受潮、是否氧化,运动部位周围是否有异物,发现异常时应及时清理维护。

2. 电子秤

电子秤是快件处理场地常用的称重设备,其称重范围虽然远远低于电子地磅,但高于便携式手提秤的称重范围,电子秤准确度高,但因体积较大,不便携带。

电子秤按结构原理可分为机械秤、电子秤、机电结合秤三大类。电子秤主要由承重系统(如秤盘、秤体)、传力转换系统(如杠杆传力系统、传感器)和示值系统(如刻度盘、电子显示仪表)三部分组成。电子秤如图5-12所示。

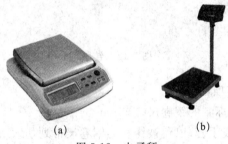

图 5-12 电子秤

使用电子秤要注意以下几点。

(1) 使用时保持良好的称重习惯。称重货物尽量放在电子台秤的中间位置,让台秤传感器平衡受力。避免因秤台受力不均发生细微倾斜,从而导致称重不准,影响电子台秤的使用寿命。

(2) 每次使用前检查水平气泡是否居中,确认台秤是否平衡,确保称重准确性。

(3) 称重时,应避免超载,确保电子台秤不受损坏,测量准确。

(4) 保持传感器清洁无干扰,以免造成称重不准、跳数的现象,这也是在使用过程中需要特别注意的点。

(5) 保持接线牢固,确保正常使用。如果连接线不牢,很容易导致设备无法精准地进行测量。

(6) 称重时,秤体避免与其他物品接触、碰撞或发生振动。

(7) 电子台秤使用中避免靠近热源、振动源,防止电磁热辐射对于电子台秤造成的影响,导致使用过程中准确性下降。

(8) 由于很多使用场合可能有虫鼠害威胁,电子台秤信号线有些地方裸露在外面,因此需严防虫鼠破坏,最好在使用之后放到这些有害动物够不到的地方,或是锁到一个封闭的环境中。

(9) 保持秤盘秤体干净整洁,以确保测量的精准,延长台秤使用寿命,如果上面经常存有积水或很多杂物,很容易遭受腐蚀,最终导致设备损坏。

3. 卷尺

卷尺是日常生活中常用的工具,用于测量较长快件的尺寸或距离。根据材质不同,卷尺可以分为钢卷尺、纤维卷尺、塑料卷尺等。在快件接收中使用最多的是钢卷尺,钢卷尺可分为自卷式卷尺、制动式卷尺、摇卷式卷尺,其中制动式卷尺最为常见。

制动式卷尺主要由尺带、盘式弹簧(发条弹簧)、卷尺外壳三部分组成。当拉出刻度尺时,盘式弹簧被卷紧,产生向回卷的力,当松开刻度尺的拉力时,刻度尺就会被盘式弹簧的拉力拉回。卷尺如图 5-13 所示。

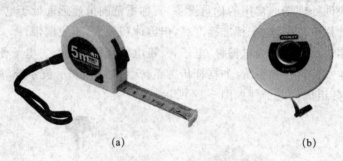

图 5-13　卷尺

钢卷尺的使用注意事项如下。

(1) 选择带有合格证标签的钢卷尺。

(2) 测量时,应佩戴线手套,以免被锋利的钢卷尺带划伤。

(3) 使用带有制动开关的钢卷尺时,拉出前要松开制动开关,达到并超过被测量点一定距离时关闭制动开关,用完后松开制动开关,卷尺自动收回。

(4) 尺带只能卷,不能折。

(5) 尺带应缓缓拉出,不能用力过猛,用完后徐徐退回。

(6) 尺带表面镀有铬、镍或其他涂层,应保持清洁,测量时不能与其他被测物体产生摩擦,以免划伤。

三、快件接收前准备

(一) 快件接收流程

快件接收流程如图 5-14 所示。

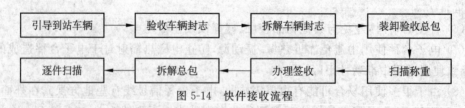

图 5-14　快件接收流程

(1) 引导到站车辆。引导快递车辆准确停靠,并核对车牌号码,查看押运人员身份。

(2) 验收车辆封志。检验车辆封志是否完好,核对封志上的号码。

(3) 拆解车辆封志。使用不同工具,按正确的方法拆解车辆封志。

(4) 装卸验收总包。把总包快件从快递车上卸下来,查点总包数量,验视总包规格,若有异常,进行处理。

(5) 扫描称重。对总包进行逐袋扫描对比、称重复核。

(6) 办理签收。交接结束后,双方在交接单上签名。若有争议事宜,在交接单上备注。
(7) 拆解总包。解开总包,倒出包内快件,检查总包空袋内有无漏件。
(8) 逐件扫描。逐件扫描快件条码,检查快件规格,把问题快件剔除交有关部门处理。

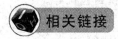

快件处理员职业等级

根据《快件处理员国家职业技能标准》,快件处理员职业等级分为五级/初级工、四级/中级工、三级/高级工、二级/技师、一级/高级技师,其中三、四、五级都对快件处理员的快件接收能力提出了技能要求,具体如表5-1所示。

表 5-1　快件接收工作技能要求一览表

职业等级	工作内容	技 能 要 求
五级/初级工	总包卸载	能验视和拆解车辆封志 能按要求卸载总包
	总包验收	能核对进港总包与接收信息是否一致 能接收和检查进港总包
	总包拆解	能拆解进港总包,并核对快件清单和实物是否一致 能复核快件的重量和规格
四级/中级工	总包卸载	能指挥车辆卸载 能处理车辆封志异常情况
	总包验收	能处理错发、破损、油污等异常总包
	总包拆解	能拆解保价总包 能拆解限时总包 能处理快件清单与实物不一致的异常情况
三级/高级工	总包卸载	能制订车辆卸载计划 能处理快件卸载事故
	总包验收	能处理总包短少等异常情况
	总包拆解	能处理自取、更址和撤回等快件 能处理快递运单缺失、内件损毁等异常快件

(资料来源:http://chinajob.mohrss.gov.cn/c/2019-12-18/234862.shtml)

(二) 作业准备

快件接收前必须做好作业准备工作,各岗位、各工序的作业人员应根据各自作业要求和内容,预先安排好相关工作,并准备好所需工具和用品,确保作业按部就班、紧密衔接、连续不断。

(1) 检查有无快件处理的相关要求和操作变更通知,作业系统有无版本升级或操作变动。

(2) 到指定地点领取条码扫描设备、大头笔、拆解专用钳或剪、包牌、包签等。

(3) 到指定地点领取封发总包用的封装容器、封志、封签等,并对需要预先粘贴在容器、总包空袋、封志上的总包条形码进行粘贴。

(4) 到指定地点领取封扎快件总包用的专用夹钳、手携扎袋器、手携封包机等。

(5) 到指定地点领取装运快件使用的各种专用车或器具。

(6) 穿好工作服,佩戴工作牌和上岗劳动保护用品,如防护手套、护腰等。

(7) 检查扫描分拣设备、条码采集器或阅读设备,核对作业班次和接发时间。

任务二 总包卸载与验收

任务导入

小李经过一天的学习,已经能够很好地做好快件接收前的准备工作。王经理跟他说处理中心为了提高作业效率,实际操作往往是卸载总包和总包的交接验收同时进行,今天给小李的任务就是完成总包的卸载和验收。王经理希望小李在经过总包卸载与验收的工作后,能够很好地回答以下问题。

(1) 什么是车辆封志、交接单? 使用方法有哪些?

(2) 如何对总包进行装卸? 其操作要求和安全要求是什么?

(3) 总包验收的操作要求包含哪些?

一、车辆封志

1. 车辆封志的概念

车辆封志是固封在快件运输车辆车门的一种特殊封志,其作用是防止车辆在运输途中被打开,保证已封车辆完整地由甲地运到乙地。封志是快件运输途中保证安全、明确责任的重要手段。

微课:车辆封志

车辆封志大体上可分为两大类:一类是实物封志,是快递企业经常使用的封志,实物封志包括金属类和塑料类封志;另一类是信息封志,是无形的封志。随着信息技术的发展,现在大部分快递企业使用全球卫星定位系统(GPS)与地理信息系统(GIS)相结合的信息封志来监视快件运输车辆的车门,利用系统记录信息来确定运输途中车门是否被无故打开,从而提高快件运输过程中的安全性。金属封志、塑料封志、金属与塑料相结合的封志(铅封)的示意图如图 5-15~图 5-17 所示。

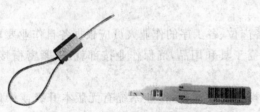

图 5-15 金属封志   图 5-16 塑料封志   图 5-17 金属与塑料相结合的封志(铅封)

2. 车辆封志的使用

(1) 装好车后,必须将封志号码填入路单相应栏目,装车人员负责检查核对。

(2) 封车时如果车辆封志损坏,装车人员必须拿坏的封志和路单到封志管理人员处更换,否则不能领取;换封志时,必须同时更改路单上的封志号码,确保路单号和车门封志号码相对应。

(3) 在处理中心部分卸件完成后,必须重新施封,并在路单上写明封志号码,等同正常发车程序,并让驾驶员核对。

(4) 车辆在途中因执法部门查车而拆解车辆封志,驾驶员必须及时通知业务主管,并向执法人员索取相关证明,经核实后,驾驶员不必承担责任。

3. 拆解封志操作要求

不同材质的车辆封志,拆解方法略有不同。施封锁,使用专用钥匙开启,并妥善保管钥匙以备查询及循环使用;金属封志、铅封、塑料封志等,使用剪刀或专用钳来拆解封志,剪开封绳。

拆解车辆封志,首先要认真检查封志是否已被打开,封志上的印志号码或封志标签是否清晰可辨。如果铅封印志模糊、塑料封志反扣松动能被拉开,都需要在交接单上进行注明。然后扫描封志上的条形码并与上一环节所发信息比对,如果是手工登记,注意需与交接单内容进行核对,最后在拆解时需要注意不得损伤封志条码或标签。

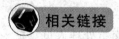

相关链接

某快递处理中心干线到车、解车等岗位要求

表 5-2 展示的是某快递处理中心干线到车、干线解车、干线卸车和干线下车涉及的岗位和所需要的准备、操作要求一览表。

表 5-2 某快递处理中心干线到车、干线解车等岗位工作要求一览表

工作内容	涉及岗位	工具准备	操作要求
干线到车	中心调度员	中心调度人员开启计算机,检查计算机是否正常,并核对电子任务单上的线路名称、车辆等信息是否正确	登录快件操作子系统,进入"发车到车"→"到车扫描",录入车签号码
干线解车	中心扫描员	中心操作人员登录 PDA,检查 PDA 是否正常,并检查车辆铅封是否完好,核对电子任务单上的线路名称、车辆等信息是否正确	登录 PDA,在主菜单界面进入"网点操作"→"解封扫描",在数据输入界面,录入铅封号、车签号码
干线卸车	中心卸车员	佩戴手套、佩戴安全帽(装卸高栏车)	卸车作业可参考《转运中心卸车操作标准》干线卸车
干线下车	中心扫描员	PDA、电子任务单	① 对揽收设备进行正常校秤,确保称重设备的准确性 ② 卸车人员将大件或包件放到伸缩机或电子秤上,平稳轻放,面单朝上 ③ 无缝对接线路逐票逐包扫描称重

4. 异常车辆封志

异常车辆封志是指拆解车辆封志之前,封志已经出现断开、损坏、标签模糊、塑料封志反扣松动能被拉开等现象。出现异常车辆封志应在路单上进行批注,并查明原因,及时进行处理。异常车辆封志分为断开损坏的车辆封志、标签模糊的车辆封志、条码与交接单不符的车辆封志。当发现异常车辆封志后,应按以下要求进行处理。

(1) 发现车辆封志异常,应首先向作业主管报告,并在路单上批注交接异常的原因。

(2) 拆解异常车辆封志和卸车应在监控范围内由两人或两人以上共同进行。

(3) 将异常封志单独保管,拍照留存。

(4) 对于条码模糊不能被正确识读的车辆封志,如果数字清晰,可以手工录入;如果条码和数字均模糊,应通过路单来查询本车所装载总包情况,并填写异常车辆封志处理报告。

二、交接单

(一) 交接单的概念

交接单是快递服务网络中两个部门双方在交接总包时的一种交接凭证,是登记交接总包相关内容的一种单式。

(二) 交接单的制作

1. 手工登记

手工登记是指派送业务员通过手工抄写的方式将准备派送的快件相关信息填写在相应表格中的过程。派件清单一般为一式两联,抄写完毕后,其中一联交给处理人员,另一联业务员留底保管。手工抄写需注意抄写字迹工整,抄写准确,尽量减少笔误。

2. 系统打印

交接单系统打印样式见表 5-3。

表 5-3　交接单系统打印样式

×××快递公司交接单

No.

自____至____				电话:				年 月 日	
序号	单号	件数	重量	目的地	到付	代收货款	金额	备注
1								
2								
3								
4								
5								
合计:	票	件	制单:				签收:	

系统打印制作清单是指快递企业的操作系统中设计特定的清单样式,处理人员对快件和运单扫描完毕后,将数据上传至计算机系统,再通过计算机系统把快件信息打印出来

的一种清单。相对于手工登单,系统打印交接单有以下几项特点。

（1）可节约业务员的操作时间,把更多的时间留给收派快件。

（2）系统打印的准确性高,通过扫描设备的扫描数据打印,不会出现笔误。

（3）可满足大快件量的需求,当快件量少时,可通过手工抄写,但是随着快件量的增加,手工抄写耗费的时间和精力不断增加,且手工抄写容易出现错误。

（4）系统打印避免了字迹不清或潦草的情况,信息清楚、易辨。

（三）交接单的作用

交接单真实记录了两作业环节交换总包时实际发生的相关内容,是快件业务处理的证明;是快递企业与委托承运部门或企业进行运费结算的依据;是明确两作业环节之间总包交换责任界限并促成互相监督制度执行的重要措施;是进行总包查询和赔偿的凭证。

三、总包卸载

（一）总包装卸的方法

总包装卸的方法一般采用人力搬运、叉车搬运和输送带传送的方法。人力搬运、叉车搬运和输送带传送如图5-18所示。

微课:总包卸载

(a)   (b)   (c)

图5-18 人力搬运、叉车搬运和输送带传送

快件搬运路线

快件在处理的各个环节进行移动时,涉及搬运路线的设计问题。在装卸环节,一般采用直接型路线。这种路线设计是指各种快件能各自从起点移动到终点,中间不经过拆、分、组作业。例如,快件从车辆卸下后直接搬运至供件位置。对于直接型快件的搬运装卸路线来说,各种快件从起点到终点所经过的路线最短。当快件量大、距离短或距离中等时,一般采用这种形式是最经济的,尤其在所需搬运装卸的快件对时效要求较高时更为有利。

（二）装卸车辆调度规则

装卸车辆调度是快件配送车辆优化调度问题(vehicle routing problem,VRP)的一部分,主要负责调度装卸车辆的相关工作,在处理场地对车辆停放、引导、装货、卸货、等候等进行全面的管理。运输寄递物品的车辆应当封闭,且符合国家道路交通运输技术规范和要求,并标明寄递企业的统一标识。公安部门和交通运输管理部门应当根据城市交通状况,为寄递运输车辆提供通行便利。

改进快递车辆管理

2015年10月23日,国务院以国发〔2015〕61号印发《关于促进快递业发展的若干意见》。该意见包括总体要求、重点任务、政策措施、组织实施四部分。其中第三部分政策措施明确提出改进快递车辆管理的要求:制定快递专用机动车辆系列标准,及时发布和修订车辆生产企业和产品公告。各地要规范快递车辆管理,逐步统一标志,对快递专用车辆城市通行和临时停靠作业提供便利。研究出台快递专用电动三轮车国家标准以及生产、使用、管理规定。各地可结合实际制定快递专用电动三轮车用于城市收投服务的管理办法,解决"最后一公里"通行难问题。某公司快递车辆如图5-19所示。

图5-19 某公司快递车辆

(资料来源:http://www.gov.cn/gongbao/content/2015/content_2963045.htm)

装卸车辆调度原则如下。

(1)操作规范。车辆进入前严格按照安全作业的要求清理场地,引导车辆进入场地进行装卸作业。

(2)作业流程流畅。不断优化装卸车辆在处理场地的行车路线,车辆运行更流畅,有利于装卸车、快件处理。

(3)不出现货损。在装卸总包作业时,应当做到规范操作、文明作业,严禁抛扔、踩踏、坐压或以其他危险方式造成寄递物品损毁、货损,认真验收总包。

(4)车辆在场地准确停靠。核对车牌号码,核对押运人员身份,协助驾驶员做好突发事件处理。

(三)总包卸载的操作要求

总包卸载就是将进站总包从快件运输车辆上卸载到处理场地的作业过程。卸载总包时应符合《快递安全生产操作规范》的规定,同时还应按以下操作要求进行卸载。

(1)按照要求卸载总包,不得有抛掷、拖拽、摔打、踩踏、踢扔、坐靠及其他任何有可能损坏快件的行为,卸载时总包袋口不得拖。

(2)对于贴有易碎品标志的总包单件要轻拿轻放,放置时需要在快件底部低于作业面30cm的时候才能放手。

(3)卸载破损总包时,应注意保护内件,避免出现二次损坏快件的现象。

(4)使用机械或工具辅助卸载,应正确操作卸载机械或工具,禁止野蛮粗暴操作及其他任何有可能损坏快件的操作。

(5)遇到雨雪天气,卸载总包时应做好防水防潮及受潮物品处理工作。如遇有受潮快件,应妥当处理,严禁挤压,烘干受潮物品等。

(6)卸载总包后,应区分直达和中转路向、手工与机械分拣快件,并按堆位要求分别码放。

(7)码放时做到重不压轻,大不压小。码放的总包有序、整齐、稳固,总包袋口一律向外。

(8)偏大、偏重的总包单独码放或码放在底层,以防码放时砸坏轻件、小件;易碎物品、不耐压的快件放置顶层或单独码放;对标有不准倒置、怕晒、怕雨、禁止翻滚、堆码重量和层数受限的快件,应按操作标准进行作业。

(9)卸载在拖盘、拖车拖板上的总包,码放高度一般不超过把手。

(10)不规则快件、一票多件快件、需特殊处理或当面交接的快件应该单独码放。

(11)水湿、油污、破损的总包应交专人处理。

(12)卸载结束后,接收人员应检查车厢和场地周围有无其他遗留快件。

相关链接

快递安全生产操作规范

《快递安全生产操作规范》(YZ 0149—2015)指出快件装载和卸载时,应遵循"大不压小、重不压轻、分类摆放"的装卸原则,还应满足以下要求。

(1)装载快件不应超出车辆核定载重。

(2)装载和卸载快件期间,车辆应熄火,拉紧驻车制动器。

(3)装载完成后,应对车厢进行安全检查,确定工作人员及装卸设备撤离车厢,锁闭车门并进行封车操作,确保运输途中不被随意打开。

(4)卸载时,车辆应服从作业现场管理人员指挥,按照要求停靠于指定位置,车辆经过驾驶员与现场管理人员共同验证封签完好后,开启车门。

(5)普通快件脱手时,离摆放快件接触面之间的距离不应超过30cm,易碎件不应超过10cm。

(资料来源:https://www.spb.gov.cn/gjyzj/c100009/c100012/202201/a9ce0525855b4c13a743b5de42813233/files/%E5%BF%AB%E9%80%92%E5%AE%89%E5%85%A8%E7%94%9F%E4%BA%A7%E6%93%8D%E4%BD%9C%E8%A7%84%E8%8C%83.pdf)

(四)总包卸载的安全要求

总包卸载时要按规定搬运,注意快件的安全。目前快递业务发展迅速,随着业务量的增长,为了提高快件处理速度,快递企业纷纷提高处理中心的机械化程度,在快件接收环节,直接将快件总包和单件从车厢卸载到皮带输送机上,而且卸载与总包的交接验收同时进行。皮带输送机如图5-20所示。

1. 开启车门

对于厢式货车,拆解车辆封志后打开车门时,卸车人员应站在靠近右侧车门一旁,左手用力抵住左车门,右手

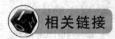

图5-20 皮带输送机

拉开右车门拉杆缓慢开启车门,注意控制车门开启速度,防止快件从车厢中掉出砸伤操作人员。

2. 卸载总包和总包单件

(1) 把车上的总包和总包单件卸到滑梯上或直接放置在带式输送机(卸货平台)上,操作时不得有抛、扔现象。

(2) 必须根据条码扫描器的扫描速度来控制卸货速度,如果卸得过快,可以先放置一边,待带式输送机上快件较少时再放到上面。

(3) 包装外表上有突出的钉、钩、刺的快件,有异味和油渍的快件,超重超大等特殊快件,不能用带式输送机传送,避免损伤、污染带式输送机或快件摔损等事故发生,应将以上快件单独摆放在推车上,进行卸车扫描后,直接搬运至目的地。

3. 总包单件的摆放

(1) 对卸至带式输送机上的快件进行整理,使快件运单处在向上状态,以便确认。

(2) 当出现双排流转现象时,应将部分快件卸下,确保主带式输送机是单排流向,间距保持在5cm左右。

(3) 当带式输送机上快件较少时,将卸下的快件重新放回带式输送机上,确保快件匀速流转。

4. 车厢的清扫检查

卸载完成后,应检查车厢各角落,确保无快件遗漏在车厢内。

四、总包验收

1. 总包接收的操作要求

(1) 按车辆到达的先后顺序接收总包(有特殊规定的除外)。

(2) 不同批次或车次的总包应该分别接收,不得混淆处理。

(3) 总包接收处理要求两人或两人以上作业。

(4) 接收总包时,收方负责逐包扫描,同时验视总包,复核总包数量、规格,交方负责监督总包的数量。

(5) 对总包进行逐包扫描称重,完毕后上传信息比对扫描结果,或将扫描信息与交接单内容进行核对。

(6) 发现总包异常,应及时、准确地做出处理。

(7) 发现总包数量、路向等与信息不符,应及时、准确地做出处理或反馈。

(8) 接收操作快速、准确,应在规定时间内完成总包的接收处理。

2. 总包验视的操作要求

(1) 总包发运路由是否正确。

(2) 总包规格、重量是否符合要求。

(3) 包牌或标签是否有脱落或字迹不清、无法辨别的现象。

(4) 总包是否破损或有拆动痕迹。

(5) 总包是否有水湿、油污等现象。

思政园地：恪尽职守　一丝不苟

守住快递安全的"大门"

接收进站总包是快递企业处理环节的总进口，处理中心必须严格把关，进行一丝不苟的验视，守住"大门"。交接时应以"路单"上登记的内容或网上信息为准，并与总包实物进行比对。对于验视发现的异常总包，交接双方要当场及时处理，明确责任。

某日，在接收的快件中，一个用湿漉漉的纸箱包装的快递包裹引起了接收人员小李的注意。包裹像被水泡过，不断流着汤水，还散发出阵阵腥味。"里面一定装有生鲜食品！"小李判断着，迅速将这件包裹与其他包裹隔离开，并找到该快件的详情单，只见内装物品写着"鲜贝"。小李没有迟疑，马上又按照发件人在详情单上留下的电话通知收件人速到处理中心来取，并与收件部门取得了联系。

不到一小时，收件人就赶到了处理中心，并当场打开了包裹。原来纸箱内有保温层，新鲜的扇贝就是被冰块包裹在保温层内寄出的。但是经过几天的运递路程，保温层已失去了作用，冰块融化，渗透了外包装，水流了出来。而这种情况幸好被接收人员小李及时发现，并采取了积极有效的措施：一是迅速将包裹隔离开；二是通知收件人限期领回；三是将情况通报到收件部门，并对生鲜食品的包装要求提出建议。

（资料来源：https://www.guayunfan.com/baike/226038.html）

思政讨论：处理中心的小李做法是否正确？你遇到这种情况会怎么做？

任务三　总包拆解

任务导入

操作部王经理已经让快件处理员小李进行了好多天的快递总包卸载和验收，小李已经能够顺利完成总包的装卸工作。接下来的工作是需要对快递总包进行拆解，在拆解前王经理让小李先去看一下公司的规定，了解以下内容。

（1）总包拆解的方式有哪些？
（2）总包拆解过程中应该注意哪些问题？
（3）总包拆解碰到特殊的快件该怎样进行处理？

一、总包拆解的概念

总包拆解就是开拆已经接收的进站快件总包，将快件由总包转为散件。总包拆解实质上是对总包内快件的接收，其特点是交接双方不是面对面的当场交接，而是一种"信誉交接"。因此，为了能够分清交接双方的责任，要求对上一环节封装的快件总包开拆后，还能恢复其"原始状态"。所以，开拆总包时，对封扎总包袋口的扎绳必须严格按规定操作；对总包空袋的袋身必须严格检查，并妥善保管，不得随意乱放。这样，一旦出现问题件，有利于辨明拆封双方的责任。目前在快递企业中，拆解总包现场一般要进行监控，出现问题时，可以通过查看监控录像分清责任。

二、总包拆解的方式

总包拆解主要分为人工拆解和机械拆解两种方式。人工拆解总包是一种比较普遍的方式，绝大多数快递企业都采取人工拆解总包的方式。

1. 人工拆解

人工拆解总包步骤如下。

（1）验视总包路向并检查快件总包封装规格，对误发的总包不能拆解，应剔除出来交作业主管。

微课：总包拆解的方式

（2）扫描包牌条码信息，扫描不成功或无条码的，手工键入总包信息。

（3）拆解铅封时，剪断容器封口封志的扎绳，不要损伤其他部分；保持包牌在绳扣上不脱落。拆解塑料封扣时，剪口应在拴有包牌一面的扣齿处，以保证包牌不脱落。

（4）倒出快件后，应利用三角看袋法或翻袋等方式检查总包空袋内有无遗留快件。

（5）检查由容器内拆出的封发清单填写内容是否正确，并将快件封发清单整齐存放。

（6）如有易碎快件，必须轻拿轻放，小心地从容器中取出。

（7）逐件扫描快件条码，同时验视快件规格。

（8）拆出的破损、水湿、油污、内件散落等快件以及不符规格的快件，应及时交作业主管处理。

（9）区分手工分拣和机械化分拣快件，将需要机械分拣的快件运单向上、顺序摆放。

（10）超大、超重不宜机械分拣的快件和破损、易碎物品快件要单独处理。

（11）拆解结束时检查作业场地有无遗留快件和未拆解的总包。

2. 机械拆解

机械拆解总包是指利用机械设备把总包悬挂提升，实现人机结合拆解总包的一种方式。利用机械拆解可以大幅度减轻拆解人员的劳动强度，提高劳动效率。目前快递企业采用的总包拆解机械设备主要有简易提升机（电动葫芦）、推式悬挂机等。机械拆解设备如图 5-21 所示。

图 5-21 机械拆解设备

机械方式拆解总包操作步骤如下。

(1) 验视快件总包路向,将误发的总包剔除出来。

(2) 使快件总包袋鱼贯进入开拆轨道,处理完一袋总包后,再开拆下一袋总包。

(3) 拆塑料封志时,保证拴包牌一面剪口剪在扣齿处保持包牌不能脱落。如果拆绳封的快件总包时,应该剪断一股绳,不可损伤其他部分,保持包牌在绳扣解开时不脱落。

(4) 扫描包牌条码信息,扫描不成功或无条码的,手工键入总包信息。

(5) 核对拆出的封发清单登记内容。

(6) 逐件扫描快件条码,与接收的信息比对。

(7) 总包开拆完毕,将快件贴有运单的一面向上,整齐放到传输机传输分拣。

(8) 拆解易碎物品总包时,调整升降高度将总包袋口接近工作台,轻拿轻放取出快件,检查快件有无水湿、渗漏、破损等情况。

(9) 如果快件总包内有保价快件、优先快件,验视快件包装,将运单填写的内装物品名称与清单核对,单独封发处理。

(10) 将不能机械化分拣的快件转交其他工作人员进行手工处理。

(11) 快件总包拆解完毕后,检查总包空袋内有无遗留快件、清单后,将总包空袋移出作业台。

(12) 拆解时遇到问题件,及时通知主管处理。

(13) 拆解结束,注意将拆解实际件数(拆解系统统计)与系统信息进行比对。

(14) 工作结束,退出拆解系统,关闭设备电源。

(15) 检查作业场地周围有无遗漏快件,清扫作业场地,上缴扫描用具、专用钳等用品用具,并集中保管。

三、总包拆解的相关要求

(一) 倒袋操作要求

(1) 双手捏住总包袋底部的两角向上轻提,将袋内快件倒在工作台上;开拆包袋时,特别是内装较多或体积较大包裹的包袋,要小心倒袋。

(2) 每开拆完一袋,拿出相关快件后要随即用手将袋撑开,来用"三角看袋法",即两手拿住袋口边沿,以肘撑开,将袋口支成三角形,验看袋内有无遗漏快件,不得在开拆后将袋倒扣代替验看。使用机器开拆的,开拆完毕也要由专人负责验看袋内有无遗漏快件。

(二) 总包拆解信息比对

1. 比对方式

总包拆解后需要将快件与封发清单信息进行比对。比对一般有两种方式:一种方式是手工方式比对;另一种方式是电子方式比对。目前快递企业一般采取电子方式比对。

(1) 手工方式比对。根据总包内快件封发清单登列的项目与快件实物逐件核对。这是早期采用纸质封发清单的比对方式,现在一般不再采用。快件封发清单样单如表5-4所示。

表 5-4　快件封发清单样单

编号_____　第__页
自_____至_____　　　　　　　　　　年　月　日

序号	快件编号	原寄地	件数	重量	备注
1					
2					
3					
4					
5					
6					
7					
8					
9					
10					
11					
12					
13					
⋮					
20					
合计					

封发人员(签章)：　　　　　　　　　　接收人员(签章)：

(2) 电子方式比对。用条码识读设备逐一扫描快件，运单条码受损无法扫描时，应手工键入条码信息。

2. 比对内容

(1) 快件路向是否正确，有无误发。

(2) 根据快件封发清单逐件核对，包括快件编码、原寄地、件数、重量。

(3) 检查快件封装规格标准。

(4) 比对合计数量是否有误。

(三) 拆解后的注意事项

(1) 将拆下的空袋、袋牌、铅志、绳扣等物放在指定位置，以备查用，待相关快件格无误后，即可将袋牌和铅志分类处理，将空袋及时清理、放置和清退。

(2) 拆解中发现异常情况的空袋、袋牌、铅志、绳扣等物，应妥善保管，以便作为相应证物。

四、特殊快件的处理

在总包拆解过程中，有一些特殊快件需要单独处理，这些快件主要包括限时快件、保价快件、自取快件、更址快件、撤回快件等。

微课：特殊快件的处理

相关链接

《中华人民共和国邮政法》第四十七条规定

第四十七条 邮政企业对给据邮件的损失依照下列规定赔偿：

（一）保价的给据邮件丢失或者全部损毁的，按照保价额赔偿；部分损毁或者内件短少的，按照保价额与邮件全部价值的比例对邮件的实际损失予以赔偿。

（二）未保价的给据邮件丢失、损毁或者内件短少的，按照实际损失赔偿，但最高赔偿额不超过所收取资费的三倍；挂号信件丢失、损毁的，按照所收取资费的三倍予以赔偿。

邮政企业应当在营业场所的告示中和提供给用户的给据邮件单据上，以足以引起用户注意的方式载明前款规定。

邮政企业因故意或者重大过失造成给据邮件损失，或者未履行前款规定义务的，无权援用本条第一款的规定限制赔偿责任。

（资料来源：https://flk.npc.gov.cn/detail2.html?MmM5MDlmZGQ2NzhiZjE3OTAxNjc4YmY3YmI2MzA3ZjM)

（一）限时快件

1. 限时快件的概念

限时快件是指因时限要求需要优先处理快件的统称。为了保证服务质量，在整个处理流程中对于限时快件要优先处理、及时处理，确保时效性要求。限时快件主要包括以下两种类型。

（1）时限要求高的快件，如果同时有即日达、次晨达快件需要处理，应优先处理即日达快件。

（2）客户明确要求在规定时间内送达的快件。

2. 限时快件的接收核验

（1）接收限时快件总包首先应核对快件总包数量是否正确，并验视发运路向是否正确。根据赶发班次顺序开拆处理，开拆后核对总包内快件数量是否正确。

（2）限时快件不得与其他快件混合开拆分拣。

（3）限时快件是否正确粘贴"限时快件""即日达"或"航空件"标识。

（4）检查快件包装是否完好，有无污损等情况。

（二）保价快件

1. 保价快件的概念

保价快件是指寄件人按规定交付保价费，快递企业对该快件的丢失损毁、内件短少承担相应赔偿责任的快件。保价金额不能超过快递企业规定额度，由于保价快件是价值较高或客户非常重视的物品，同时快递企业承担更多的赔偿责任，因此保价快件总包应单独交接、登记备案、分开操作、单独放置。

2. 保价快件的接收核验

（1）接收保价快件总包应认真执行交接验收制度，交接双方必须当场交接，验视规格，尤其应注意总包是否破损或有拆动痕迹。

(2)保价快件不得与其他快件混合开拆分拣。

(3)保价快件总包应双人会同开拆处理,对照封发清单,逐件进行核对,防止快件丢失损毁,并注意快件是否破损或有拆动痕迹。

(4)对保价快件必须逐件称重,及时发现保价快件是否短少,并进行相应处理。

(5)检查快件封装规格是否符合标准,外包装是否完好,验看是否正确粘贴"保价快件"标识,保价标识应粘贴在每个表面的骑缝线上,起到封条的作用。

(6)核验运单上所填保价金额是否为大写,有无超过规定限额,有无涂改。

(7)验看运单所填的保价物品有无超出准寄规定等。

思政园地:快递安全　契约精神

保价快件丢失,到底怎么赔

近日,"保价赔偿案例"引发广泛讨论,虽然近期几起案例均涉即时配送或快运服务,但引发外界思考的是,假如保价的快件丢失了,到底该怎么赔?记者采访了相关专家和律师。

"消费者委托快递公司快递物品,快递公司就有责任和义务按照双方约定,将物品按时送达收件地址。"中国法学会消费者权益保护法研究会副秘书长陈音江表示,如果快件出现了丢失,则属于快递公司违约,需承担违约责任。

按照《快递暂行条例》第二十七条规定,丢失快递的赔付方法应按照消费者的实际损失或双方的保价约定来赔付。另外,我国民法典中也明确,货物的毁损、灭失的赔偿额,当事人没有约定或者约定不明确,可按照交付或者应当交付时货物到达地的市场价格计算。

在快递企业设置的"标准保价"中,不同的保费对应了不同的保价金额,例如某直营快递企业,2元可保价值500元及以下物品、16元可保价值2000元的物品。

"保价金额有时候不代表商品的实际价值,消费者尽量还是选择等值保价。"北京嘉润律师事务所合伙人丁红涛律师认为,"高价低保"和"低价高保"都不利于快递行业健康发展。如消费者的保价金额低于商品实际价值,则容易产生纠纷。如消费者的保价金额高于商品实际价值,则容易滋生欺诈快递企业的违法行为。

丁红涛表示,保价是快递的一项基本服务,应当遵循实事求是、诚实守信、公平合理、合法合规的原则,按照实际价值进行保价,消费者只有支付了相应的保价费用,才能享受相应的保价服务。

(资料来源:https://m.thepaper.cn/baijiahao_20082445)

思政讨论:在总包拆解过程中,遇到保价快件该如何处理?

任务四　快件接收业务优化

任务导入

小李已经在处理中心工作三个月了,对于总包的卸载、验收和拆解已经非常熟悉经过这段时间的学习,小李也发现了快件接收业务当中存在的一些问题,例如,在装卸的时候,有时人手不够而有时安排的人数偏多。小李想利用"快递运营管理职业技能等级"考试时所学知识对快件接收业务进行优化,王经理建议他先了解以下内容。

(1) 快件接收相关指标有哪些?
(2) 如何进行作业监督的管理工作?

一、快件接收的相关指标

1. 人均装卸量

人均装卸量是指在一个统计期内处理中心装卸的快件总量与装卸人数之比。装卸总量包括进站和出站的装卸量。

微课:快件接收业务优化

$$人均装卸量 = \frac{统计期内装卸总量}{装卸人数}$$

2. 操作效率指标

操作效率指标反映了处理中心作业各环节的操作能力和整体作业能力。一般以单位时间内完成的操作量来表示。主要有以下操作效率指标。

(1) 装卸效率,是指单位时间装卸量,是统计期内装卸总量与装卸时间之比。

$$单位时间装卸量 = \frac{装卸总量}{装卸时间}$$

(2) 查验效率,是指单位时间查验量,是统计期内查验总量与查验时间之比。

$$单位时间查验量 = \frac{查验总量}{查验时间}$$

3. 操作成本指标

操作成本指标从整体来看就是操作费用水平,其中和快件接收相关的环节为装卸成本水平。

(1) 操作费用水平是指处理中心在一定时间内操作费用总量与操作的快件总量之比。广义上的操作费用涵盖设备分摊费用,但统计计算较为困难。一般可以使用狭义的操作费用,即装卸费用、分拣费用、管理费用之和。

$$操作费用水平 = \frac{操作总费用}{操作总量}$$

(2) 装卸成本水平是指一段时间内装卸总费用与装卸总量之比。它反映了每单位快件进行装卸时所要耗费的成本。

$$装卸成本水平 = \frac{装卸总费用}{装卸总量}$$

二、作业监督管理(1+X)

快件处理中心作业面区域较大,高峰期的作业人员较多,业务量较大,快件数量大、物料种类多,设备设施安全要求高,故工作监督难度较大。在日常的处理中心现场,应采取下面可视化的监督管理方法：将规章制度、作业标准操作规范都在工作现场做张贴；对于安全、规范方面的重点提示，制作标语和 LED 屏的滚动提示；对于相应的任务进度和计划进度，应每天都会做成对比图并及时在工作现场公告栏进行更新；错分、质损等责任事件也在公告栏做现场公示。

1. 制订监督计划

（1）设定监督工作的重点目标：因为人员成本的控制已经通过作业组织优化有所降低，所以应把监督工作的重点目标放在进度与质量上。

（2）确定监督依据：每一个班组当班的工作计划与时间要求、考核管理措施已提前通知到所有班组长，班组长必须向员工做明确指示。

（3）确定巡视安排：值班主管和质控的现场巡视工作由定时巡视调整为不间断巡视，并提醒班组注意操作进度和操作质量。系统预警进行现场广播。

PDCA 循环

PDCA 循环是美国质量管理专家沃特·阿曼德·休哈特（Walter A. Shewhart）首先提出的，由戴明采纳、宣传，获得普及，所以又称戴明环。全面质量管理的思想基础和方法依据就是 PDCA 循环。PDCA 循环的含义是将质量管理分为四个阶段，即 plan（计划）、do（执行）、check（检查）和 action（行动）。PDCA 循环如图 5-22 所示。

图 5-22　PDCA 循环

（资料来源：https://baike.baidu.com/item/PDCA%E5%BE%AA%E7%8E%AF/5091521?fr=aladdin）

2. 落实监督组织与责任

班组长：通报前日错件率及错件明细（详尽到个人），宣讲工作纪律，提醒在任何时候都不允许靠、坐、拉皮带机等安全要求，宣讲当班计划和操作规范要求，落实本班组现场和人员的监督管理。

巡视人员：监督并提醒各班组现场进度及操作质量，及时处理各班组上报的异常问题，记录现场监督情况。

3. 反馈监督情况

巡视人员对每个班次的巡视情况都要求操作部经理做汇报，认真查看监督记录。对于现场监督发现的重点问题要及时处理。

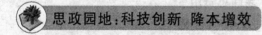

数字化助力快件处理中心大幅提效　卸车效率提升 47%

"双 11"是每个快递企业都要面临的一次大考——如何在既有设备基础、常规操作上处理短时间内激增的快件量？"提升效率"显然是最关键的功课。2020 年以来，圆通全网转运中心在"数字化转型"整体战略部署下,通过对数字化管理工具的应用来提升操作效率的案例不在少数。

成都转运中心使用圆通自主研发的数字化管理工具——"管理驾驶舱"对各个操作环节数据进行监测,及时发现问题、解决问题,有的放矢地提高各环节效率。尤其是在进港卸车上,该中心实现了47%的效率提升。在诸如出港揽收、进港早高峰操作上,效率也都有了显著提高。

卸车环节一直是中心操作的重要环节。如何提升该环节效率,是圆通营运中心和设备研发部门持续思考的问题。为提升圆通转运中心卸车效率,圆通相关部门利用管理驾驶舱工具对全网中心卸车口操作数据进行持续监测、分析,营运中心创新卸车模式——从原来"补码"模式变成"直通"模式。

据营运中心管理部项目总监侯燕军介绍,在"直通"模式下,快件设备无须因为"补码"操作而停摆,实现了快件"直通",而原来的"补码"人员则调整为"码件"人员,这个人员主要发挥两个作用:①在设备前端截留异形件、(面单)破损件,减少后端回流;②对设备上的快件进行合理码放,减少设备扫描卡顿,提升扫描率。

"此前,每补码一次,快件扫描设备就要停摆一次,严重拉低了整体效率。"侯燕军说。

"此时,管理驾驶舱就派上用场了。"杨军说。利用驾驶舱工具,通过监测中心每一个卸车口、每一个操作环节,每一个时间段的数据,改变了他们原来经验主义"一刀切"的排班方式,变成了数据化管理下对车、人、设备的智能排班。

成都中心只是圆通众多转运中心如何利用数字化管理工具实现效率提升的一个缩影。侯燕军说,"无论是'直通'模式的创新,还是智能化排班,都离不开中心对'管理驾驶舱'工具的合理利用,使其成为提升操作效率不可或缺的一个抓手。"

(资料来源:http://expressboo.com/detail_7995_1.html)

思政讨论:科技的发展如何提升快递处理中心的作业效率?

项目总结

项目五总结见表5-5。

表5-5 项目五总结

知 识 点	相 关 内 容
快件接收知识	总包知识:总包的概念、快件集装笼、快件集装袋 度量衡工具:电子地磅、电子秤、卷尺 快件接收前准备:快件接收流程、作业准备
总包卸载与验收	车辆封志:车辆封志的概念、车辆封志的使用、拆解封志操作要求、异常车辆封志 交接单:交接单的概念、交接单的制作、交接单的作用 总包卸载:总包装卸的方法、装卸车辆调度规则、总包卸载的操作要求、总包卸载的安全要求 总包验收:总包接收的操作要求、总包验视的操作要求

续表

知 识 点	相 关 内 容
总包拆解	总包拆解的概念：就是开拆已经接收的进站快件总包，将快件由总包转为散件 总包拆解的方式：人工拆解、机械拆解 总包拆解相关要求：倒袋操作要求、总包拆解信息比对、拆解后注意事项 特殊快件的处理：限时快件、保价快件
快件接收业务优化	快件接收相关指标：人均装卸量、操作效率指标、操作成本指标 作业监督管理：制订监督计划、落实监督组织与责任、反馈监督情况

技 能 训 练

一、单项选择题

1. 关于快件交接的基本要求，说法错误的是（　　）。
   A. 在快件处理的每个关键环节都必须严格执行交接验收、逐件比对和平衡合拢三项基本要求
   B. 交接验收、逐件比对和平衡合拢三项基本要求具有明确快件处理各环节、各操作人员的责任界限，相互督促严格执行规章制度，保障服务质量的功效
   C. 采用信息系统的快递企业不需要执行交接验收、逐件比对和平衡合拢三项基本要求
   D. 进站与出站之间办理的交接，必须严格遵守双方会同验收制度

2. （　　）属于异常车辆封志。
   A. 标签模糊的车辆封志　　　　　　B. 塑料封志
   C. 金属封志　　　　　　　　　　　D. 信息封志

3. 总包拆解后，拆出的快件外包装破损、断裂的，应采取（　　）处理方法。
   ①及时通知作业主管　②对破损包装进行拍照　③根据详情单检查内件是否漏出或出现丢失情况，内件齐全后将快件重新进行包装　④修改封发清单
   A. ①③④　　B. ①②④　　C. ①②③　　D. ①②③④

4. 下列对拆解总包检查要点描述有误的是（　　）。
   A. 三角倒袋法或翻袋等方式清空总包
   B. 易碎快件必须轻拿轻放，小心取出
   C. 区分手工和机械分拣的快件，将需要机械分拣的快件运单向上，顺序摆放
   D. 拆解塑料封扣时，剪口应在不拴有包牌一面的扣齿处，以保证包牌不脱落

5. 下列不属于总包拆解的常见异常情况是（　　）。
   A. 详情单条码污损但可以识读　　　B. 总包内快件与封发清单不一致
   C. 拆出的快件外包装破损　　　　　D. 封发清单更改划销处未签名

二、多项选择题

1. 总包拆解后需要将快件与封发清单信息进行比对，比对一般有两种方式（　　）。
   A. 手工方式比对　　　　　　　　　B. 电子方式比对

C. 外包方式比对 D. 随机方式比对

2. 最常用的快递集装容器有（　　）。

　　A. 纸箱　　　　B. 塑料箱　　　　C. 快件集装笼　　D. 快件集装袋

3. 车辆封志大体上可分为两大类，分别为（　　）。

　　A. 实物封志　　B. 金属类封志　　C. 信息封志　　　D. 塑料类封志

4. 快件接收业务当中，与装卸相关的作业量指标、操作效率指标、操作成本指标分别有（　　）。

　　A. 人均装卸量　B. 装卸效率　　　C. 装卸成本水平　D. 装卸人数

5. 快件处理中心作业面区域较大，高峰期的作业人员较多，业务量较大，快件数量大、物料种类多，可以进行以下（　　）操作优化快件接收作业。

　　A. 制订监督计划　　　　　　　　B. 落实监督组织与责任

　　C. 反馈监督情况　　　　　　　　D. 定时安排工作会议

三、简答题

1. 快件接收前应该做哪些准备？
2. 总包卸载、验收、拆解的相关要求是怎样的？

1＋X 实践训练

实训要求： 已知某快件处理中心的卸车拆包效率为 200 包/人，计算各个时段所需的卸车人数，以便进行作业组织优化，该处理中心的业务量预估如表 5-6 所示。

表 5-6　某快件处理中心业务量预估

时　序	包　数	件　量	时　序	包　数	件　量
0—1	420	6 320	12—13	59	877
1—2	1 050	15 750	13—14	61	993
2—3	620	9 414	14—15	262	3 983
3—4	625	9 355	15—16	235	3 525
4—5	840	12 720	16—17	164	2 460
5—6	267	3 702	17—18	126	1 890
6—7	251	3 879	18—19	65	975
7—8	77	1 270	19—20	663	9 945
8—9	367	6 961	20—21	495	7 425
9—10	338	5 064	21—22	726	10 890
10—11	455	6 689	22—23	802	12 030
11—12	407	6 102	23—24	517	7 755

实训目的： 通过此次训练，能够处理快件接收过程中的作业组织优化问题。

实训方式： 以个人为单位完成实训任务。

项目六

快件分拣

学习目标

知识目标

1. 了解直封和中转的概念;
2. 熟悉分拣依据和不同的分拣方式;
3. 掌握快件分拣操作要求;
4. 熟悉我国行政区划及快件的中转关系;
5. 了解我国邮政编码、电话区号和航空代码相关知识;
6. 了解国际快递服务的相关概念和传递网络;
7. 熟悉国际快件进出口流程和操作方法;
8. 熟悉处理中心的作业质量管理指标和服务质量管理指标的构成和计算方法。

技能目标

1. 能够根据分拣要求进行分拣前的准备工作;
2. 能够根据快件分拣依据对文件类快件和包裹类快件进行分拣;
3. 能够针对处理中心的作业质量管理指标和服务质量管理指标的变化,对组织作业提出优化建议。

素养目标

1. 增强科技自信,打造交通强国;
2. 培养科技创新精神和工匠精神。

项目导入

快件分拣是快件处理过程中的核心环节。快件分拣是指快件处理人员按照快递运单送达地址,将相关的快件分别汇集到规定的区域的处理过程。分拣的准确性与效率高低决定了快件能否按预计的时限、合理的路线及有效的运输方式进行中转。快件分拣在快件处理作业环节中不仅工作量大、难度高,而且要求作业时间短、准确度高。因此加强对快件分拣作业的管理非常重要。

任务一　快件分拣管理概述

> **任务导入**

本周小李被分配到处理中心的快递分拣岗位实习。通过实习,他了解到快件分拣人员需要在一定的时间内,根据一定的分拣规则对快件进行分拣,一般处理中心是按照信件类和包裹类进行分拣,这两种不同类别的快件在分拣方式上有何不同呢?

一、快件的直封和中转

快件分拣分为快件直封和快件中转两种基本方式。快件直封就是快件处理中心按快件的寄达地点把快件封发给到达城市处理中心的一种分拣方式;快件中转就是快件处理中心把寄达地点的快件封发给相关的中途处理中心,经再次分拣处理,然后封发给寄达城市处理中心的一种分拣方式。

微课:快件分拣概述及分拣方式

二、快件分拣的依据

快件依据什么信息来进行分拣,各快递企业的做法虽不尽相同,但又类似。总体来看,人工分拣操作是以快递运单上收件人信息(如行政地址、邮政编码、电话区号或城市航空代码等)为依据进行的;而全自动分拣操作是以与快递运单快件编号(条形码)绑定的快件信息为依据进行的。

1. 按地址分拣

按地址分拣就是俗称的按址分拣方法,处理人员分拣时的依据就是运单上的收件人地址。但是由于运单上的地址一般书写比较长、字比较小,辨认费时,为提高分拣速度,许多快递企业都要求业务员在运单上用大头笔明显标记该快件应流向的省份、城市名称。快件处理业务员根据大头笔所填的地址名称分拣,大幅提高了分拣的效率。

2. 按编码分拣

按编码分拣就是处理人员按照运单上所填写的城市航空代码、邮政编码或电话区号进行分拣。按编码分拣有利于分拣的自动化。一些快递企业还根据自身业务网络和特色,创建了独特的编码,便于企业内部使用。

按地址分拣和按编码分拣不是截然分开的两种方式,在具体操作过程中两者相互补充,有利于快件准确地分拣到其实际寄达地。

3. 地址书写知识

××路(街)××号××运单地址栏的最小单位应该写到"××路(街)××号""××路(街)××号××大厦"或"××路(村)××工业区"。如果是寄往某地购物中心、大型商城、超市、集贸市场的快件,由于这些地方往往楼层复杂、专柜较多,为便于分拣和派送,这些快件的地址栏还应注明专柜名及号码。因此,快件业务员在分拣时应认真辨认,确定运单所填地址是否完整、有效。

对于地址填写不完整、地址内容前后矛盾的快件,业务员应利用运单上的多种信息,例如邮政编码、电话区号、城市航空代码等进行辨析,确定正确的地址。实在无法辨认的应该剔除出来,交有关人员处理。

三、快件分拣方式

快件分拣方式按使用工具的不同,一般分为三种方式:人工分拣、半自动机械分拣、自动化分拣。目前大部分处理中心主要采用自动化分拣设备进行分拣。无论采用哪种分拣方式,都不得有抛掷、摔打、拖拽等有损快件的行为。对于优先快件、到付件、代收货款件等,要单独分拣。

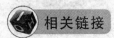

分 拣 员

在处理中心,分拣员是一类工作岗位的统称,除在分拣线上按格口执行分拣快件分拣任务的工位外,其工位分布还有卸车口、上货口、巴枪扫码、包裹翻面朝上、分拣机上包口、拉包、包装、贴面单等。

(一)人工分拣

人工分拣是快递分拣的最初形态,以人工肉眼分拣搬运为主,如图6-1所示。但随着电商的发展,订单分拣量迅速增大,单凭人工分拣必将无法完成分拣任务,甚至会拖配送效率与服务质量的后腿。为响应市场需求,各种分拣设备随之产生并投放使用。但在信件类、大件、超重、异形等无法使用分拣机处理的超规格包裹的分拣中,人工分拣仍发挥着重要作用。

图6-1 人工分拣快件现场

分拣作业方式的改进

作业方式是影响分拣质量、分拣效率的最大因素,分拣质量、分拣效率的提高离不开作业方式的改进。虽然自动分拣设备太昂贵,但手工方式的效率太低、差错率太高,又满足不了快递服务质量的发展要求。快递企业可以量身定做,适当地选择"自动化"程度。分拣作业的自动化进度可分为两方面:一方面是快件搬运。在分拣过程中,快件的搬运移动消耗了分拣人员大部分体力和时间,因此可以适当地选择辅助搬运设备,如滚轴传送带、自动输送机等,减少分拣人员在搬运方面的体力消耗和时间,从而把主要的时间和精力放在快件的分类拣取方面,提高分拣的速度和准确度。另一方面是分拣区域确定。分拣区域确定是分拣操作的核心,是决定分拣质量的主要环节。采用人工方式确定分拣区域难度大、效率低,因此可采用计算机辅助的方式,如上面提到的预先确定分拣区域,由计算机提示分拣区域,分拣员依照指示进行拣取、摆放的方式,开发自动根据地址生成分拣区域代码的程序等。总之,让分拣作业简单化、减少分拣用时、提高分拣准确度是分拣作业改进的终极目标。

1. 信件类快件分拣

在分拣信件类快件时,应注意以下操作要求。

(1) 分拣时操作人员站位距分拣格口的距离要适当,一般在 60～70cm。

(2) 一次取件数量在 20 件左右。快件凌乱不齐时,取件时顺势整理。

(3) 采用右手投格时,用左手托住快件的右上角,左臂托住快件的左下角,或左手托住快件左下角,拇指捻件,右手投入并用中指轻弹入格。左手投格时的操作相反。

(4) 分拣后的快件,保持运单一面向上并方向一致。

(5) 分拣出的其他非本分拣区域的快件及时互相交换。

2. 包裹类快件分拣

(1) 将运单一面向上摆放,注意保护运单的完整。

(2) 易碎快件要轻拿轻放,分拣距指定放置点 30cm 以下才能脱手。

(3) 按大不压小、重不压轻、木不压纸、金属不压木的原则分拣。

(4) 分拣的快件格口和堆位要保持一定间距,防止串格和误分。

(5) 赶发运输时间和处理时限较短的快件要集中摆放到指定区域,便于封发。

(二) 半自动机械分拣

半自动机械分拣是人机结合的分拣方式,能使待分拣快件通过输送装置传输到接件点,由操作人员将分拣到位的快件取下,如图 6-2 所示。其特点是能连续不断地分拣,减轻操作人员的劳动强度,提高分拣效率。半自动机械分拣方式一般采用输送设备,主要组成部分是传送带或输送机。

在利用带式传输或辊式传输设备分拣包裹类快件时,应注意以下操作要求。

(1) 快件在指定位置上机传输,运单一面向上,平稳放置,宽度不得超过传输带的实际宽度。

(2) 快件传输至分拣工位,分拣人员及时取下快件。未来得及取下而带过的快件由专人接取,再次上机分拣或手工分拣。

(3) 看清运单寄达目的地、电话区号、邮编后,准确拣取快件。

(4) 不得跨越、踩踏运行中的分拣传输设备。

图 6-2 半自动机械分拣操作现场

（5）不得随意触摸带电设备和电源装置。

（6）身体任何部位都不得接触运行中的设备。

（7）拣取较大快件，注意不要刮碰周围人员或物体；拣取较重快件，注意对腰部、脚等的保护。

（8）不使用挂式工牌，女工留短发或戴工作帽，分拣时不许戴手套。

（三）自动化分拣

自动化分拣是指由分拣设备根据对分拣信号的判断，完成快件分拣的一种方式。其特点是能实现连续、大量地分拣，信息采集准确，分拣误差较小。自动分拣作业基本实现了无人化，使劳动效率大幅提高。

自动分拣系统一般由输送机械部分、电气自动控制部分和计算机信息系统联网组合而成。它可以根据用户的要求、场地情况，对快件按地址、编码进行自动分拣、装袋的连续作业。常见自动分拣系统包括交叉带式分拣系统和智能机器人分拣系统。

1. 交叉带式分拣系统

交叉带式分拣系统是一种采用双向可控运行的交叉带式小车作为载运和下载容器，将快件按事先设定要求分拣入格的系统（详见项目三任务二）。交叉带式分拣系统由自动上包系统、主机运行系统、动力电源系统、条码自动识别系统和计算机控制系统等组成。交叉带式分拣系统在本书项目三中做了详细的介绍，本节重点介绍全自动智能分拣机器人。

 案例

智能科技设备服务"双 11"，让快递中转更安全高效

对于快递行业来说，在"双 11"结束后，快递高峰才拉开序幕。据邮政部门预计，"双 11"旺季产生的邮件快件将在 11 月 20 日前基本完成投递。那么在此期间，邮政快递业是如何应对旺季挑战的？2022 年 11 月 15 日上午 8:30，德邦上海嘉定转运中心内，当车辆经过场站调度停靠到固定月台时，只见伸缩皮带机自动伸长到车厢内部，分拣人员将货物扫描放置到皮带机上，货物通过皮带机运输到自动化分拣设备上。这是德邦快递公司首

创拥有专利的大小件融合多层立体自动化分拣系统,能将叠在一起的快件在传送带上进行分离,有效地降低了物件的破损率。

这台设备的工业照相机在标签识别上采用360°六面环绕条形码识别的技术,通过工业照相机对货物信息进行无接触识别,再自动达到自动模组带区域,转向轮根据货物的收件地自动分拣归类,不用再将所有快件的条形码翻动朝上,减少人工分拣时间,降低失误率。这套分拣系统最快时单小时分拣货物峰值达到2.5万多件,单日分拣货物峰值可达50多万件。相较于原有人工分拣方式,工作效率提升3倍以上。也正是这套系统,实现了德邦快递"双11"旺季人力、场地、车辆的全面升级。

(资料来源:https://baijiahao.baidu.com/s?id=17498120412078935328&wfr=spider&for=pc)

2. 智能机器人分拣系统

基于快递企业高效、准确的分拣需求,智能分拣机器人应运而生。智能分拣机器人与工业相机的快速读码及智能分拣系统相结合,可实现包裹称重、读码后的快速分拣及信息记录交互等工作。智能机器人分拣系统可大量减少分拣过程中的人工需求,提高分拣效率及自动化程度,并大幅度提高分拣准确率。

(1) 概念。智能分拣机器人在机器人调度系统的管理下,借助工业相机与电子秤等外围设备,准确完成扫码和称重,可快速实现对快递面单的信息读取、投递位置译码、快递包裹的最优路径投递、快递包裹路径信息的记录和跟踪等。智能分拣机器人就像一个个小工人,自己就有"眼睛",工作时能通过"看"地面上粘贴的二维码给自己定位和认路。所有智能分拣机器人都会听从一颗大脑——机器人调度系统的指挥。

(2) 分类。目前智能分拣机器人可适用于不同的分拣场景,包括小件分拣、大件分拣以及无钢平台落地式分拣,能够很好地应用于快件处理中心、邮政分拨中心、电商的分拣场景。

① 小件分拣机器人。小件分拣机器人如图6-3所示,主要针对10kg以下、规格在30~40cm的小包裹分拣作业;单台机器人在供件处可以装载1件包裹,然后分拣到格口。移载机构支持双向投递分拣,需要在格口处支持向两侧投递包裹。投递格口尺寸为60cm×60cm,能够适应大多数尺寸的小件包裹投递。

图6-3 小件分拣机器人

思政园地:科技强国 伟大复兴

小黄人智能分拣技术

世界第一台AGV诞生于1953年,随后AGV的研究在欧美地区起步,而中国在1976年才研制出第一台AGV。从技术引进到自主研发,短短二三十年的时间里,中国本土企业已经实现了在AGV/AMR领域的弯道超车。小黄人智能分拣技术就是其中之一。

小黄人智能快递分拣机器人系统是全球首创,智能快递分拣机器人用于完成包裹包装后将其根据目的地来分拣、归类。每台机器人都具有路径自动识别系统,通过主信息系统来统一指挥调度,但同时任何单台机器人出现故障都不会影响其他机器人的正常工作。

与传统的半自动化皮带机和交叉带自动分拣系统相比,"小黄人"成本相对较低,且采用了并联而非串联方式。此外,"小黄人"还有以下优点:可以实现 24 小时不间断分拣;占地面积小,以快递分拣中心为例,同等分拣业务量情况下,占地面积不到其他方式的 1/2;分拣效率高,每小时可以完成 18 000 件快件分拣,可减少 70% 人工;节能、精准、高效,提升工作效率;维护成本低,可以大幅降低物流成本;智能快递分拣机器人搭配少量人工操作员,能实现扫码、称重、分拣功能"三合一",能够识别快递面单信息,以最优路线投递。

小黄人智能分拣技术创新只是中国企业进步的缩影。而在未来,中国 AGV 企业肯定会推出更多从 0 到 1 的创新产品,我们为之自豪。而作为新时代的青年学生,更要不断学习科学知识、增强创新能力,为国家科技进步贡献自己的力量。

(资料来源:https://baijiahao.baidu.com/s?id=17054341395959192568wfr=spider&for=pc)

思政讨论:科技改变生活,你还了解快递领域的哪些高科技?

② 大件分拣机器人。大件分拣机器人如图 6-4 所示,体积和重量较大,可分拣最重低于 100kg 的包裹;且双辊道载具支持机器人一次分拣两件包裹,既可以应用于小件包裹的二次分拣,也可以应用于大件、异形件包裹的分拣。

③ 落地式分拣机器人。落地式分拣机器人如图 6-5 所示,分拣重量为 20kg,可分拣尺寸大于 50cm×50cm 的包裹,与交叉带式分拣机相当。分拣效率低至一两千件/小时,高到几万件/小时,可灵活应用于不同的分拨场景。

图 6-4　大件分拣机器人

图 6-5　落地式分拣机器人

(3) 机器人分拣作业流程。

① 揽件。包裹到达分拣中心后,卸货至皮带机,由工作人员控制供件节奏,包裹经皮带机输送至二楼的拣货区工位。

② 放件。工人将包裹以面单朝上的方向放置在排队等候的自动分拣机器人上。

③ 分拣。分拣机器人按路径将包裹准确投放至目的地下货口后回到工作台,投入下一轮包裹分拣工作。

(4) 特点。

① 运行速度快。机器人虽然身材小,但一旦开启工作模式,运行速度可达 3m/s。

② 自动称重读码分拣。能快速辨别每一个快件的信息,自动完成称重、读码、分拣等一系列工作。

③ 自主充电,智能避障,节能环保。低电量时可以自主充电,自主避障,完成充电后

返回工作,24小时不间断地运行;机器人分拣系统用电功率较相同规模的交叉带式分拣机的实际消耗功率低,且均由低功率直流可充电电池供电,节能环保。

④ 多重安全防护。支持超声波避障检测、急停按钮、碰撞防护海绵等多级安全防护,实现安全可靠的运动控制。智能分拣机器人将包裹投递到对应卸货口后,包裹会通过卸货口下的28°滑槽平稳滑入包裹暂存位,等待工人打包,大幅降低包裹在人为分拣中造成的意外损坏。

⑤ 数据实时监控。机器人的大脑(智能分拣系统)通过无线网络通信对整个区域的运行情况和数据进行实时监控和交付,保证有效性和可靠性。

⑥ 经济高效。2 000 m^2 左右的仓库,运用一套分拣系统,300台分拣机器人每小时可分拣2万件包裹。

⑦ 分拣差错小。分拣机器人采用静态卸载,只要包裹面单信息正确,理论分拣差错率为0。

⑧ 人工成本低。分拣机器人处理系统的人员工位布置紧凑、人均效能提高,相同处理效率下与交叉带式分拣机系统相比可节约用工约40%。

四、快件分拣作业流程

(1) 相关员工在规定时间、地点集合,参加班前例会。

(2) 例会结束后,进入操作场地,向班组长领取相关的操作物料、设备(大头笔、胶带、防护手套、环保总包袋、手持终端设备),如图6-6~图6-10所示。

微课:快件分拣流程及注意事项

图6-6 大头笔

图6-7 胶带

图6-8 防护手套

图6-9 环保总包袋

图6-10 手持终端设备(PDA)

(3) 检查相关操作设备能否正常使用,如果异常,立即找相关人员修理。

(4) 分拣员根据普通面单大头笔标记、电子面单二段码、包件、包签等信息进行分拣,并区分大件、小件、包件(直达包、中转包)等。

(5) 使用交叉带或智能分拣设备的处理中心,须在操作前将环保总包袋与设备落口绑定。

(6) 分拣员应将快件放在供件台上,面单朝上对准扫描区域。文件及异形件,应转人工分拣操作。

(7) 分拣过程中要看清货物地址或编码,准确分拣。如果分拣错误,应将货物重新放入流水线,重新回流。

(8) 分拣过程中遇到问题件时,应及时做相应的处理或找专人处理,遵守职业道德,不得监守自盗。

(9) 检查是否有遗留货物,仪器设备是否正常。

(10) 做好本班次的交接和记录工作。

五、快件分拣操作注意事项

1. 文件类快件分拣操作注意事项

对于文件类快件,快递企业一般采用人工分拣方式。按照收件人的地址(或邮政编码、电话区号、航空代码)将文件类快件投入分拣格口内或分拣筐内。对文件类快件进行分拣时需注意以下几项。

(1) 一次取件数量不宜过多或过少,一般 20 票左右为宜。取件过多容易导致处理人员很快疲劳,加重工作负担;取件过少则会导致工作效率降低。

(2) 注意观察文件封是否有破损现象。在确定内件未遗失的情况下,用胶带进行粘贴加固,同时在运单备注栏进行批注。

(3) 分拣后将所有快件运单一面向上并方向一致,然后进行逐票扫描,建立总包。

(4) 扫描时发现非本分拣区域的快件时应及时交换。

2. 包裹类快件分拣操作注意事项

对于包裹类快件,快递企业一般采用人机相结合的半自动分拣方式。利用输送机(主要有皮带输送机、链板输送机、滚筒输送机等)将快件传送到分拣格口,处理人员按照收件人的地址(或邮政编码、电话区号、航空代码),及时、准确地拣取快件,将快件从输送机上搬下。对包裹类快件进行分拣时需注意以下几项。

(1) 快件在输送机上传送时,应注意运单一面向上,平稳放置。快件不宜放到输送带边缘处,防止快件在传送时跌落输送带。

(2) 超大、超重快件不允许上输送机传送。

(3) 取件时,较轻快件双手抓(托)住快件两侧,较重快件双手托住底部或抓牢两侧的抓握位,贴近身体顺快件运动方向拣取,防止扭伤腰部。

(4) 对于错分的快件应及时放回输送机传送,当班次分拣结束时,还应去快件溢流口查找是否有漏分快件。

3. 小件分拣操作注意事项

小件分拣时,分拣员在小件被扫描后,根据目的省份或城市的不同,将小件进行粗分拣,即将扫描完成的快件放置在目的地所属省份的分拣区域,及时反馈货物的异常情况,发现货物破损和遗失时,应及时报告组长处理。

分拣员将粗分拣的小件再进行二、三级分拣,即将快件放置到目的省份区域(如南京地区、苏北地区、无锡地区等)所属的分拣区域。

对同一目的地的小件进行集装操作,并将集装后的总包袋封口,制作打包标签,粘贴在总包袋上。每个工作班次结束前,对操作岗位做一次检查,确保没有快件遗漏,检查扫描枪的数据是否保存正常。

4. 大件分拣操作注意事项

大件分拣时,面朝快件传来方向,与流水线站立成45°角,防止快件从流水线上落下砸伤脚部;按照快件运单上标注的路区代码,把快件分拣至相应的隔离区域内,分拣时应检查路区代码标注是否正确;把快件从流水线上拨下时,应先试探快件重量,发现快件较重时,应注意外包装是否牢固,搬运时必须双手搬运,注意双脚的距离与双肩宽度保持一致,防止内寄物从外包装中脱落砸伤脚部。拨货时注意手指不要放入流水线皮带缝隙内,防止夹伤。

快件脱手时,应注意按垂直离地50cm,水平距离100cm,易碎件垂直距离30cm,水平距离50cm的原则脱手,否则将视为野蛮操作。

当流水线旁堆积快件较多影响拨货分拣时,应及时提醒扫描员,或报告组长,进行人员调配。

任务二　国内快件的分拣

任务导入

小李来到快递分拣部门后,发现快件中转关系对快递企业的中转效率起着重要的作用,同时对一个企业的快递运输网络的设计也有着直接的影响。我国快递企业是依据什么来决定快件的中转关系呢?

各快递企业依据快件流量、流向的变化以及交通运输网和企业营运网络等因素,在一定时间内确定快件直封和中转关系。由于各快递企业的快递网络覆盖不同,运输线路各不相同,因而中转关系也不相同。

一、我国的行政区划及快件的中转关系

1. 我国的行政区划

目前我国一级行政区划共有34个,其中包括23个省、5个自治区、4个直辖市和2个特别行政区;二级行政区划包括333个地级行政区划(地级市、地区、自治州、盟);三级行政区划包括2 844个县级行政区划(县、自治县、县级市、市辖区、旗)。

微课:我国的行政区划及快件的中转关系

2. 快件的中转关系

明确快件的中转关系对于正确分拣至关重要,快件的中转关系与快递企业的快递网络布局,尤其是各级中转中心的设置紧密相关。由于各快递企业的网络不同,其中转关系也不尽相同。下面以某快递企业在浙江省、江苏省和山东省的网路布局为例予以说明。

相关链接

快递处理(分拨)中心的分级

目前,各快递企业一般都会按照功能定位将快递处理(分拨)中心分为一级处理(分拨)中心、二级处理(分拨)中心、三级处理(分拨)中心三个级别。

一级处理(分拨)中心是指在辐射全国或重要区域的枢纽分拨中心,一般设置在一线城市,日处理快件量在数十万件以上。如北京、上海、武汉等地的分拨中心,辐射周边和全部、部分干线运输线路和地区。

二级处理(分拨)中心提供的是区域或地区分拨服务,一般设置在二线城市或部分三线城市,日处理快件量在几万件以上。如杭州、济南、潍坊等。

三级处理(分拨)中心提供的地区分拨服务,一般设置在三线城市或地级市,日处理快件量在10 000件以下。

(1) 浙江省快件的中转关系。浙江省,省会是杭州市。北部与江苏、上海交界,西部与安徽、江西交界,南面与福建为邻。根据浙江省公路运输实际情况(图6-11),可以在杭州设一级中转中心,宁波、金华设二级中转中心,各主要城市设营业网点。杭州中转中心负责经转湖州、嘉兴、绍兴、桐乡、海宁等地的快件;宁波中转中心负责经转舟山、象山、台州、奉化、慈溪等地的快件;金华中转中心负责经转温州、丽水、衢州、义乌、永康等地的快件。

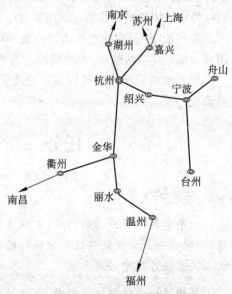

图6-11 浙江省主要公路运输

(2) 江苏省快件的中转关系。江苏省,省会是南京市。北部与山东、西部与安徽、南部与浙江、东南与上海为邻。根据江苏省公路运输实际情况(图6-12),可以在南京设一级中转中心,苏州、淮安设二级中转中心,各主要城市设营业网点。南京中转中心负责经转扬州、泰州、常州、镇江等地的快件;苏州中转中心负责经转无锡、南通、昆山、常熟等地的快件;淮安中转中心负责经转徐州、宿迁、连云港、盐城等地的快件。

(3) 山东省快件的中转关系。山东省,省会是济南市。位于山东半岛,西北部与河北、西部及南部与河南,南部与江苏分拨接壤。根据山东省公路运输实际情况(图6-13),可以在

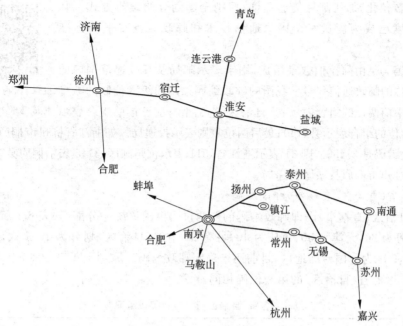

图 6-12　江苏省主要公路运输

潍坊设一级中转中心，济南、烟台设二级中转中心，各主要城市设营业网点。潍坊中转中心负责经转东营、淄博、青岛、日照等地的快件；济南中转中心负责经转德州、滨州、聊城、菏泽、济宁、泰安等地的快件；烟台中转中心负责经转龙口、蓬莱、威海、乳山等地的快件。

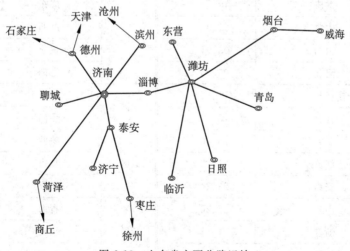

图 6-13　山东省主要公路运输

二、国内邮政编码

1. 我国邮政编码的制定和组成

邮政编码（postal code）又称邮递区号，是一个国家或地区为实现邮件分拣自动化和邮政网络数位化，加快邮件传递速度，而把全国划分的编码方式。邮递区号制度已成为衡量一个国家通信技术和邮政服务水平的标准之一。

邮政编码是由阿拉伯数字组成，用来表示邮局及其投递范围内的居民和单位的邮政通信代号。我国的邮政编码采用四级六位制的编排方式。其中前两位的组合表示省（自治区、直辖市）；前三位的组合表示邮区；前四位的组合表示县（市）；最后两位数则表示投递局。如浙江省杭州市桐庐县人民政府，其邮政编码是311500，则31表示浙江省，311表示杭州邮区，3115表示桐庐县，311500表示浙江省杭州市桐庐县城区投递局。

微课：国内邮政编码、电话区号及航空代码

2. 各省（自治区、直辖市）邮政编码代号

省（自治区、直辖市）码即邮政编码的前两位码由国家统一分配，如表6-1所示。北京为10，上海为20，天津为30，重庆为40，另有28个省（自治区）划分为10个大区，分别用0~9表示，9区为我国台湾地区，目前还未确定邮政编码。原则上每三个省（自治区）划为一区，同一区的省（自治区）的第一位码相同。

表6-1 各省（自治区、直辖市）邮政编码分配

大区	省（自治区、直辖市）	编码代号	大区	省（自治区、直辖市）	编码代号
	北京	10		湖南	41、42
	上海	20	4区	湖北	43、44
	天津	30		河南	45、46、47
	重庆	40		广东	51、52
	内蒙古	01、02		广西	53、54
0区	山西	03、04	5区	贵州	55、56
	河北	05、06、07		海南	57
	辽宁	11、12		四川	61、62、63、64
1区	吉林	13	6区	云南	65、66、67
	黑龙江	15、16		陕西	71、72
	江苏	21、22	7区	甘肃	73、74
2区	安徽	23、24		宁夏	75
	山东	25、26、27		青海	81、82
	浙江	31、32	8区	新疆	83、84
3区	江西	33、34		西藏	85
	福建	35、36	9区	台湾	暂无

三、国内电话区号

电话区号是指世界各大城市所属行政区域常用电话区划号码，这些号码主要用于国内、

国际长途电话接入。例如,中国大陆国际区号 86,北京区号 10,上海区号 21 等。要拨国内长途电话,先拨地区号码(区号前加 0),然后拨对方用户号码即可。主要城市的地区号码:北京 010、上海 021、天津 022、杭州 0571、广州 020、桂林 0773、昆明 0871、济南 0531。

由于不同地方使用不同的电话区号,这样就可以利用电话区号作为快件分拣、复核的一个重要依据。当然,在快递面单上填报电话号码更重要的意义还在于方便业务员和客户直接进行电话沟通。我国电话区号的编号布局见表 6-2。

表 6-2 电话区号的编号布局

大区	省级行政区	电话区号编号	大区	省级行政区	电话区号编号
	北京	10	华中区	湖北	71×、72×
	上海	21		湖南	73×、74×
	天津	22		江西	79×、70×
	重庆	23	华南区	广东	75×、76×
华北区	河北	31×、32×、33×、34×		广西	77×、78×
	山西	35×、36×		海南	898
	河南	37×、38×、39×、30×	西南区	四川	81×、82×、83×、84×
东北区	辽宁	41×、42×		贵州	85×、86×
	吉林	43×、44×		云南	87×、88×
	黑龙江	45×、46×		西藏	80×、89×(不含 898)
	内蒙古	47×、48×		陕西	91×、92×
华东区	江苏	51×、52×	西北区	甘肃	93×、94×
	山东	53×、54×		宁夏	95×、96×
	安徽	55×、56×		青海	97×、98×
	浙江	57×、58×		新疆	99×、90×
	福建	59×、50×	香港、澳门、台湾特例		

注:×表示任意阿拉伯数字。

四、国内城市航空代码

国际航空运输协会(International Air Transport Association,IATA)是一个由世界各国航空公司所组成的大型国际组织,其前身是 1919 年在海牙成立的国际航空业务协会。国际航空运输协会正式成立于 1945 年 4 月 16 日,总部设在加拿大蒙特利尔,执行机构设在瑞士日内瓦。

国际航空运输协会(IATA)将其成员国国家名称用两个英文字母表示(英语名称缩写),城市名称以及其使用的机场名称用三个英文字母表示,以方便各国及地区航空运输企业之间的运输业务划分与合作。此代码被称为两字代码和三字代码(IATA AREASAND CITY/AIRPORT CODES)。我国主要航空公司的航空代码(两字代码)如

表 6-3 所示，我国主要城市的机场航空代码（三字代码）如表 6-4 所示。

表 6-3　我国主要航空公司的航空代码（两字代码）

中文名称	英文名称	航空公司代码	运单 3 位前缀
中国国际航空股份有限公司	Air China Limited	CA	999
中国南方航空股份有限公司	China Southern Airlines Company Limited	CZ	784
西部航空有限责任公司	West Air Co.,Ltd.	PN	847
中国东方航空股份有限公司	China Eastern Airlines Corporation Limited	MU	112
厦门航空有限公司	Xiamen Air	MF	731
山东航空股份有限公司	Shandong Airlines Co.,Ltd.	SC	324
深圳航空有限责任公司	Shenzhen Airlines	ZH	479
海南航空股份有限公司	Hainan Airlines Holding Co.,Ltd.	HU	880

表 6-4　我国主要城市的机场航空代码（三字代码）

城市名称	航空代码	机场名称	所属省级行政区
广州市	CAN	白云国际机场	广东
郑州市	CGO	新郑国际机场	河南
长春市	CGQ	龙嘉国际机场	吉林
重庆市	CKG	江北国际机场	重庆
长沙市	CSX	黄花国际机场	湖南
成都市	CTU	双流国际机场	四川
大连市	DLC	周水子国际机场	辽宁
福州市	FOC	长乐国际机场	福建
海口市	HAK	美兰国际机场	海南
呼和浩特市	HET	白塔国际机场	内蒙古自治区
合肥市	HFE	骆岗国际机场	安徽
杭州市	HGH	萧山国际机场	浙江
哈尔滨市	HRB	太平国际机场	黑龙江
南昌市	KHN	昌北国际机场	江西
昆明市	KMG	巫家坝国际机场	云南
贵阳市	KWE	龙洞堡国际机场	贵州
兰州市	LHW	中川国际机场	甘肃
拉萨市	LXA	贡嘎国际机场	西藏自治区
齐齐哈尔市	NDG	齐齐哈尔机场	黑龙江

续表

城市名称	航空代码	机场名称	所属省级行政区
宁波市	NGB	栎社国际机场	浙江
南京市	NKG	禄口国际机场	江苏
南宁市	NNG	吴圩国际机场	广西壮族自治区
北京市	PEK	首都国际机场	北京
北京市	PKX	大兴国际机场	北京
上海市	PVG	浦东国际机场	上海
上海市	SHA	虹桥国际机场	上海
沈阳市	SHE	桃仙国际机场	辽宁
石家庄市	SJW	正定国际机场	河北
三亚市	SYX	凤凰国际机场	海南
深圳市	SZX	宝安国际机场	广东
青岛市	TAO	胶东国际机场	山东
济南市	TNA	遥墙国际机场	山东
天津市	TSN	滨海国际机场	天津
太原市	TYN	武宿国际机场	山西
乌鲁木齐市	URC	地窝堡国际机场	新疆维吾尔自治区
温州市	WNZ	龙湾国际机场	浙江
武汉市	WUH	天河国际机场	湖北
西安市	XIY	咸阳国际机场	陕西
厦门市	XMN	高崎国际机场	福建
西宁市	XNN	曹家堡机场	青海
徐州市	XUZ	观音国际机场	江苏
义乌市	YIW	义乌机场	浙江
珠海市	ZUH	金湾国际机场	广东
香港特别行政区	HKG	香港国际机场	香港特别行政区
澳门特别行政区	MFM	澳门国际机场	澳门特别行政区
台北市	TPE	桃园国际机场	台湾
高雄市	KHH	高雄国际机场	台湾

任务三　国际快件的分拣

任务导入

本周小李轮转到公司的国际快件业务部实习,他发现国际快件业务相较于国内快件业务更为复杂,例如,哪些快件属于国际快件?国际快件的操作流程是怎样的?

国际快递业务兴起于20世纪60年代的美国,我国中国邮政已于1980年开始办理全球邮政特快专递(EMS)。中国国际快递是快递业务中最重要的组成部分,它是EMS、DHL、UPS、FedEx、TNT、ARAMEX等国际快递业"巨头"的主营业务,每年的业务量以30%的速度增长,在中国对外贸易工作中发挥了举足轻重的作用,为中国经济融入全球一体化作出了贡献,取得了令人瞩目的社会经济效益。

国际快递与国内快递虽然在某些操作环节上有一致性,但是由于国际快递跨越国境涉及不同国家的文化法律习俗,同时在运输操作环节、操作的方法步骤上要复杂得多,有着自身的特殊性。

案例

国际快递企业提前布局亚洲市场

2022年,联邦快递、联合包裹、敦豪无一例外地持续在中国快递市场投资升级设施,加密航线。受益于广州机场口岸营商环境,敦豪快递近十年在广州的业务始终保持增长势头,公司不断投资扩建基础设施,在白云国际机场建立专属航空快件收运区,扩建陆侧货运仓,多次加密广州至辛辛那提的直航货运航班等,为中国华南地区出口货物提供充足的舱位、运力保障和更高效的转运服务。2022年8月,敦豪快递开通中国青岛至韩国仁川的直航航线。对于联邦快递而言,其广州口岸是在中国的主要口岸之一,通过联邦快递亚太转运中心连接亚洲主要城市。2022年,联邦快递在广州新建联邦快递华南处理中心,扩建广州口岸,预计2027年投入运营。为提升中国华南地区至欧洲、亚太的空运能力,满足市场需求,联合包裹新增了中国深圳至德国科隆、印度班加罗尔货运航线。

(资料来源:https://www.spb.gov.cn/gjyzj/c200007/202301/b087428482104ee6911af81c3f4803d7.shtml)

一、国际快递服务和传递网络

(一)国际快递服务

1. 国际快递服务的概念

国际快递服务是指寄件人和收件人分别在中华人民共和国境内和其他国家或地区的快递服务,以及其他国家或地区之间用户相互寄递但通过中国境内经转的快递服务。

微课:国际快递服务概述

2. 国际快递服务的分类

按照寄达范围的不同,国际快递服务可分为国际进境快递服务和国际出境快递服务。

(1) 国际进境快递服务,也称国际进口快递服务,是指收件人在中华人民共和国境内,寄件人在其他国家或地区的快递服务。

(2) 国际出境快递服务,也称国际出口快递服务,是指寄件人在中华人民共和国境内,收件人在其他国家或地区的快递服务。

3. 国际快件的概念

国际快件是指中华人民共和国境内用户与其他国家或地区用户相互寄递,以及其他国家或地区之间用户相互寄递但通过中国境内经转的快件。

4. 国际快件的分类

(1) 按照寄达范围的不同,国际快件可分为国际进境快件和国际出境快件。

① 国际进境快件,也称国际进口快件,是指从其他国家或地区寄往中华人民共和国境内的快件。

② 国际出境快件,也称国际出口快件,是指从中华人民共和国境内寄往其他国家或地区的快件。

(2) 按内件性质不同,国际快件可分为文件类快件、个人物品类快件和货物类快件。

① 文件类快件。法律、法规规定予以免税且无商业价值的文件、单证、票据及资料。

② 个人物品类快件。海关法规规定自用、合理数量范围内的进出境的旅客分离运输行李物品、亲友之间相互馈赠物品和其他个人物品。

③ 货物类快件。文件类及个人物品类以外的进出境快件。

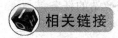

关境和国境的区别

1. 概念区别

国境是指一个国家行使全部国界主权的国家空间,包括领陆、领海、领空;关境是各国政府海关管辖内的并要执行海关各项法令和规章的区域,也称关税领域。

2. 空间区别

(1) 关境大于国境的情况。两个或两个以上国家结成关税同盟后,形成同盟的共同关境。各成员国各自的关境将不再存在,关税同盟的关境即是每一个成员国的关境。因此,各成员国的关境大于其国境。

(2) 关境小于国境的情况。一个较为普遍的观点认为,保税区、保税仓库、自由港、自由区等区域(以下统称自由区)属于关境外地区,因此,设立了这些自由区的国家(或地区以下略),其关境就会小于其国境。

① 该国设立自由区,并在其海关法或关税法中明确规定。例如,《美国联邦法规汇编》中关于美国对外贸易区的规定。

② 历史的原因。例如,我国香港特别行政区和台湾都有自己的海关法,《中华人民共和国海关法》在这些地区不适用。这就使我国(大陆)的关境小于我国的国境。

③ 地理位置的原因。例如,美国远在太平洋中的关岛,法国的圣皮埃尔和密克隆群

岛、马约岛等海外领土,在美、法两国海关法中都被列入各自关境以外地区。

④ 国家间条约。例如,根据前述德国与奥地利两国海关条约,奥地利的容古尔兹和米特尔堡划入德国关境,奥地利关境就小于其国境。

(资料来源:https://baike.baidu.com/item/%E5%85%B3%E5%A2%83/1647480? fr=aladdin)

5. 国际快递服务的特点

相比于国内快递服务,国际快递服务具有以下特点。

(1) 国际快递服务的操作流程更复杂。国际快递服务除了包含国内快递服务所必需的操作环节,同时由于快件在不同国家流转,还需要帮助客户办理进出口清关服务。

(2) 国际快递服务实施的难度更大。要顺利完成国际快递服务,需要依赖快递企业庞大的全球性网络或网络联盟才能够实现。

(3) 国际快递的资费不仅受到不同国家快递资费标准的影响,而且受到国际汇率变动的影响,结算过程更加复杂。

(4) 国际快递对所寄物品的规定和限制,不但要遵守国内有关法律法规的规定,而且受国际通用标准和收件人所在国有关法律法规的影响。

(二) 国际快件业务的传递网络

目前国际快件业务的传递网络主要有两种模式。

1. 口岸中心和交换站模式

口岸中心的任务是向国外封发快件总包和接收、开拆、清关、处理国外发来的快件总包以及转发散寄过境的国际快件。主要负责对国际快件进行清关。交换站的任务是与寄达国(地区)交换站或其所委托的运输企业直接交换国际快件总包。

2. 国际转运中心和口岸中心模式

国际转运中心的任务是接收各地口岸中心封发来的快件总包,按照正确的中转路由进行分拣、中转给各地口岸中心。口岸中心的任务是接收、开拆、处理(清关)由国际转运中心转发的快件总包以及向国际转运中心封发快件总包。主要负责对国际快件进行清关。

二、国际出口快件的处理

1. 出口快件操作流程

取件→分拣→制单→报关→海关放行→报检→安全检查→复磅→入库→交单→出口预报。

微课:国际出口快件的处理

(1) 取件记录:记录客户信息,记录发件信息,确认发件要求,填写计件单。

(2) 通知取件:传达取件信息,确认通知已否,确认取件已否。

(3) 派送员取件:做好取件前的准备,按要求完成取件任务。

(4) 出口交接:返回公司,将货物及取件路单交出口人员分拣,现金交财务。转运出口件提货后,将货物及转运清单交出口人员进行核对、分拣。

(5) 出口准备:核对及查验,对分运单及发票进行扫描,输机,出口分拣与拼装,填写报关单,挂签,封包,称重,填写民航交接单,汇总报关文件,打印出口清单,打制总运单。

(6) 报关交运：货发机场，报关，海关检查，安全检查，与民航完成货物及单据的交接。
(7) 发预报：航班预报，货物预报。

2. 出口环节的主要作业内容
(1) 发件人打电话，委托快件公司发件。
(2) 客服记录，并通知派送员取件。
(3) 派送员取件后回公司，交给出口作业人员（内勤）。
(4) 出口作业人员，将货件按出口口岸进行分拣并装袋。
(5) 口岸作业人员，制作出口单证，将货物交给指定承运人。
(6) 国际航班将货物运至跨国快递公司的指定分拣中心（世界各地）。
(7) 该分拣中心将"来自不同地区的、发往同一地区的"货物进行合并，转运至最终目的地。

3. 国际出口快件分拣前的复核
为了顺利清关，对国际出口快件分拣前应重点复核快件运单袋内的快件运单、形式发票及相关的报关单据，同时对每票快件进行复重。复核内容包括以下几点。
(1) 报关相关单证是否齐全。
(2) 快件的品名是否详细。
(3) 与海关或相关规定是否相符。
(4) 申报价值是否违规。
(5) 快件外包装有无破损、油污、水湿等异常情况。
(6) 快件内物品是否为禁寄品。

三、国际进口快件的处理

1. 进口快件操作流程
接收预报→预清关→提货→进库→清关→分拣→中转→派送。
(1) 接收预报：填写每日进口航班预报表，完成每日航班日志。
(2) 预清关：将货物名称译成中文，将数据传输到海关，接收海关反馈（放行/报关/查验）。
(3) 提货：从民航窗口提取随机单据，从民航仓库提货。
(4) 进库：到货扫描，核对货物，粗分拣，存放。
(5) 清关：进口直运件，通知收件人准备清关文件；进口转运件，办理监管转运手续。

2. 进口环节的主要作业内容
(1) 货物到达目的地口岸，进口作业人员清关提货后，转至进口分拣中心。
(2) 分拣中心作业人员，将货物进行分拣。
(3) 本地快件交派送员，非本地快件再做转运。
(4) 派送员完成派送，收件人在派送路单上签字。
(5) 派送员将签收人姓名输入扫描枪，回到公司后将该信息传输到作业信息管理系统。
(6) 分拣：做 DOX（文件）的 AR（货物到达）扫描；本地按路区分拣，外地按城市分拣；做 WC（准备派送）/FD（转交其他快件公司）扫描；打印派送路单及外地转运清单；异常货物的处理。

(7) 中转:选择便捷的运输方式,将货物转至目的地。

(8) 送件:合理安排派送路线,收取相关费用(垫付的关税、到付运费等),客户签收。

(9) 交接/核对:报告派送结果,上交派送路单及疑难件。

任务四　快递处理中心质量管理

任务导入

小李结束了为期两周的快件分拣业务的学习,又来到处理中心的质量管理部实习。每月月初质量管理部都会制定一份质量分析报告,并传抄给各个部门经理。各部门经理需要根据报告中的相关问题提交改进方案,这些方案过会商讨后,就会进入执行阶段。那么,每个月的质量分析报告都由哪些指标组成呢?这些数据又是如何计算出来的呢?

快递处理中心的质量管理主要包括两个方面:作业质量管理和服务质量管理。对于处理中心作业质量管理的衡量可以通过作业质量指标体系来实现,通过对作业质量指标的分析对比,可以有针对性地去查找出现的问题及原因,进而制定出可行的改进方案。而处理中心服务质量的管理指标主要包括时效类指标和操作类指标,其管理方式与网点的服务质量管理类似。

一、快递处理中心作业质量管理

快递处理中心的作业质量指标体系由三大类指标构成:操作量指标、操作效率指标和操作成本指标。

(一) 操作量指标

操作量是反映各环节的工作量的总和、作业强度、作业能力以及作业中心作业能力的主要指标。操作量可以按不同作业环节分别进行统计。

微课:快递处理中心质量指标管理

(1) 作业中心日均处理量,是指作业中心在一个统计周期内流转快件总量与统计天数之比。统计的单位分别有票数、件数、重量。

$$日均处理量 = \frac{统计期内处理的快件总量}{统计天数}$$

(2) 人均操作量,是指在一个统计期作业中心操作的快件总量与操作人数之比。统计的单位分别有票数、件数、重量。统计周期一般是按天或按月计。

$$人均操作量 = \frac{统计期内操作总量}{操作人数}$$

(3) 人均装卸量,是指在一个统计期作业中心装卸的快件总量与装卸人数之比。装卸的快件总量包括进站和出站的装卸量。统计的单位分别有件数、重量。统计周期一般是按天或按月计。

$$人均装卸量 = \frac{统计期内装卸总量}{装卸人数}$$

(4) 人均分拣量,是指在一个统计期作业中心分拣的快件总量与分拣人数之比。统计的单位分别有票数、件数。统计周期一般是按天或按月计。

$$人均分拣量 = \frac{统计期内分拣总量}{分拣人数}$$

(二) 操作效率指标

操作效率指标反映了作业中心整体作业能力和作业各环节的操作能力。一般以单位时间内完成的操作量来表示。主要的操作效率指标如下。

1. 装卸效率

装卸效率即单位时间装卸量,是统计期内装卸的总量除以装卸的用时的结果。统计单位一般为 t/小时、件/小时。

$$单位时间装卸量 = \frac{装卸总量(t、件)}{装卸时间(小时)}$$

2. 分拣效率

分拣效率即单位时间分拣量,是统计期内分拣的总量除以分拣的用时的结果。统计单位一般为票/小时、件/小时。

$$单位时间分拣量 = \frac{分拣总量(票、件)}{分拣时间(小时)}$$

3. 查验效率

查验效率即单位时间查验量,是统计期内查验的总量除以查验的用时的结果。统计单位一般为票/小时、件/小时。

$$单位时间查验量 = \frac{查验总量(票、件)}{查验时间(小时)}$$

4. 作业中心的作业效率

作业中心的作业效率包括进站作业和出站作业的分别统计。

(1) 进站处理能力即单位时间内能完成进站作业的快件量,是统计期内进站的快件总量除以完成进站操作用时的结果。统计单位一般为票/小时、件/小时、t/小时。

$$进站处理能力 = \frac{进站快件总量(票、件、t)}{完成作业用时(小时)}$$

(2) 出站处理能力即单位时间内能完成出站作业的快件量,是统计期内出站的快件总量除以完成出站操作用时的结果。统计单位一般为票/小时、件/小时、t/小时。

$$出站处理能力 = \frac{出站快件总量(票、件、t)}{完成作业用时(小时)}$$

(三) 操作成本指标

(1) 操作费用水平是指作业中心在一定时间内费用总量与操作的快件总量之比。统计单位有元/票、元/件、元/kg。

$$操作费用水平 = \frac{作业中心总费用}{操作总量}$$

(2) 装卸成本水平是指一段时间内装卸总费用与装卸总量之比。它反映了每单位快件进行装卸时所要耗费的成本。统计单位有元/件、元/kg。

$$装卸成本水平 = \frac{装卸总费用}{装卸总量}$$

(3) 分拣成本水平是指一段时间内分拣总费用与分拣总量之比。它反映了每分拣单位快件所要耗费的成本。统计单位有元/件、元/票。

$$分拣成本水平 = \frac{分拣总费用}{分拣总量}$$

某快递企业快件处理中心质量分析报告

某快递企业快件处理中心质量分析报告见表6-5。

表6-5 某快递企业快件处理中心质量分析报告

作业量指标	日均业务量149 586件,同比增加20.36%	日均作业人数58人,同比增加23.40%	装卸34人,同比增加17.24%	分拣24人,同比增加33.33%
操作效率指标	人均日处理量2 579件,同比下降2.47%		人均日装卸量4 440件,同比增加2.67%	人均日分拣量6 233件,同比下降9.73%
	人均时处理量322.4件,同比下降2.47%		人均时装卸量550件,同比增加2.67%	人均时分拣量779件,同比下降9.73%
操作成本	日工资总费用10 400元,同比增加40.92%	人均日工资179.31元,同比增加14.19%	装卸工资费用6 800元,同比增加11.10%	分拣工资费用3 600元,同比增加25%
	管理费用(耗、罚、赔、水、电):8 100元		装卸费用水平0.05元,同比增加8.23%	分拣费用水平0.02元,同比增加38.47%
	操作费用水平0.12元,同比增加17.08%			

分析:整体上看,在这份质量报告中,日均业务量实现了20.36%的增长。但是为了完成这些增加的业务量,使用了更多的工人,增加了23.40%,同时由于人工工资的上涨,两项因素合并引起了工资总额40.92%的增长。因此,即便业务量增加了20.36%,但操作费用水平还是上涨了17.08%。另外,从报告上看,装卸效率提高了2.67%,但分拣效率下降了9.73%,分拣费用上涨了38.47%,但分拣工资的增加只有25%,比例明显失调,还是很值得关注的。

二、快递处理中心服务质量管理

快递处理中心的服务质量指标体系包括时效类指标和操作类指标两大类指标。

(一)时效类指标

(1)班车发车准点率,是指规定时间内及时发车的比例。一般以班次、日或月为单位统计。

$$班车发车准点率 = \frac{准点发出车次数}{应发出总车次数} \times 100\%$$

准点发车才能保证快件及时到达下一环节,降低快件的延误率。处理中心不能准点发车的原因包括本频次分拣未按时完成,装车未按时完成,车辆突发故障,处理中心场地内车辆拥堵等。解决的方法包括督促处理中心按时完成分拣和装车,对车辆进行及时的检修并配备备用车辆,车辆严格按照进出的顺序进出并由专人进行指挥。

(2)班车到达准点率,是指班车准点到达的比例。一般以班次、日或月为单位统计。

$$班车到达准点率 = \frac{准点到达车次数}{应到达总车次数} \times 100\%$$

班车准点到达才能保证分拣正常进行,避免快件的延误。班车不能准点到达的原因包括车辆突发故障、交通堵塞、恶劣天气等。解决的方法包括对车辆进行及时的检修并配备备用车辆,避开经常交通堵塞的路段。

(3)延误率,是指一段时间内处理中心确定延误的快件与操作的快件总量之比。一般以月为单位统计。

$$延误率 = \frac{延误件数}{分拣操作量} \times 100\%$$

(二)操作类指标

(1)遗失率,是指一段时间内处理中心确定遗失的快件与操作的快件总量之比。一般以月为单位进行统计。

$$遗失率 = \frac{遗失件数}{分拣操作量} \times 100\%$$

(2)破损率,是指一段时间内处理中心统计破损的快件与操作的快件总量之比。一般以月为单位进行统计。

$$破损率 = \frac{破损件数}{分拣操作量} \times 100\%$$

(3)错发率,是指一段时间内处理中心确定错发的快件与操作的快件总量之比。一般以月为单位进行统计。

$$错发率 = \frac{错发件数}{分拣操作量} \times 100\%$$

(4)未建包率,是指应该建包未建包、应该直封未直封情况出现的比率。达到建包标准的快件应建立总包,降低未建包率,有利于提高作业效率。

$$未建包率 = \frac{应建未建包快件数}{应建包快件总数} \times 100\%$$

(5)快件扫描率,分为到件扫描率和发件扫描率。到件扫描率是指处理中心到件扫描量与操作总量的比率;发件扫描率是指处理中心发件扫描量与操作总量的比率。一般以班次为单位统计,用于衡量处理中心操作质量。

$$到件扫描率 = \frac{扫描到件量}{分拣操作量} \times 100\%$$

$$发件扫描率 = \frac{扫描发件量}{分拣操作量} \times 100\%$$

(6)发件漏扫率,是指漏扫快件的比例。一般以月为单位统计,用于衡量处理人员的操作质量。

$$发件漏扫率 = \frac{下站到件量 - 本站发件量}{下站到件量} \times 100\%$$

就管理本身而言，处理中心的质量管理方法、手段、工具有很多种方式，例如人机料法环、PDCA、鱼骨图等。质量管理部门需要通过各项指标数据查找发现各种类型的问题，分析原因，寻找解决问题的办法并加以实施和控制。使用质量分析报告，观测各种指标的变化是一种非常有效的发现问题的办法。

 案例

快件破损率鱼骨图

某快递处理中心的质量管理部从上月的服务质量指标的统计中发现破损率呈明显上升趋势，同比增长 3.2%，环比增长 10.7%。质管部门从人员、材料、环境、机器、方法 5 个方面做了可能产生破损的原因归类，如图 6-14 所示。

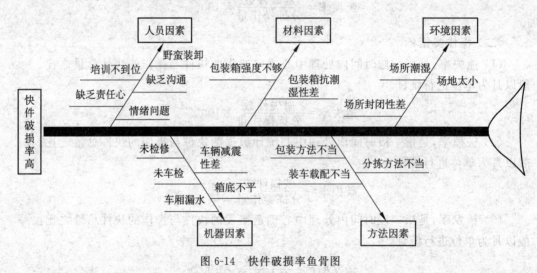

图 6-14 快件破损率鱼骨图

项目总结

项目六总结见表 6-6。

表 6-6 项目六总结

知识点	相关内容
快件分拣两种基本方式	分为快件直封和中转。快件直封就是快件处理中心按快件的寄达地点把快件封发给到达城市处理中心的一种分拣方式；快件中转就是快件处理中心把寄达地点的快件封发给相关的中途处理中心，经再次分拣处理，然后封发给寄达城市处理中心的一种分拣方式
快件分拣依据	人工分拣操作是以快递运单上收件人信息（如行政地址、邮政编码、电话区号或城市航空代码等）为依据进行的；而全自动分拣操作是以与快递运单快件编号（条形码）绑定的快件信息为依据进行的

续表

知 识 点	相 关 内 容
快件分拣方	快件分拣方按使用工具的不同，一般分为三种方式：人工分拣、半自动机械分拣、自动化分拣。常见自动分拣系统包括交叉带式分拣系统和智能机器人分拣系统
快递处理（分拨）中心的分级	快递处理（分拨）中心分为一级处理（分拨）中心、二级处理（分拨）中心、三级处理（分拨）中心三个级别
进出口快件操作流程	进口快件操作流程：接收预报→预清关→提货→进库→清关→分拣→中转→派送。出口快件操作流程：取件→分拣→制单→报关→海关放行→报检→安全检查→复磅入库→交单→出口预报
作业质量指标和服务质量指标	作业质量指标体系由三大类指标构成：操作量指标、操作效率指标和操作成本指标。服务质量指标体系包括时效类指标和操作类指标

技 能 训 练

一、单项选择题

1. 下列（   ）不是快件分拣的依据。
   A. 姓名地址   B. 邮政编码
   C. 电话号码   D. 快递外包装印刷文字

2. 关于快件分拣，下列（   ）说法不正确。
   A. 文件类包裹可以通过自动分拣系统分拣
   B. 目前大部分快递处理中心都采用自动化分拣
   C. 快件分拣方式分为快件直封和中转
   D. 智能机器人分拣是目前最先进的分拣方式

3. 下列（   ）不属于快递处理中心的作用。
   A. 仓储作用   B. 集散作用   C. 协调作用   D. 控制作用

4. 下面（   ）不是操作成本指标。
   A. 操作费用水平   B. 装卸成本水平
   C. 分拣成本水平   D. 破损费用水平

5. 关于国际快递说法错误的是（   ）。
   A. 国际快递服务是指寄件人和收件人分别在中华人民共和国境内和其他国家或地区的快递服务，以及其他国家或地区之间用户相互寄递但通过中国境内经转的快递服务
   B. 按照寄达范围的不同，国际快递服务又分为国际进境快递服务和国际出境快递服务
   C. 我国的关境范围和国境范围是一样的
   D. 国际快递服务的操作流程比国内快递服务更复杂

二、多项选择题

1. 快件分拣方按使用工具的不同，常见的分拣方式有（   ）。

A. 人工分拣 B. 半自动机械分拣
C. 叉带式分拣系统 D. 智能机器人分拣系统
2. 作业质量指标体系由(　　)大类指标构成。
A. 操作量指标统筹协调 B. 操作效率指标
C. 成本指标 D. 时效指标
3. 下列(　　)属于快件分拣需要的物料和设备。
A. 大头笔 B. 胶带 C. 安全帽
D. 手持终端设备 E. 防护手套
4. 关于快递处理(分拨)中心的分级,正确的说法是(　　)。
A. 快递处理(分拨)中心一般分为一级、二级和三级
B. 一级处理(分拨)中心是指在辐射全国或重要区域的枢纽分拨中心,一般设置在一线城市,日处理快件量在数十万件以上
C. 二级处理(分拨)中心提供的是区域内的同城服务,一般设置在二线城市或部分三线城市
D. 三级处理(分拨)中心提供的地区分拨服务,一般设置在三线城市或地级市,日处理快件量在一万件以下
5. 服务质量指标体系包括(　　)。
A. 操作效率指标 B. 成本指标 C. 时效类指标 D. 操作类指标

三、简答题

1. 包裹类快件分拣操作注意事项有哪些?
2. 简要描述进口快件和出口快件的操作流程。

1+X 实践训练

实训要求:
(1) 根据某自动化处理中心的某月日均数据,编制一份处理中心的作业质量指标报表(每名员工按每天工作 12 小时计算)。
(2) 绘制造成处理中心快件遗失的人、机、料、环、法鱼骨图。

实训目的:通过此次训练,学会分析处理中心各项质量管理指标,并针对指标分析结果,提出改进方案。

实训方式:以个人为单位完成实训任务。

实训资料:

日均处理量　566 545 件。

装卸工　25 人,日均工资 260 元。

分拣工　40 人,日均工资 220 元。

转运工　10 人,日均工资 200 元。

管理费　6 000 元。

项目七

快件封装与发运

知识目标

1. 了解快件总包封装的概念；
2. 理解快件登单、分拨批次设计原则；
3. 掌握总包分装、路由优化；
4. 熟悉快件发运注意事项；
5. 了解分拨批次应考虑的因素。

技能目标

1. 能够根据操作要求正确地进行快件登单；
2. 能够根据路由优化的步骤进行处理中心路由优化；
3. 能够根据装车发运安全注意事项完成快件总包的交接。

素养目标

1. 培养团队合作精神；
2. 树立科技创新意识；
3. 增强安全意识。

项目导入

快递处理中心的快件经过分拣之后,要进行总包封装。总包封装就是将发往同一寄达地或中转站的快件集中规范地放置在袋或容器中,使用专用工具封扎、封闭袋口或容器开口,并挂包牌或标签的过程。总包封装完成后,按照发运的路由线路制作总包路单。通过对现有路由进行优化,归集整合货量,加快时效,合理配置资源,确定开通、调整或取消某条路由,提升该线路产品竞争力,吸引更多业务量。

任务一　快件总包封装

任务导入

小李在快递公司处理中心工作一段时间后,发现到达该快递处理中心的快递经过分拣后,发往金华方向的快件会集中到一起,现在要对发往金华方向的快件进行总包封装。小李对此产生了一些疑问。

(1) 快件在进行总包封装之前的准备工作有哪些?

(2) 快件总包封装有哪些注意事项?

一、快件总包封装的概念

为防止在运输途中快件发生遗失或信件型快件被折叠、损坏,同时也为了便于快递中转过程中环节的衔接,以达到缩短时间、提高效率的目的,在快件运输环节中,往往会将多个小件汇成总包进行运输。

微课:快件总包封装的概念、准备工作

总包是指将寄往同一寄达地(或同一转运中心)的多个快件集中装入的容器或包(袋)。总包的特点是封扎袋口或封裹牢固使其形成一体,便于运输和交接。总包内应附发清单,拴挂包牌或标签,写明内装件数及总包号码。

总包封装是将发往同一寄达地或中转站的快件和对应的清单,集中规范地放置在袋或容器中,使用专用工具封扎、封闭袋口或容器开口,并拴挂包牌或标签的过程。

二、快件总包封装的准备工作

(一) 扫描枪准备

由相关人员领取扫描枪,并检查扫描枪,确保扫描枪能正常使用。

(二) 设备及常用工具准备

1. 设备准备

(1) 将小件分拨架、打包架和胶框进行合理摆放。

(2) 分拨用的皮带机和缝包机要进行试机,确保机器设备能够正常工作。

2. 常用工具准备

(1) 根据快递处理中心历史数据,估计每日发往各目的地所需包袋的种类及数量,提前准备相应数量的包袋、封条以及包贴纸。

(2) 准备好足够数量的胶带、缝包线;检查圆珠笔、大头笔、缝包针,保证能够正常使用。

(三) 整理航空包

仅包括用缝包机或手工缝的包。具体操作:将包贴纸贴在有标注的一面,距包底部1/3正中间的位置,将打包袋有标注的一面朝上平铺堆放。

思政园地：抓住机遇　合作共赢

乌鲁木齐邮件处理中心机场空侧区开通运营

2023年2月22日凌晨2:00，中国邮政集团有限公司乌鲁木齐邮区中心机场空侧区开通运营，一批上航邮件经此顺利发运，这标志着新疆邮政国际国内航空货邮枢纽交航渠道正式打通，首批航空货邮发运成功。

当晚，用时25分钟，3个路向108袋426kg上航邮件，经过民航安检，交运到空侧区内收运、称重、复重、牵引车牵引至机坪待发区等系列操作流程，顺利交运，整个过程快速高效，各环节上下联动，紧密衔接，乌鲁木齐邮区中心陆航邮件处理中心全面运行。

2022年7月，乌鲁木齐邮区中心升级为新疆邮政国际国内航空货邮枢纽，依托生产场地与机场停机坪紧密相连的地缘优势投产建成的陆航邮件处理中心。该处理中心作为新疆邮政自主运营货邮交运窗口，为发挥独有的航空资源优势，进一步提升邮政寄递服务能力创造了有利条件。

乌鲁木齐邮件处理中心机场空侧区开通运营，为新疆机场集团和中国邮政集团有限公司新疆区分公司强强联合搭建了更加广阔的合作发展平台，增强了邮政寄递航空邮件的竞争能力，实现了邮件随处理随交运，灵活动态、多频次专用通道交运，大幅缩短了邮件的截邮时间。同时节约人力和物力，能够降本增效。自主运营货邮交运，也为增强旺季寄递服务能力增添了发展后劲。随着业务量的增长，双方将优化空侧区交运流程，充分发挥区位优势和邮政资源优势，推动邮政物流业转型升级，为客户提供优质快捷的用邮服务，为新疆经济社会发展贡献邮政力量。

对于处理中心，要想更好地发展就需要抓住机遇、开拓创新、多方合作，发现并利用自身优势，提升服务质量，降低运营成本，实现转型升级。除此之外，还要积极争取为政府、企业、百姓提供更加优质快捷的寄递服务，为社会发展贡献力量。

（资料来源：https://www.btzx.com.cn/web/2023/2/23/ARTI1677120331240287.html）

思政讨论：乌鲁木齐邮件处理中心机场空侧区的开通运营有哪些有利条件助力？

三、快件登单

登单就是登记快件封发清单，这是建立快件总包的第一步。

（一）清单的定义

快件封发清单是指登列总包内快件的号码、寄达地、种类或快件内件类别等内容的特定单式，是接收方复核总包内快件的依据之一，也是快件作业内部查询的依据。

微课：快件登单

（二）清单的种类

从形式上，清单可分为纸质清单和电子清单两种。

从内容上，清单可分为普通快件清单、报价快件清单、代收货款清单等。根据生产作业的实际需要,清单可分为多种格式,但是作用是相同的。

(三) 登单的分类

登单有手工登单和扫描登单两种方式。

1. 手工登单

选择手工登单时,应该遵循以下操作要求。

(1) 选择合适的清单,准确填写登单日期(或加盖专用封发地日期戳记)、清单号码、封发地、寄达地等信息。

(2) 以数字顺序、日期、专用代码为编列序号时,清单号码不得重复或编错。

(3) 按出站发车的先后顺序,完整、准确、逐件地抄登快件号码、寄达地、快件类别、重量等内容。

(4) 抄登时需要使用规范的汉字、阿拉伯数字及专用代码。

(5) 对于退回的、易碎的或液体快件,要在备注栏或相关栏进行注明。

(6) 对于报价、代收货款、到付快件,应注明金额或使用专用清单。

(7) 抄登多页清单时,应在每一页上注明页数;快件的总件数登在清单的最末一页。

(8) 对一票多件的快件要集中抄登。

(9) 结束登单时,应在指定位置使用正楷签名或加盖操作业务员名章。

(10) 对需要建包的快件,登单结束后制作总包包牌。

2. 扫描登单

扫描登单是使用条码设备扫描快件条码自动生成封发清单,包含信息与手工登单相同。操作要求如下。

(1) 启动操作系统,使用用户名和密码进行登录,选择登单功能操作模块。系统一般会默认始发站代码和日期等信息。

(2) 根据操作系统提示,扫描预制总包条码牌(签),然后输入封发快件的寄达地代码、运输方式、快件类别、转运站代码等相关信息进行建包。

(3) 建包后逐票扫描快件条码,装入总包。

(4) 扫描过程中,当设备发出扫描失败提示音时,应马上查找出错原因并及时进行纠正。

(5) 为合理建立总包、方便报关,保证快件安全完好,应将快件分类扫描。文件与包裹、重货与轻货分开,可批量报关的低价值快件与单独报关的高价值快件分开扫描,分袋封装。

(6) 一票多件的快件要集中码放、集中扫描。

(7) 条码污染不完整无法扫描的快件,用手工输入条码信息或按规定换单处理。

(8) 时限快件、撤回快件及其他有特殊要求快件应输入特殊件代码或另登专用模块单独处理。

(9) 扫描结束,调取扫描数据与实物快件比对,查看件数是否相符;检查快件寄达城市代码是否分属本总包经转范围,不符则应及时纠正。

(10) 有快件无扫描记录的,应重新扫描登单。

(11) 上传数据,按规定打印快件封发清单,或打印总包包牌、包签。

（12）检查作业场地及周围有无遗漏快件。一切正常则退出登录，关闭系统；否则重复前面步骤重新扫描操作。

（13）将制作的清单及其他资料按规定随袋发运、存放。

随着信息化程度的提高，现在快递企业一般采用扫描登单。国际快件的登单一般使用扫描登单，在系统内生成电子清单。国内快件登单根据实际情况，可以选择手工登单或扫描登单。

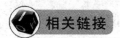

某快递公司快件扫描操作流程

快件扫描分两种情况。

（1）有流水线的快件扫描。

① 单件在60kg以上的货物或长度超出120cm的货物不得上流水线，必须在大货规定区域内进行扫描操作。

② 文件等小件物品打包操作，扫描建包标签；也可单独使用无线扫描枪在文件区域内逐票扫描入仓。

③ 航空件必须在收货窗口以有线扫描枪逐票逐件称重扫描。

④ 一票多件的大货，用有线扫描枪直接扫描主单，手工输入重量，子单可用无线扫描枪扫描。

⑤ 发件时直接使用无线扫描枪扫描（选择正确的目的地）。

（2）无流水线的快件扫描。

① 对到达支线车辆的全部快件进行卸车扫描，将单件分别放到电子秤上做卸车扫描。

② 文件包扫描包签时不需要放至电子秤上，而是直接做卸车扫描。

③ 做解包操作的快件，将包内快件逐票放至电子秤上做称重扫描。

④ 主干线到达的快件，直接使用无线扫描枪操作。

⑤ 航空进港快件，必须逐票做到逐件扫描。

⑥ 发件扫描以无线扫描枪操作，选择好正确的目的地，逐票逐件进行扫描。

四、总包封装

（一）快件装袋

制作过清单的快件进入装袋工序，装袋前应检查包袋是否符合要求。包袋也称总包空袋，是用于盛装快件的袋子，一般由棉质、尼龙、塑料等材料制成。除此之外，盛装容器还有集装箱、金属笼等。快件封装应根据快件体积大小、重量、所寄快件性质等进行选择。在选择时，需要注意以下几种情况：不得使用企业规定外的包袋或容器；不得使用有破损的包袋或容器；不得使用水湿、污染、形状改变的包袋；不得使用印有其他快递企业标识的容器；不得将包袋或容器挪

微课：快件封装

作他用或故意损坏等。

1. 国内快件装袋

国内快件装袋过程中要注意以下几点。

(1) 经过登单工序的快件封装时,应一张清单对应封装一总包(袋)。对标有易碎、怕压标志的快件尽量单独封包(袋),分别加挂易碎、怕压标识。

(2) 要按照重不压轻、大不压小、结实打底、方下圆上、规则形状放下、不规则形状放上的原则装袋。总包最大重量不超过32kg。

(3) 重量和体积相近的快件应装入同一包袋内,如1kg以内的小件装在一个包内,1~3kg的快件装在一个包内(轻泡件除外)等。

(4) 文件类快件与包裹类快件应分别封装总包,保价快件、限时快件、代收货款快件也应分别封装总包;混装在一起时,文件类快件要捆扎成捆,以防与其他快件粘贴。一票多件快件尽量装入同一总包内。

(5) 装袋、称重和封发总包应由两人(或以上)共同进行,并在清单上共同盖章或签字。

(6) 应使用印有企业专用标识、易识别的专用总包空袋。重复使用的总包空袋应按规定进行检查,及时发现遗留小件、包袋破损、油污、水湿等问题。

2. 国际快件装袋

封发国际快件总包,一般应使用印有企业专用标识、易识别的专用包袋。具体操作如下。

(1) 选择大小、颜色适宜的包袋。国际快件中,文件类与包裹类快件报关程序不同,一般选择不同颜色包袋加以区分,方便操作。包袋的大小,应根据快件的数量和体积合理选用,切忌用大号包袋封装少量快件。

(2) 封发国际快件考虑报关需求,文件与包裹、重货与轻货分开封装,可批量报关的低价值快件与单票报关的高价值快件分袋封装。一票多件单独报关的快件集中堆放。

(3) 按重不压轻、大不压小、结实打底、方下圆上、规则形状放下、不规则形状放上的原则将快件装袋。重量和体积相近的快件应装入同一袋内,如1kg以内的小件装在一个包内,1~3kg的快件装在一个包内(轻泡件除外)等。

(4) 同一张封发清单的快件装在一个总包中,寄达地清关要求随附单据,与运单一起放入特制的封套粘贴在快件上,运单向上摆放快件。对标有限时等特殊标志的快件要单独封袋,加挂相应特殊件包牌或标志。

(5) 快件、清单、包牌相互核对后,在封发清单上盖章或签字。

(6) 总包袋盛装不能过满,装袋不宜超过整袋的2/3,连同袋皮重量不宜超过32kg。

相关链接

某大型快递公司建包操作要求

(1) 涉及岗位:中心建包员。

(2) 工具准备:建包操作开始前,准备好相应的物料,包括包签、环保袋或编织袋、建

包架、缝包机等，需要申请的物料，应提前通过采购商城进行申请。

(3) 操作要求：

① 各单位应按照《全网建包关系》的要求，规范建包（下载路径：内网→营运中心→资料下载。查询路径：金刚核心营运管理系统→系统管理→主数据管理→基础数据管理→组织建包规则），并根据内网通知及时调整。

② 建包时，必须逐袋建包、逐件扫描入袋，并做到包签与包内快件相符。

③ 建包时，快件应整齐码放于包内，整包重量不得超过 35kg，文件建包的，包内件数不得超过 200 票。

④ 中心发往同一目的地物品件达到 5 票的必须建包。发往同一建包区域不足 5 票的，应在清晰的监控下，逐票扫描，一并装黄色的环保袋内。使用编织袋包袋上需详细注明方向及对应票数。

⑤ 中心发往同一目的地文件达到 10 票的，必须建包。发往同一建包区域文件不足 10 票的，应在清晰的监控下，逐票扫描，一并装入红色的环保袋内。使用编织袋包袋上需详细注明各方向及对应票数，放置于车尾，单独交接，末端转运中心或网点应在清晰的监控下，拆包并核对票数。

⑥ 网点可以自行通过航空直发目的转运中心的，经中心管理部审批通过后，相关快件均可建包转运。

⑦ 使用编织袋建包时，快件装包完毕，必须使用缝包机封口，封包线距离包口不得低于 10cm，两端线头露出不得少于 5cm。

⑧ 建包后的包袋上，必须牢固粘贴上对应包签后转运。

(二) 填写总包包牌（包签）

总包包牌（包签）是指快递企业为发寄快件和内部作业而拴挂或粘贴在快件总包袋指定位置上，用于区别快件的所属企业和运输方式及发运路向等的信息标志。不同的快递企业使用的包牌不同，但包含的信息大多相同。总包包牌如图 7-1 所示，总包标签如图 7-2 所示。

图 7-1 总包包牌

图 7-2 总包标签

包牌（包签）的制作一般有两种方式：一种方式是在操作系统中实时生成总包包牌（包签）；另一种方式是手工书写包牌、包签。

包牌填写时注意信息要准确、全面，要求特殊作业总包使用规定包牌，主要注意以下事项。

(1) 总包包牌应包含总包号码、原寄地、寄达地等信息，在指定位置准确填写快件总包重量、件数或票数。

(2) 有特殊要求的快件,如优先快件和保价快件,总包按要求注明优先、保价等特殊信息。

(3) 包牌禁止涂改,如有填错要更换新包牌重新填写。

(4) 若是国际快件,为出口报关和寄达地清关方便,还需在包牌上注明内件性质,如文件、包裹。

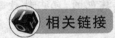 相关链接

某大型快递公司建包注意事项

(1) 准备建包前,要先检查终端上的各项内容是否一致,下一网点、派送时效、收发类型等是否正确。

(2) 建包扫描时注意查看快件的一段码详细地址是否和包签一段码相对应。

(3) 建包过程中要检查正在建的包的包签号和终端上的包签号是否一致。

(4) 体积超大的轻泡件或形状不规则快件,外包装表面有突出的钩、钉、刺或容易破碎污染其他快件的快件不得建入包内。

(三) 快件总包封袋

(1) 摆放好撑袋车或撑袋架,将包袋置于撑袋车或撑袋架上,如图 7-3 所示。

(2) 先扫描包牌,然后将快件逐件扫描,按重不压轻,大不压小,结实打底,方下圆上,规则形放下、不规则形放上的原则装袋。对总包盛装不能过满,装袋不宜超过整袋的 2/3,重量不宜超过 32kg。

(3) 对进行封装的快件施行快件、清单、包牌三核对。

(4) 将撑袋车或撑袋架上总包的袋口卸下收紧。

(5) 包袋装好后,要在扎绳的绳扣或塑料封志上垂直拴挂快件包牌。发航空运递的总包要加挂航空包牌,对有特殊要求的快件,应加挂相应的包牌。

(6) 包牌挂上后,要封紧袋口,根据材料不同,封口方式各不相同,收紧袋口使内件不晃动为宜。

(7) 使用塑料封志、扎绳或专用的工具材料封扎袋口,尽量靠近快件捆扎,如图 7-4 所示。使用带条码的塑料封志时,要使条码处于易扫描位置,贴近快件处将总包袋扎紧封口。

(8) 封装结束,检查作业场地及周围有无遗漏快件及未封装快件。

图 7-3 撑袋架

图 7-4 封扎袋口

（四）资料存档

每一班封发作业操作结束后，应用操作系统处理快件，要及时将业务数据按规定处理并上传，相关资料分类存档。下一接收站接收到件预告，提前做好准备工作。其他相关部门需求的数据也可直接到数据库提取。

五、总包路单的制作

总包封装完成后，按照发运的路由线路制作总包路单，如表 7-1 所示。总包路单可起到明确交接责任的作用，使交接过程具有可追溯性。

表 7-1　快件总包路单

第　　　号

由　　　　　交　　　　　　　　　　　　　　　　　年　月　日

格数	总包号码	始发站	终到站	袋	件	毛重(精确到0.1)/kg	备注
1							
2							
3							
⋮							
10							
		合计					

交发人员签章：　　　　　　　　　　　　　　接收人员签章：

（一）总包路单的概念

总包路单是记录快件总包的封发日期、接收日期、封发路由、总包数量和种类、总包总重量、原寄地、寄达地等详细信息，用于运输各个环节交接的单据。使用总包路单可明确责任，使交接过程有凭可据。电子总包路单也可起到预告到货信息的作用，方便下一站提前做好接收准备。

（二）总包路单的填制

总包路单的制作分为手工制作、系统扫描制作两种。

1. 手工制作总包路单

（1）快件总包封装完成后，进入发运环节，禁止不登总包路单发运。

（2）总包路单栏头。总包路单要按一定规律编列顺序号，不要重号或越号。如发生重号或越号，要在备注里注明，并通知接收站修改后存档。

（3）号码栏和重量栏。数字要清晰规范，字母要易于辨认，号码与相关包牌一致。

（4）始发站与终到站要按规定填写清晰、准确，与包牌一致。

（5）总包路单要逐格逐袋登录，有特殊操作要求，总包要在备注栏中批注。

(6)每一类发运方式,总包路单的总袋数和总重量要统计准确,将所有总包路单汇总,可合计出本班次封发总包总件数和总重量。

(7)总包路单应按规定份数填制。

(8)交接完毕,留存总包路单整理存档。

2. 系统扫描制作总包路单

(1)启动操作系统,输入操作员账号密码进入系统,调出登录总包路单模块。设定发运方式、寄达地代码、快件类型、发运班次等信息。系统自动调取预制总包号码、重量、目的地等信息形成总包路单。

(2)系统按日期顺序生成总包路单编码;打印出总包路单,按实际总包号码勾核总包路单格数内号码,纠正错登、漏登号码。

(3)有特殊操作要求,总包要在备注栏中批注后再打印。

(4)总包路单应按规定份数打印。

(5)系统可按每一类发运方式汇总袋数和重量,生成本班次操作总件数和总重量。

(6)交接完毕,留存总包路单整理存档。

任务二　分拨批次管理

任务导入

小李在快递处理中心实习一段时间后,发现到达处理中心的快件能够被快速分拣和发出,基本不会出现混乱的情况,每天分拨作业任务的具体时间确定,保证了与运输资源有效、快速、精确的衔接。根据之前学习的知识,他判断这是分拨批次。一天,领导把小李喊到办公室,问了他几个问题。

(1)分拨批次管理有哪些优点?

(2)如何设置分拨批次?

(3)在快递处理中心,分拨批次的设计原则是什么?

一、分拨批次的概念

分拨是快件的集散方式,是指在固定地点和固定时间段内,将使用各种运输方式的快件集中到一起,按照目的地进行分类的过程。

为保障快件及时中转和派送,作业中心每天需完成多个不同时间要求、不同目的地的分拨作业任务。每一个不同时间要求、不同目的地的分拨作业任务在实际作业中称为分拨批次。

分拨批次的制定是为保证与运输资源有效、快速、精确的衔接,根据作业资源的情况进行统筹分析,确定每个分拨作业任务的具体时间。

微课:分拨批次的概念、设计原则及需要考虑的因素

分拨批次编码

分拨批次由分拨所在地和分拨开始时间组成,分拨所在地按网点编码规则编写,分拨开始时间以 24 小时制表示。其编码格式如下。

处理中心(中转站)代码+进港或出港代码+时间

例如,北京分公司中转站 5:30 的进港分拨批次表示为 BBKJG0530,其意义为 5 点 30 分以前到北京中转站的货开始进行进港分拨,如图 7-5 所示。

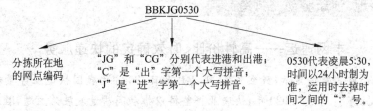

图 7-5 分拨批次编码

二、分拨批次的设计原则

1. 及时集散

快件在运输过程中应避免在处理中心滞留时间过长。网点和处理中心在时间衔接上要合理紧凑,避免因衔接不上导致快件不能按照预先设定的时间流转而积压起来。

2. 充分利用分拨资源

处理中心在一定时间内处理的快件量是一定的,同一时间过来的快件数量超过了处理中心的处理能力则需要等待,而数量太少又会导致分拨作业资源闲置,所以需要合理安排各地到达时间,以使中转环节处理快件量与处理中心的处理能力保持平衡。

3. 不同级别分拨批次相关性

分拨批次一般包括:干线分拨,即对应干线运输的分拨批次;支线分拨,即对应区域集散的分拨批次;同城分拨,即城市内收派片区的分拨批次。原则上,干线分拨批次的设定时间决定了支线分拨批次的设定时间,支线分拨批次的设定时间又决定了同城分拨批次的设定时间。在增设新的干线分拨批次时,要考虑目前存在的同城分拨的情况,若现有的二级、同城分拨与干线分拨的衔接不够紧密,则需要考虑增加或调整目前存在的二级、同城分拨。

三、分拨批次设定时需要考虑的因素

(一)快件到达时间

1. 干线分拨批次

连接处理中心的运输线路均为干线运输,对于通过干线运输到达的快件,需要有相应的干线分拨批次,便于及时集散。一般来说,距离在 500km 以上的都利用干线运输方式,包括利用航空或其他运输方式的快件,需要利用干线运输到达点确定干线分拨批次。

2. 支线分拨、同城分拨批次

支线分拨、同城分拨批次的设定必须与干线分拨时间相衔接,保证干线分拨到达的快件可以及时分拨出去。

(二) 时效性

随着科技的进一步发展,客户对于快递产品的时效性要求越来越高,为满足客户对速度的要求,需要将公司收集的货物尽早分拨出去。即使某一时间段快件量较少,但考虑到时效,要求仍要设置相应的干线、支线、同城分拨批次,将快件及时分拨出去。

 思政园地:创新驱动　打造品牌

丰网速运——高性价比、时效确定的快递服务

国家邮政局监测数据显示,截至2023年2月8日,2023年我国快递业务量超过100亿件,比2022年提前了2天。2023年,快递业将坚持以推动高质量发展为主题,激发各类经营主体活力,提振市场信心,助力国家经济运行整体好转。

丰网速运积极响应政策,秉承"服务为王",坚持为电商用户提供"时效确定、服务稳定"的高性价比服务,是一家以客户价值为驱动的创新型快递服务公司。从成立至今,收获了一系列关注与青睐,同时在行业和用户面前逐渐建立良好的口碑形象。为保证快递时效,一方面,丰网依托集团"四网融通"战略,凭借完善的中转运输网络及资源优势、高效的自动化设备和数智化系统等,逐步打造出全方位领先的智能快递网络和追求极致体验的客户服务体系,同时携手优秀加盟网络实现广泛服务覆盖,最终确保包裹以确定时效安全抵达。另一方面,丰网也积极利用相关数字化创新来构建数智化生态,以此提升运营效率。目前,丰网已经实现智慧分拣系统、运输路线优化来保障运输时效,同时为确保货物准时抵达,丰网速运还将数据监测系统运用于全流程闭环管理,做到快件异常预警、及时纠偏,以提升管理和运营效率,帮助电商用户降本增效。另外,丰网速运还以数智化赋能加盟商,为帮助收派员更好开展工作,优化派件地图,匹配最优路线,实现高效轻松作业。丰网速运从多方面保障快递时效,兑现高性价比快递承诺。

如今我国快递业正处于快速发展期,快递企业要想在激烈的竞争中脱颖而出,一定要树立良好的品牌形象、争抢品牌实力和创新的发展策略。引进高新技术,扩展发展渠道,增强快递时效。

(资料来源:https://www.sohu.com/a/646797880_121372573?scm=1019.20001.0.0.0&spm=smpc.csrpage.news-list.5.1684759670218tLBuNbG)

思政讨论:结合实际,谈谈现代的高新技术对于提高快递时效的重要意义。

(三) 快件量

对于取件量较大的地区,为了把收到的快件及时集散,需要设定分拨批次;快件量越大,批次应越多,这样可以起到分流快件的作用。

如果区内某一时间段所收取的区内快件量较大,需要设定支线、同城分拨批次,以及时集中和分散。

（四）处理中心的处理能力

处理中心的处理能力涵盖了其场地大小、设施设备、人员调配及管理流程，在快件处理量一定的条件下，处理能力强的处理中心对快件的处理效率较高，即对该批快件的操作时间短，符合快件对时效性强的基本要求。

但是处理中心在一定时间内的处理能力是有限的，当在该时间段内的到达快件量大于其处理能力时，需要考虑增设新的分拨批次。

（五）快件"多批次，少批量"分拨原则

支线、同城分拨的时间设定尽量避免不同批次的进港货物一起分拨的情况，对于两个批次进港的货物，时间间隔在30分钟以上的，原则上不应当安排在同一个批次进行分拨，以保证早到早分拨，从而实现早派送。

四、分拨批次设计流程

在确定各方面条件都满足的前提下，按照分拨批次设计原则，需要进行分拨批次的具体设定工作，包括分拨地点、分拨的业务区域、分拨时间、分拨各区的截件时间和到达时间、分拨的快件类型和快件派送时间等。

微课：分拨批次设计流程、设置方法

1. 确定分拨地点

在分拨时间确定的情况下，综合考虑各区情况，选择有利于快件集散的分拨地点。目前，干线处理中心一般在机场附近，以方便航空件的快速集散。

2. 确定分拨的业务区域

在分拨批次确定的情况下，综合考虑片区到处理中心的距离、时效、货量等因素，确定分拨的业务片区。

3. 确定分拨时间

根据集中业务量多少确定分拨所需要处理时间长度，并综合考虑分拨批次的上下游环节的衔接，确定分拨开始和结束的时间。

4. 确定分拨各区的截件时间和到达时间

根据分拨开始和结束时间，以及各网点到达处理中心所需要的时间，确定参加分拨各区的截件时间。截件时间是指该批次截止收件的时间；一般在这个时间前可以承诺某种服务，如果超过了，就不能保证。例如，如果快递公司当天的截件时间是18:00，如在18:00前把货取走，那就可以承诺次日能送达目的地，如果超过了，就要两天后送达。

5. 确定分拨的快件类别

根据分拨设定的目的以及快件所要到达的地区，确定分拨的快件类别。

6. 确定下一个环节的时间或最终派送时间

对于干线分拨，要根据分拨之后的下一环节确定快件到达地区之后的分拨时间。对于支线、同城分拨，要确定快件到达地区之后的派送时间。设定分拨批次时要考虑终端派送环节，看其是否有能力将各级分拨的进港快件及时派送给客户。增加分拨批次，对于提高快件时效和业务增长有积极作用，因此在有一定快件量的条件下应当有前瞻性地增加和优化分拨批次。

五、分拨批次的设置方法

分拨批次设置的基本方法大致分为两种,即顺向设置和逆向设置。

1. 顺向设置

顺向设置就是按照快件的流向顺序设置分拨批次,即"收件截件时间—网点发车班次—中转批次—到件时间—派件时间"。顺向设置的优点是能够准确按照客户需求状况合理分步设置分拨批次。

2. 逆向设置

逆向设置就是按照相反的方向设置,即"派件时间—到件时间—中转批次—网点发车班次—收件截件时间"。逆行设置的优点是侧重中转分拨的操作效率。

在实际应用操作中把两种方法结合起来,既要考虑收派件的客户需求,又要考虑中转分拨的操作效率。

分拨大致分为一级中转(分拨)和二级中转(分拨)。一级中转(分拨)也称区域间中转,是指通过一级处理中心进行的中转(分拨),即不同业务区域或地方参与的中转。二级中转(分拨)是指通过二级处理中心进行的中转。

不同级别的分拨批次应紧密衔接:一级中转(分拨)批次的设定时间决定了二级中转(分拨)批次的设定时间,二级中转(分拨)批次的设定时间最终又决定了网点发车批次的时间。具体的分拨批次设置如图7-6所示。

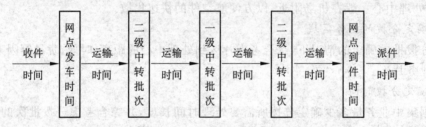

图7-6 分拨批次的设置

例如,某区域各网点工作日收件时间集中在15:00—16:30,假设网点平时操作时间为25分钟(含收派片区运输时间),各网点到达二级处理中心的平均运输时间为30分钟,那么二级中转分拨批次可设为17:30左右,同理可根据二级中转的分拨操作时间与下一级干线运输时间又可推算出一级中转分拨批次时间。

任务三 路由及发运管理

 任务导入

快件处理员小李发现处理中心将总包完成封装以后,根据发运计划,进行快件发运操作,在工作一段时间后,他总结了一些经验,想跟领导汇报。领导问了他几个问题,小李对答如流,领导非常满意。请你试试,是否可以给出满意的答案。

(1)总包封装完成以后,进行堆码有哪些注意事项?
(2)如何对处理中心的现有路由进行优化?

一、总包堆码

快件总包完成封装以后,如果转运车辆没有及时到达,应按某些共同特性和码放原则,将其整齐堆码在指定的位置。这个操作不仅包括快件总包,还包括总包单件和卸载中转的总包。这个过程既是快件总包集中码放的过程,又是堆位的形成过程。规范有序地堆位和码放总包,有利于合理规划区域空间,梳理作业程序,保证快件处理时间上的合理性和有序性。总包堆位和码放的要求如下。

(1)不同航班或车次的总包应分开堆放,各堆位之间应有明显的标志进行隔离,并留好通道;同一航班或车次的总包应集中堆放在一起,便于装车发运。

(2)车次或航班的代码和文字等相近、相似的堆位要相互远离。

(3)根据总包装运时限的先后顺序建立堆位。时限短的,距离发车位置较近,优先发运,以免出现延误的现象。

(4)快件总包堆码时,应立式放置,排列成行,一般摆放一层,如图7-7所示。

图7-7 总包堆码

(5)快件总包堆码时,不能出现扔、摔或其他损坏快件的行为,并且需要注意保护包牌(包签)不被损坏或污染。

(6)堆码空间不足,需要多层堆放时,采用耐压大袋垫底、袋口向外一字排开逐层叠上的方式,包牌向上,便于对路单。

(7)代收货款、到付快件、优先快件或有特殊要求的总包单件(如贵重物品)应单独码放。

(8)库房堆放要有秩序,杜绝任意乱放,每次进库总包要及时处理归堆。

(9)码放在托盘或移动工具上的总包快件,应结合工具的载重标准和安全要求码放,码放高度不宜超过工具的护栏或扶手。

二、路由概述

(一)路由的定义

路由是指快递包裹从一个网络节点(出发地)上发出,根据目的地

微课:路由概述

址进行定向,并转发到另一个网络节点(目的地),最终到达收件人手中的过程。简单地说,路由是根据总包不同起止点,按照快件时限要求选择符合实际需要的运输途径。通常意义上,路由指的是寄件网点交货的首站处理中心到目的地提货去派件的处理中心之间的包裹运输线路。

路由在邮政称为"邮路",是指邮件运输的路线。邮路和邮局共同组成邮政网路,完成各类邮件的传递业务。从广义上讲,路由是指通过汽运、航空、铁路、船舶等交通运输工具合理连接发件客户与网点公司、网点公司与处理中心、处理中心与处理中心、处理中心与网点、网点与收件客户之间组成的闭环的线路,是从揽件到签收的业务环节的总和,包括下单、接单、取件、网点操作、始发分拨分拣、运输(主干线)、目的分拨分拣、网点分发、派送、签收等流程的紧密衔接和一体化的过程。

(二)路由的要素

路由一般包括路线、节点和时间三个要素。

1. 路线

路线是指快件通过公路、铁路、水路、航空等运输方式从发件地到目的地之间任意两个节点的干线或支线运输资源。

2. 节点

狭义的节点是指与快递公司有关联的处理中心、中转中心、集散地点,包括快递企业拥有的物流园、各种直营转运中心与加盟网点。广义的节点是指所有进行快件中转、集散和储运的节点,包括港口、货运站、公路枢纽、大型公共仓库及现代物流中心、配送中心、物流园区等。

3. 时间

时间主要包括运输时间、进出港操作时间。其中,运输时间由规定发出、到达时间和车辆在途运输时间构成;进出港操作时间除快件进出港的操作时间外,还包括站内操作时间。

(三)路由的分类

(1)按照模式不同,路由可分为中转路由、直达路由和经停路由。

① 中转路由。中转路由是指快件不能直接从始发处理中心到目的处理中心,需经过其他处理中心中转后,才可以到达目的处理中心。例如,深圳市南山区寄货到陕西省宝鸡市,路由是从深圳转运中心到武汉转运中心,经武汉转运中心中转后,再到达西安转运中心(深圳转运中心—武汉转运中心—西安转运中心)。

② 直达路由。直达路由是指快件从始发处理中心到目的处理中心有直达车或直飞航班(包含串点车线),可直接将快件送达目的处理中心。例如,杭州到南京(杭州—南京)的快件可以直接到达,不需要中转。

③ 经停路由。经停路由是指快件从始发处理中心到目的处理中心时,中间需要在某个处理中心停留一会儿,然后前往目的地,但不需要更换运输工具。停留的原因一般是休息、加油或补充物资等。

(2)按照车线性质不同,路由可分为干线路由和支线路由。

① 干线路由。干线路由是指各个处理中心之间车线的组合路由。
② 支线路由。支线路由是指处理中心与下属网点之间的路线组合。
除此之外,按照流向,路由可分为面向其他处理中心的干、支线路由和面向区域内网点的市内路由;按照运输方式,路由可分为航空路由(标准路由)和陆运路由(经济路由)。

(四) 路由的作用

(1) 为提高利润奠定基础。处理中心通过科学地规划路由,保障快件的顺畅运转,可以在满足时效的基础上,最大限度地提高效率,简化操作,最终实现低成本。

相关链接

路 由 时 效

路由时效可分为两种,即干线时效和快件时效。干线时效是指快件的运输时效,即从始发处理中心到目的处理中心所用的时间;快件时效除包含干线时效外,还包括快件揽收和快件签收的时间,是网点揽件时效、中转运输时效、网点派件时效的总和。

1. 时效的一般计算规则

(1) 网点揽件时效。自发件公司第一次扫描入库之时起至第一处理中心独立扫描入库时间止(无网点第一次扫描的,时效不计算)。

(2) 中转运输时效。自第一处理中心入库之时起至最后一个处理中心扫描入库时间止(无分拨扫描的,时效不计算)。

(3) 网点派件时效。自最后一个处理中心扫描入库时间起至签收上传入库时间止(无签收记录的,时效不计算)。

(4) 全程时效。自最早扫描入库时间起至签收上传入库时间止("揽件发出—派送到达"全程的时间)(超过240小时未签收的计240小时)。

(5) 快件全程时效。快件全程时效是指所有快件从最早扫描(揽件发出)开始到签收(派送到达)为止的平均时长(超过240小时未签收的计240小时)。

2. 揽件发出平均时效

揽件发出平均时效是指全省揽件发出的"每票快件时长"之和与全省揽件发出的总票件量之比。

$$揽件发出平均时效(小时) = \frac{全省揽件发出的"每票快件时长"之和}{全省揽件发出的总票件量}$$

3. 派送到达平均时效

派送到达平均时效是指到达本省派送的"每票快件时长"之和与到达本省派送的总票件量之比。

$$派送到达平均时效 = \frac{到达本省派送的"每票快件时长"之和}{到达本省派送的总票件量}$$

注:每票快件时长是指从最早扫描入库时间起至签收上传入库时间止(超过240小时未签收的计240小时)。

(2) 为开通调整路线提供参考依据。根据处理中心各方向实际业务量和现有路由运行情况,判断是否开通新路由,或调整、关闭现有路由。

(3) 为处理中心正常运行提供支撑。及时进行操作调整,保证处理中心的正常运行。

(4) 为公司决策和战略调整提供数据依据和支持。提供及时、准确的数据便于掌握全网运营状态,便于总部管理人员及时掌握及监控全国处理中心的运作情况,及时做出运营决策、战略调整。

(5) 为处理中心装车进行规范。降低处理中心快件转运时混装、乱装、仓位不合理分配以及快件时效延误的问题,达到优化装车的目的。

(6) 为处理中心标准化操作提供工具。根据处理中心快件实际路由扫描节点与系统规定路由对比,改善处理中心违规与实际规划不合理的路由。

(7) 为合理规划小件集包方案提供指导。通过路由规划,有计划地安排快件到达目的地的时间及路线,综合考虑全网现状,提高车辆装载率,结合快件实际流向,合理规划小件集包方案,提高中转效率,减少中转次数,从而降低运营及操作成本。

(8) 为实现全自动分拣提供系统支持及运用。

三、路由规划

(一) 路由规划需考虑的因素

(1) 公司的发展战略和企业目标。路由的规划要符合企业发展方向,能够为公司发展和实现企业目标作出贡献。

微课:路由规划与优化

(2) 业务量和方向。统计分析处理中心快件的流量和流向,是选择直达还是中转路由的关键因素之一。

(3) 可支配车辆的数量和车型。车辆是进行快件运输的基础工具,它保证了路由规划的可实施性。

(4) 中转节点的衔接。新的路由开通需要考虑与现有物流节点的衔接问题,便于选择更加科学合理的中转路由,保证运转顺畅。

(5) 处理中心操作能力和工位布局。路由规划以及在实施过程中一定要考察处理中心实际运作能力及工位布局的合理性,这是一个重要因素。

(6) 成本问题。当面临多种选择的时候,在时效等基本要求满足的提前下,选择路线较短、总成本最低的路由,其他的可先作为备选方案。

(二) 路由规划的步骤

(1) 确定目标。路由规划第一步是确定该路由全生命周期所需达成的目标,即设定该路由要实现的时效,如次日达、隔日达等。

(2) 收集数据。收集有关路由的基础数据是进行路由规划的依据。基础数据主要包括全网的流量流向、公司运输资源、快件全生命周期所需的各操作时间节点、处理中心的操作能力等。

(3) 设计路由类型。根据路由制定原则,设计直达或中转路由。结合时效和成本,依托于数据的支持设计出合理的路由。

(4) 规划路线。根据确定的路由类型合理规划线路,通过线路将规划的路由加以实施,使之达成最初的规划目标。

四、路由优化

一般情况下,处理中心现有路由运行一段时间后,根据实际业务的变化,需要优化调整路线。其主要目的就是为快递企业全国处理中心之间的快件运输制定更加适合的路由。根据收集的处理中心快件流量流向等数据的分析结果,以提高时效、降低总成本为优化目标,调整全国范围内现有的路由模式。在规划路由的基础上制定车线的运行时刻表,维持快件发运秩序,更好地利用时间、管理资源、提高效率。通常来看,在同等条件下,优化的路由与现有的固定路由模式相比,在各个方面都有所提高。

(一) 路由优化的优点

(1) 通过合理地规划路由,可以加快时效,使该线路产品竞争力提升,吸引更多业务量,提高绩效。

(2) 合理利用运输资源,确保快件的安全,避免快件重复中转,降低管理运营成本。

(3) 通过路由优化,归集整合货量,可以合理配置资源,确定开通、调整或取消某条路由。

(4) 合理的路由规划,可对快件进行分流,降低或缓减处理中心的中转压力。

(二) 路由分析的方法

1. 直达路由

直达路由是否开通的基本思路如下。

(1) 观察业务量。为保证路由开通的准确性和合理性,需要对处理中心一段时间的日均值进行观察,通常要求不低于连续匹配时距三个月。

(2) 确定时距。在进行快递路由分析时,需要将两个节点之间的空间距离转化为时间距离,即时距。由于路由节点之间线路不同、距离不同、交通运输情况不同、车型不同甚至运输速度不同,所以在实践中,选择时距作为观察指标更为合理。

(3) 匹配车型。根据上一步确定的时距,匹配不同的车型。大多数情况下,处理中心主要有三种车型的厢式货车进行干线路由运输,分别为 7.2m、9.6m、12.5m。

(4) 估算车型的路由能力。该步主要是估算各车型可装载的快递件数。因为各时间段的业务量不同、快件大小不同、路由方向不同以及集装工具和装卸技术的使用程度不同,所以同一种车型的路由能力在不同的目的地上装载量不同,但是差异不大。因此,只需要估算车型的路由能力即可。例如,西安地区以农产品居多,快件体积大,同样的车型路由能力偏小;江浙地区一般为小件,同样的车型路由能力要大点。

带板运输操作规范(节选)

《带板运输操作规范》(DB12/T 872—2019)是天津市地方标准。以下是第六部分托盘单元装卸车规范。

6.1 装车规范

6.1.1 运输车辆按现场调度人员要求,停靠到指定泊位。

6.1.2 叉车司机搬运托盘单元自车厢内端向外端依次装车。

6.1.3 高度不同的托盘单元,装车顺序要先高后低。

6.1.4 为保障车厢利用率,可将托盘货物单元拆解,带板叠放置于第一层托盘单元之上,如图7-8所示。

6.1.5 对车厢内托盘单元进行稳定性加固防护后,关闭翼板。

6.2 卸车规范

6.2.1 车辆停靠至指定卸货泊位。

6.2.2 操作人员在确保安全的情况下打开车厢。

6.2.3 叉车司机自上而下、自外至内逐层逐列卸下托盘单元。

6.3 再上架规范

6.3.1 托盘单元运抵供应链非终端环节,可上架存储。

6.3.2 上架前须检查托盘单元稳固情况和拉伸膜完好情况。

6.3.3 拆解后的托盘单元上架前须重组成完整的托盘单元。

6.3.4 不同单品托盘单元上架前应优化存储货位。

图7-8 带板运输

(5)确定路由线路开通标准。有关专家经过模型测试和算法比对,得到了经验标准模型,确定了开通直达路由的标准。开通对开直达路由,须同时具备两个条件:①双向业务量超过路由能力130%;②任何单向业务量超过路由能力50%。开通单开往返路由,不需要考虑双向业务量,只需具备一个条件,即单向始发业务量超过路由能力80%。

(6)判断是否开通直达路由。通过处理中心连续三个月的日均业务量与开通直达路由的标准进行对比,确定是否开通直达路由,以及选择的路由模式和车型种类。

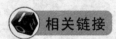 相关链接

直达路由开通的判断标准

① 时距标准,如表7-2所示。

表7-2 时距标准

项目状况	交通		时距
	普通公路	高速公路	
平均速度/(km/h)	40	60	5小时内
里程/km	200	<300	

项目状况	交通		时距
	普通公路	高速公路	
平均速度/(km/h)	—	70	10小时内
里程/km	—	<700	

项目状况	交通		时距
	普通公路	高速公路	
平均速度/(km/h)	—	75	20小时内
里程/km	—	<1 500	

注：处理中心之间距离超过200km，原则上必须选择高速；距离超过1 500km，原则上要选择航空。

② 车型匹配，如表7-3所示。

表7-3 车型匹配

时 距	起码车型
5小时以内	7.2m
10小时以内	9.6m
20小时以内	12.5m

注：起码车型是指在各种时距下，最低选择的车型。

③ 三种车型的路由能力值（估算），如表7-4所示。

表7-4 三种车型的路由能力值（估算）

车 型	路由能力/件
7.2m	2 400
9.6m	3 500
12.5m	5 500

④ 路由线路开通标准，如表7-5所示。

表7-5 路由线路开通标准

车 型	路由模式	对开直达/件	单开往返/件
7.2m	双向	3 120	—
	单向	1 200	1 920
9.6m	双向	4 550	—
	单向	1 750	2 800

续表

车型	路由模式	对开直达/件	单开往返/件
12.5m	双向	7 150	—
	单向	2 750	4 400

例如，7.2m 车型开通对开直达路由必须同时具备两个条件：双向 $2\,400\times130\%=3\,120$（件）；单向 $2\,400\times50\%=1\,200$（件）。

7.2m 车型开通单开往返路由须具备的一个条件：单向 $2\,400\times80\%=1\,920$（件）。

【例题】处理中心 A 至处理中心 B 的距离、交通状况、连续 3 个月日均业务量等有关数据如表 7-6 所示。试根据这些数据，作出处理中心 A 至处理中心 B 的路由规划方案。

表 7-6 相关数据

距离/km	交通状况	连续 3 个月的日均业务量/件	
240	高速	A—B：5 000	B—A：4 300

解：
① AB 两地距离 240km，根据时距标准表可得，确定时距为 5 小时以内。
② 根据车型匹配表可知，时距 5 小时以内匹配的起码车型为 7.2m。
③ 7.2m 车型的路由能力估算值为 2 400 件。
④ 比较日均业务量与经验标准值：
$5\,000+4\,300=9\,300$（件）$>3\,120$ 件，且 5 000 件$>1\,200$ 件，4 300 件$>1\,200$ 件，两个条件均满足。

所以，A 市到 B 市可以开通对开直达线路，采用 12.5m 车型。

2. 中转路由

分析中转路由的步骤如下。

(1) 分析中转节点是否合理。原则上将中转节点分为两类：枢纽处理中心、第一中转城市为第一节点，其余处理中心及分公司所在城市为第二节点。一般会优先选择距离该处理中心或公司最近的转运中心中转。经过分析，若中转节点选择合理，则进行第二步；否则更换中转节点。

(2) 分析资源选择及中转衔接是否合理。首先，分析所选资源是否合理；然后规划快件到达始发转运点后，是否能以最快、最及时的方式到达目的地。如果是，则分析中转分拨操作时间衔接，是否能离最近的一个转运班车发出频次衔接；如果不是，则需要转向成本方面做资源变更分析。

根据流量流向报表、路由违规报表、地磅报表合理分配路由，并开发可执行性车线，根据结果走向分析实际规划与操作中存在的问题。

五、装车发运

装车发运是指发运人员根据发运计划及时准确地将总包装载到指定的运输工具上，

并与运输人员交接发运的过程。

（一）总包装载

总包装载前的准备工作如下。

（1）根据处理中心总包发运计划,结合班次、路向、车辆吨位和容积等情况,与汇总的发运信息进行比较,核算应发总包的堆位及数量。

（2）当运量超过运能时,应根据当时具体情况及时地进行相应调整。

（3）准备好出站快件总包的总包路单。总包路单包括始发站、终到站、单位、重量等信息。

微课：装车发运

（二）总包装载及码放

快件总包运输的主要运载工具是厢式汽车,使用该种运输工具进行总包装载及码放应该遵守以下规则。

（1）装车工作应由两人及以上协同作业。

（2）装码总包要求：逐层码放,大袋、重袋堆在下部（重不压轻原则）；规则形总包堆在下部,不规则形总包放在上部,保证码放牢固；不耐压、易碎总包放在上层,以达到保护快件的目的。

（3）满载时（注意载重标志,不可超重）,要从里面逐层码高后向外堆码,结实打底,较小的总包放在中间压住大袋袋口,填放在低凹和空隙处,充分利用运输工具的容积和总重量。

（4）不能满载时,装车要先高后低,车厢里层最高,层次逐渐外移降低,如图7-9所示。这样可防止车辆启动或制动时使堆位倒塌造成混堆,造成卸车困难,甚至导致卸错或漏卸。

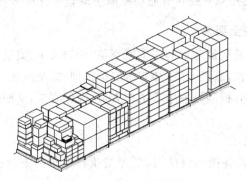

图7-9 车厢内快件码放

（5）数量半载的,依据第（4）条规则,但要保证车厢前后码放均匀,适当降低里层码放高度。切不可以只装半厢或码放在车厢一侧,使车厢承重不平衡。

（6）装卸两个或两个以上卸货点的汽车,要按照"先出后进""先远后近"的原则装载总包,堆位之间应袋底相对（总包袋底部贴在一起,可防止混堆）,也可用绳网分隔。分隔方法有两端分隔和逐层分隔。

① 两端分隔是指两个堆位快件总包从两端护栏杆堆码向中间移装,但中间必须有绳网将两堆位分开。

② 逐层分隔就是将"后出"（班车线路后到的）快件总包在汽车上码好后用绳网隔断,再装"先出"快件总包。

（三）出站快件总包的交接

根据选择的运输方式不同，出站快件总包的交接方式也有所不同。

1. 汽车运输快件的交接

（1）指挥或引导车辆安全停靠指定的交接场地。

（2）交接双方共同办理交接手续。

（3）核对装车总包数是否与总包路单填写数量相符，总包单件规格是否符合要求。若是总包数与总包路单核对相符，运输人员需在总包路单底页相应位置签字或盖章；如有不符，撤回封发环节查明缘由，按规定更正处理后再办理交接、发运。

（4）核对快件的装载配重和堆码是否符合车辆安全运行标准。

（5）核对出站快件总包路单的始发站、终到站、单位、重量、交发人员签字等是否填写规范、完整。

（6）交接结束双方签名盖章，在总包路单上加注实际开车时间。

2. 委托航空或铁路运输的快件总包交接

（1）核对航空或铁路接收快件所填写的货舱单或航空结算单及货站发货单是否与所发快件数量、重量、航班等相符。

（2）核对航空快件安全检查是否全部符合要求。

（3）核对交发的快件规格及快件总包包牌或包签是否完好。

（4）交接结束后，交接双方要在货舱单或航空结算单及货站发货单签名盖章。

（四）装车发运的安全要求

快递处理中心装车发运最基本的安全原则是"预防为主、安全第一"。在操作过程中，要时刻树立安全责任意识，真抓实练，切实将安全培训、安全演练、安全岗位责任制落到实处。安全管理人员要随时提醒处理中心工作人员，确保安全，从而保障快件操作运输的正常进行。

1. 操作安全注意事项

（1）利用各种搬运设备搬运快件时，要严格执行安全措施，按照规定动作操作，保证快件及人身的安全。

（2）严禁工作人员攀爬、跨越正在运行的传输设备。

（3）不要穿过于宽松的衣服操作传输设备。

（4）要将长发束起，尽量不要披发，以免卷入正在运行的设备中。

（5）用叉车、拖车或托盘转运快件时，不准超过规定高度。

2. 操作人员安全注意事项

（1）按规定穿戴防护用具。

（2）在搬动快件前，首先要活动一下自己的身体，以免受伤。

（3）若采用人工搬运，要选择重量适宜的快件，保证不会对人身构成伤害；若搬运的快件重量超过32kg，应寻求其他工作人员帮助或使用搬运设备进行搬运。

（4）操作人员在搬运快件时，要保持背部直立，紧靠快件，双脚前后站立（但不要交叉),屈膝的同时抓住快件对角,眼看前方,慢慢地将快件抬起,以脚后跟为支点转运身体,不能使膝盖和背部承受长时间的压力。

3. 场地安全注意事项

(1) 作业场地禁止闲人进入,不可接待来客;工作人员佩戴胸牌按规定工作时间进入场地。

(2) 严禁在作业场地及周边禁烟区吸烟。

(3) 不得在任何操作场地、库房、操作间追逐打闹。

(4) 车辆、工具按指定位置摆放。

(5) 下班后要按规定关闭所有电源、电气设备。

4. 快件安全注意事项

(1) 快件按规定堆位,堆放整齐,码放牢固,保证安全。

(2) 不抛、摔、拖、拉快件;对于易碎、怕压等特殊快件要轻拿轻放;保价快件要单独保管、书面交接。

(3) 装载时,快件要堆放整齐、稳固;快件在处理和运输过程中,严禁私拆、抽拿。

(4) 驾驶员装车完毕后要亲自确认,车门关闭、施封结束后,方可开动车辆。

(5) 严禁货车内人货混装。

  思政园地:安全意识　警钟长鸣

分拨中心发生爆炸事故,为安全生产敲响警钟

2022年9月6日5:00,长沙县榔梨街道金成路壹米滴答长沙分拨中心发生一起爆炸事故并引发火灾。长沙市消防救援支队接警后,第一时间调派了4个消防救援站,出动了12辆消防车,在95名消防救援人员的努力下,于7:15完全扑灭火灾。此次爆炸事故,使快递化为灰烬,建筑物遭受损害,甚至造成2人死亡、2人重伤。

快递分拨中心是日常的工作场所,不储存危险物品,并且快递也不允许寄送危险货物,尤其是一些易燃易爆的物品,但是竟然发生了这么大的爆炸事件。

从该事故中,人们要意识到日常工作时,一定要遵循消防安全。严禁"三合一"住人;严禁使用明火;熟悉仓库内物资属性;保持疏散通道畅通;设立专人值班值守;严格电气线路敷设;加强消防设施设备管理;发现火灾及时报警。

作为企业,要严格落实安全保障统一管理责任,坚决杜绝将安全责任转移和弱化行为。各企业要严格落实寄递安全实名收寄、收寄验视、过机安检"三项制度",严密防范各类危险违禁物品流入寄递渠道。要加强安全教育培训,企业职工必须培训合格后上岗,具备必要的安全生产知识,熟悉有关安全生产规章制度和操作规程。要不断完善应急预案措施,加强应急演练,及时妥善处置各类突发情况。

(资料来源:https://m.163.com/dy/article/HGMEKS7S0552DQCJ.html)

思政讨论:在快递分拨中心应如何预防火灾?

六、建立车辆封志

车辆封志是固封在快件运输车辆车门的一种特殊封志,其作用是防止车辆在运输途中被打开,保证已封车辆完整地由甲地运到乙地。车辆封志有两种类型:一类是信息封志,主要包括全球卫星定位系统(GPS)、地理信息系统(GIS);另一类是实物封志,如门锁、特制塑料或金属条码封条、铅封等,如图 7-10 所示。

图 7-10　车辆封志

(一)建立车辆封志的操作步骤

(1) 快件总包装载完毕后,由车辆的押运人员或驾驶员关闭车门。

(2) 在车辆押运人员或驾驶员的监督下,场地负责人将车辆封志加封在车门指定位置。

(3) 将塑料条码封条尾部插入锁孔中,再穿入条码封条顶部的扣眼中,用力收紧,并检查施封是否完好。

(4) 将施封的条形码号登记在出站快件的总包路单上。

(5) 车辆押运人员或驾驶员与场地负责人在总包路单上签字确认。

(二)建立车辆封志的注意事项

(1) 施封前,要检查车辆封志是否符合要求,GPS 定位系统是否正常。

(2) 施封时,发运人员与押运人员(或驾驶员)必须同时在场。

(3) 施封后的封志要牢固,不能被抽出或捋下。

(4) 施封过程中要保证条形码完好无损。

(5) 核对封志的条形码与总包路单上登记的号码是否一致。

(三)车辆封志的复核

总包装载结束后,车辆押运人员或驾驶员不仅要监控施封全过程,而且还要复核封志规格,不符合规定的封志要重新封装。

1. 复核车辆封志

车辆押运人员或驾驶员在进行车辆封志复核的时候,主要的检查内容有以下几点。

(1) 检查车辆定位设备、GPS 定位系统是否正常。

(2) 车辆封志号码是否清晰完整,封志具有一次性使用特性,损坏不能复原。

(3) 车辆封志号码应正确记录在交接单上,发运人员与押车员双人会同签字确认。

2. 重新进行封装

若出现以下情况,则视车辆封志不合格,需要重新进行封装。

(1) 使用铅封的封志印志不清或铅志有撬动,绳扣有接头或太松,能捋下。

(2) 带条码塑料封志反扣松动,能被拉开。

项目总结

项目七总结见表7-7。

表7-7 项目七总结

知 识 点	相 关 内 容
快件总包的封装	快件总包封装的概念 快件总包封装的准备工作：扫描枪准备、设备及常用工具准备、整理航空包 快件登单：清单定义、清单种类、登单分类 总包封装：快件装袋、填写总包包牌（包签）、快件总包封袋、资料存档 总包路单的制作：总包路单的概念、总包路单的填制
分拨批次管理	分拨批次概念 分拨批次设计原则：及时集散、充分利用分拨资源、不同级别分拨批次相关性 分拨批次设定时需要考虑的因素：快件到达时间、时效性、快件量、处理中心的处理能力、快件"多批次，少批量"分拨原则 分拨批次设计流程：确定分拨地点、确定分拨的业务区域、确定分拨时间、确定分拨各区的截件时间和到达时间、确定分拨的快件类别、确定下一个环节的时间或最终派送时间 分拨批次的设置方法：顺向设置、逆向设置
路由及发运管理	总包堆码：总包堆位和码放的要求 路由概述：路由的定义、路由的要素、路由的分类、路由的作用 路由规划：路由规划需考虑的因素、路由规划的步骤 路由优化：路由优化的优点、路由分析的方法 装车发运：总包装载、总包装载及码放、出站快件总包的交接、装车发运的安全要求 建立车辆封志：建立车辆封志的操作步骤、建立车辆封志的注意事项、车辆封志的复核

技能训练

一、单项选择题

1. （　　）就是登记快件封发清单，这是建立快件总包的第一步。
   A. 登单　　　　　B. 路由规划　　　　C. 封装　　　　D. 建包

2. 下列关于快件总包封袋说法正确的是（　　）。
   A. 对进行封装的快件施行快件、清单两核对
   B. 先扫描包牌，然后将快件逐件扫描，按重不压轻，大不压小，结实打底，方下圆上，规则形放下、不规则形放上的原则装袋
   C. 包牌挂上后，要封紧袋口，根据材料不同，封口方式基本相同，收紧袋口使内件不晃动为宜
   D. 使用塑料封志、扎绳或专用的工具材料封扎袋口，尽量不要靠近快件捆扎

3. 某处理中心 7.2m 车型的路由能力为 3 000 件，对开直达需要满足的条件之一是单向业务量超过（　　）件。

  A. 2 400   B. 1 200   C. 1 500   D. 1 920

4. 港口、货运站、公路枢纽、与快递公司有关联的处理中心、中转中心、集散地点等属于路由的（　　）要素。

  A. 路线   B. 节点   C. 时间   D. 车型

5. 随着科技的进一步发展，客户对于快递产品的（　　）要求越来越高，为满足客户对速度的要求，需要将公司收集的货物尽早分拨出去。

  A. 快件量   B. 处理中心处理能力

  C. 快件到达时间   D. 时效性

二、多项选择题

1. 分拨批次一般分为（　　）。

  A. 干线分拨   B. 支线分拨

  C. 地区分拨   D. 同城分拨

2. 分拨批次设计原则有（　　）。

  A. 及时集散   B. 均衡分配

  C. 充分利用分拨资源   D. 不同级别分拨批次相关性

3. 按照模式不同，路由可以分为（　　）。

  A. 中转路由   B. 直达路由

  C. 经停路由   D. 换乘路由

4. 路由规划的步骤包括（　　）。

  A. 确定目标   B. 收集数据

  C. 设计路由类型   D. 规划路线

5. 下列说法正确的是（　　）。

  A. 装车工作应由两人及两人以上协同作业

  B. 不能满载时，装车要先高后低，车厢里层最高，层次逐渐外移降低

  C. 切不可以只装半厢或码放在车厢一侧，使车厢承重不平衡

  D. 规则形总包堆在上部，不规则形总包放在下部

三、简答题

1. 什么是路由？直达路由优化的步骤是什么？
2. 登单的种类有哪些？扫描登单有哪些操作要求？

1＋X 实践训练

实训要求：处理中心 A 至各处理中心的交通状况、距离、连续三个月日均业务量、车型等有关数据见表 7-8、表 7-9。试根据这些数据，作出处理中心 A 至其他处理中心的路由规划方案。

表7-8 各处理中心相关数据

第一个处理中心	第二个处理中心	距离/km	连续三个月日均业务量(A—)/件	连续三个月日均业务量(—A)/件
A	B	260	2 100	2 000
	C	600	4 550	2 180
	D	990	7 100	3 190
	E	1 350	6 900	4 600

表7-9 各车型路由能力

车型	路由能力/件
7.2m	3 000
9.6m	5 000
12.5m	8 000

实训目的：通过此次训练，加深对处理中心规划相关知识的理解，能够科学地判断两地之间是否要开通直达路由。

实训方式：以个人为单位完成实训任务。

模块四 快递处理中心异常作业与安全管理

项目八 快递处理中心异常管理

学习目标

知识目标

1. 了解异常快件、异常库的概念;
2. 明确异常快件产生的原因及责任界定;
3. 掌握常见异常快件处理方式;
4. 理解异常情况处理原则;
5. 熟悉异常库的管理要求。

技能目标

1. 能够根据异常快件产生原因正确处理异常快件;
2. 能够根据异常快件处理原则进行异常库管理。

素养目标

1. 树立法治思维,增强法治意识,提高法治素养;
2. 培养正确的人生观。

项目导入

快递处理中心在对总包进行拆解后,可能会在现场发现或发生快件异常。在处理时,往往会涉及异常快件产生的原因及责任界定。针对不同原因造成的各种快件异常,如快件污损、快件遗失、快件包装破损、寄递违禁品等,需要由异常件处理员根据规定进行灵活处理。在快递处理中心,专门存放异常快件并对异常快件进行集中处理的区域称为异常库。异常库的管理要求是专人负责、出入库记录、循环处理、定期上报,以此达到提高处理异常快件的速度、减少快件延迟情况、明确责任划分、维护处理中心利益、提高异常件处理员的自身素质和业务处理能力的目的。

任务一 快递处理中心常见的异常情况

任务导入

小李在国内某大型快递公司处理中心实习一段时间后,公司领导发现他工作认真,有责任心,善于总结经验,可以灵活应对工作中各种情况,所以决定让小李担任一段时间的异常件处理员。转岗之后,小李遇到了许多状况,不知该如何处理。因此,他总结了几个问题,想要搜集资料进行学习。以下是小李遇到的问题。

(1)需要具备哪些素质,才能够更好地胜任异常件处理员一职?
(2)快递处理中心常见异常情况有哪些?
(3)如果出现异常快件,该如何处理?

一、异常快件的概念

一般来说,快件在运转、派送过程中,因主观、客观因素造成快件延误、错发、遗漏、内件短少等情况,导致不能按时、无损地进行中转、派送的快件,统称异常快件。在处理中心的作业现场主要由异常件处理员来处理各种各样的异常快件。

微课:异常快件的概念、异常原因及责任界定

相关链接

异常件处理员的岗位职责

快递企业异常件处理员的岗位职责如下。
(1)**作业区域巡查**:对处理中心各作业区域进行异常巡查。
(2)**快件交接异常处理**:外场交接发生快件异常时,及时做好现场处置以及交接清单签注、系统录入(核对清单与系统是否一致);进行监控查询,及时与上下游相关人员联系沟通。
(3)**内场异常件处置**:异常件拍照、上报;跟踪滞留件及自提件处理。
(4)**异常情况记录**:异常信息的建档、交接;异常货物破损修复登记及奖罚。
(5)**数据统计**:处理中心各项异常统计分析。
(6)完成上级领导交办的其他任务。

快件处理过程中会出现各种原因造成的异常快件。这些快件若处理不当,会降低快递处理中心的作业效率,使分拣延迟,从而引起客户对快递企业服务的不满和投诉,给客户留下负面印象,损坏快递企业的形象。对于这些异常快件,若处理得当,则会有多方面

的积极意义。

（1）从快递处理中心角度看，可以提高快件处理速度，减少快件延迟情况；明确责任划分，有利于维护处理中心利益；提高异常件处理员的自身素质和业务处理能力，减少客户对快递企业服务的不满和投诉。

（2）从快递企业角度看，有利于减少企业损失，维护企业形象。

（3）从客户角度看，可提高客户满意度，留住客户；有利于降低客户的投诉率，最大限度地减少客户损失。

二、异常快件产生的原因及责任界定

快件进入处理中心后，若发生异常，在后续处理时往往涉及责任界定问题。因此，异常原因核查及责任界定是异常管理的一项重要内容，为现场异常情况处理、后续理赔提供重要依据，是减少快件异常以及总结经验的有效手段。

1. 现场发现的异常情况原因核查及责任界定

对于现场发现的异常情况，应对异常可能发生的环节进行分析，及时将异常记录反馈到受理方、上一操作环节以及异常可能发生的环节，并与各方协同调查，确定异常发生的环节及主要原因、责任人。对于属于第三方承运造成的异常，应予以追究责任；属于客户责任的，应向客户解释异常原因，并提出可行的处理方案，与客户协商处理。

现场发现的异常快件主要包括有单无货、无信息快件、无运单快件、单货不符（件数不符、重量不符）、快件破损、外包装破损、到站晚点等。

根据发生的环节不同，异常快件又可分为装卸异常、搬运异常、查验异常、分拣异常、合包异常、信息处理异常等。

2. 现场发生的异常情况原因核查及责任界定

对于现场发生的异常情况，应通过快件操作记录、监控录像以及向操作人员等了解异常发生的详细情况，详查造成异常的主要原因及相关责任人，并根据具体情况对该环节的作业进行改进，对相关责任人进行处分。

现场发生的异常快件主要包括快件遗失、快件破损、分拣错误、合包错误、发运晚点、操作晚点、配载错误等。

根据异常的处理状况，异常快件还可分为待处理异常快件、待返回异常快件、死货（超过一定期限仍无法处理的快件）等。

三、常见异常快件及处理方式

（一）丢失件

丢失件（lost express item）是指在寄递过程中单一快件全部丢失，或其内件部分丢失的快件。快件在进入处理中心之后，由于处理中心操作或运输原因，没有到达派送网点就发生丢失的，处理方式分为以下几种。

微课：常见异常快件及处理方式

1. 处理中心发往派送网点的快件

处理中心发往派送网点的快件发生丢失,以处理中心发出为准。处理中心有发出,派送网点无收入,快件遗失责任由派送网点承担。

2. 发件网点发往处理中心的快件

发件网点发往处理中心的快件发生丢失,以处理中心收入记录为准。处理中心无收入,快件遗失责任由发件网点承担。

3. 处理中心互发包内件

处理中心互发包内件产生遗失,上一处理中心有发出记录,下一处理中心无收入记录,网络车铅封完好,按一家一半承担责任。处理中心若能提供清晰、明确的监控录像,可在仲裁裁定时作为参考使用。在这种情况下,所选择的运输模式不限,包括了网络车运输和第三方运输。

处理中心在处理快件时,必须规范操作。若未按规范操作,产生的一切责任由操作不规范的处理中心承担。例如,某快递公司规定,5kg(含)以内且长、宽、高三边之和100cm(含)以内的快件需建入包内,若上一处理中心未按规定建包导致快件遗失,责任由上一中心承担。

4. 经多个处理中心中转的快件

经多个处理中心中转的快件,中转环节的处理中心未按规范操作,则由其承担全部责任;双方处理中心均按规范操作或均未按规范操作时,以上一处理中心发出记录为准。网络车经过多个处理中心,责任由收件地址所属的处理中心承担。

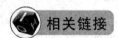

某快递公司丢失件注意事项

(1)快件交接时,必须当场核对件数,如有问题,则当场将情况如实汇报给上级,以便进行遗失责任的追查。

(2)建包袋破损的,中心操作人员应及时向质量管理部人员反馈,质量管理部人员应及时根据包签号通过金刚系统查询建包信息,比对并确认是否有包内快件遗失。

(3)转运中心发现快件疑似遗失,应主动联系发件网点,根据快件内容、包装特征,及快件装卸、分拣路径等,通过视频监控在中心场地内查找。

(4)第三方运输的快件,卸车时应根据车签比对上下车扫描明细,存在有上无下的异常单号时,应书写情况说明交予驾驶员确认签字,避免产生因运输不当导致遗失被仲裁的情况。

(5)厢式货车卸车前发现封签异常,卸车人员应在卸车前进行拍照,并拟写情况说明,由操作组长及驾驶员确认签字,并通过金刚系统查询上下车签明细,比对并确认是否有快件遗失。

(6)转运中心在中转过程中发现双面单的快件,应在到件扫描两小时内上报问题件,并上传相关图片。具体遗失责任由仲裁部界定。

(7) 包件拆包后要求拆包员将每个环保袋、编织袋进行翻包处理,并必须全部通过二次安检确定包内无遗留快件后方可处理包袋。

(8) 转运中心在卸车环节发件快件无面单且无法辨别收发件人信息的快件时,应用便笺纸/便利贴记录卸车时间、车签、车牌、发现人等信息,并交由质量管理部登记,以便无着件的认领,降低遗失情况的产生。

(二) 破损件

破损件(express item with damaged packing)是指因操作不当等原因,导致包装破损的快件。

1. 快件包装破损的原因

(1) 快件在运输过程中受到剧烈振动冲击。

(2) 快件在车厢内没有按照"大不压小、重不压轻"的原则进行堆放,导致小件、轻货被碰撞挤压。

(3) 快件在装卸、搬运过程中意外跌落。

(4) 快件外包装不够坚固。

(5) 有尖锐棱角的特殊形状快件穿透外包装,刺破其他快件包装。

(6) 工作人员工作态度不端正、责任心不强,暴力操作等。

2. 对破损件的处理

(1) 快件外包装轻微破损。若快件外包装仅为轻微破损(图 8-1),经判断后快件内件品质没有受到影响,那么只需要对快件原包装破损处用封箱带予以加固,按正常件进行处理即可。

(2) 快件外包装破损明显。若发现快件外包装有明显破损、撕裂或拆动痕迹,如图 8-2 所示,判断很可能影响快件内件品质,应会同主管人员将快件取出,做好复秤、拍照工作,然后在监控下开拆快件,验视快件内件是否已经发生损坏。若快件内件未发生损坏,应按要求对寄递物品重新包装,重新填写一份运单,并粘贴在快件上,将快递信息系统内的运单号进行修改,以备客户查询;选择就近班次进行中转,同时向上一环节缮发快件差异报告。若快件内件已经发生损坏,视情况进行滞留,同时向上一环节缮发快件差异报告,通知客服部门联系寄件人,协商解决。

图 8-1 外包装轻微破损

图 8-2 外包装破损明显

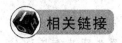

某快递公司破损件注意事项

(1) 转运中心在网点交件时发现快件外包装破损的,应要求网点重新包装后再交接。快件外包装破损且内件破损的,转运中心应拒收。

(2) 转运中心在网点交件时发现,外包装破损、三超、3kg以上单件未标注信息、子母件、双面单、无面单、面单和包装违规使用等问题件,转运中心应拒收不予中转。

(3) 退回件未打印退件单的网点,中心可拒收不予中转。

(4) 转运中心之间交接过程中,中心下车时发现外包装(含包)破损或异常,必须现场拍照取证,照片内容包含破损货物单号及包装、车牌号、电子任务单及驾驶员签字,在快件下车扫描3小时内同时上报问题件(缺一不可)。

(5) 末端中心卸车前发现雨水淋湿快件,需拟写雨水淋湿情况说明(日期、车签、车牌、车型、承运商名称等),整理雨水淋湿单号及照片,并交由驾驶员及操作组长签字确认后,报备至中心管理部,便于后续淋湿的责任界定。未按要求操作的雨水淋湿,由发现地自行承担责任。

(6) 转运中心分拣操作过程中发现破损件的,操作人员应立即上报当班组长,并将破损件进行拍照(照片需包含破损货物单号、包装及内件),同时下车3小时内在系统中上报问题件通知始发网点。

(7) 外包装破损,且当天无法及时处理的快件,应封闭保存,严禁在开放的区域或操作场地随意放置快件,并应于次日及时处置。有问题件仓库的,必须存放在问题件仓库。

(三) 损毁件

损毁件(damaged express item)是指因操作不当等原因,导致内件部分或全部价值损毁的快件。

若发现快件有水湿、油污、流汁或内装物品损毁等现象,应会同主管人员复称快件重量,并进行拍照,批注系统中的该快件信息及纸质清单。必要时,两人以上一同开拆快件外包装,验视内装物品损失情况及包装衬垫情况,同时向上一环节缮发快件差异报告,通知客服部门联系寄件人,协商解决。处理时,需要保留好袋皮、封志、绳扣、袋牌等相关证物,查看监控,寻找原因,落实责任。

快件重量基本相符、污损情节较轻的,经协商后,同意继续转运的,由两人一起将快件整理重新封装,选择就近班次进行中转。快件重量不符且污染、损毁较严重的,一律不得转发。残留部分可暂为妥善保管,待征询寄件人处理意见后再做处理。

网购快递——破裂的玉石毛料

2021年9月7日,一淘宝客户通过淘宝直播间以22 000元的价格向原告邓某经营的珠宝店购买玉石毛料一块，同时购买了其他玉石产品。经协商，客户向原告购买的玉石毛料及其他产品由原告通过某快递发货给客户。2021年9月9日，原告邓某委托证人罗某通过微信小程序下单两份，委托云南某速运有限公司腾冲分公司（下称某快递公司）向客户运输其购买的玉石毛料一块及其他玉石产品。案涉玉石毛料的付款方式为到付现结，实际重量4.75kg，计费重量4.8kg，运费41元，包装服务费3元，到方费用合计44元，未保价。2021年9月13日，该客户收到原告寄到的玉石毛料后，通过淘宝与原告经营的珠宝店客服联系，告知自己收到的玉石毛料破裂，并拍照给客服，经协商，客户申请退货、退款，珠宝店同意后向客户退款22 000元，现玉石毛料由原告邓某持有。原告邓某与某快递公司就赔偿事宜多次协商未果，原告诉至法院。最终，依据某快递公司《电子运单契约条款》中未保价货物赔偿的约定，某快递公司应按运费的7倍（308元）进行赔偿。

（资料来源：https://m.thepaper.cn/baijiahao_20614123）

（四）改寄件

改寄件（express item with corrected address）也称为更址快件，是指快递服务主体在首次投递完成前，受用户委托，变更原投递地址，寄往新地址的快件。

1. 快件更址的条件

（1）同城快件和国内异地快递服务快件：快件还未派送至收方客户处。

（2）国际快件及港澳台快递服务快件：快件尚未出口验关前。

2. 快件更址的申请

客户需要对快件进行更址时，应该致电快递企业的客户服务热线，由客户服务工作人员进行登记备案。客服工作人员应详细记录寄方客户的地址、联系人名称、联系方式、收件人地址、快件详情单号等快件信息。快递企业信息部门根据申请在系统内进行相应设置，当快件到达原址处理中心后，扫描员扫描到此快件，扫描器会发出警报声，提醒扫描员将快件拿出单独放置，进行更址处理。

3. 快件更址的处理方法

如果更改后的新地址与原来的地址在同一城市，可以直接利用原来的运单对地址进行修改后进行派送；如果更改后的新地址与原来的地址不在同一城市，可以利用原来的运单对快件更址，也可以重新填写一份新的运单。

（五）收件人姓名和地址有误的快件

快件运单上的收件人的姓名和地址是快件处理的关键，快件姓名和地址有误容易导致误分拣，延误快件的处理时效，有的甚至导致快件无法转运，为快递企业造成负面影响。在实际分拣过程中，若遇到地址填写不完整、地址内容前后矛盾等情况的快件，快件处理人员应该充分利用快递运单上的多种信息（如邮政编码、电话区号、城市航空代码等）进行综合分析，确定正确的分拣方向；确实无法确认分拣方向的，应该单独取出，交给主管联系寄件人，明确收件人准确地址后，参与就近班次的中转。

某快递公司无着件注意事项

(1) 上报无着件,应至少上传两张照片,其中一张照片为快件外包装,另一张照片为快件的内件物品。

(2) 无包装的散落物品,可直接拍照上传,每个物品需对应一个ID号进行上报。有包装的无着件,包装内的物品可使用同一ID号进行上报。

(3) 转运中心质量管理部人员应及时在"网点管家"系统中上报无着件,主要内容包括快件的包装类型、包装尺寸大小和完整外观照片,内件的品名、数量、重量、颜色、尺寸和照片。

(4) 可以确认无着件及散落物品所属车辆的,应同时上传车签、车牌、时间、地点等信息。

(5) 原则上,当班次发现的无着件和散落物品,必须在当班次工毕前完成上报。

(6) 加盟公司确认相关无着件或散落物品为查找内容的,应提交认领信息(ID号和快件单号、收件人详细信息、认领公司名称及负责人的姓名和联系方式、处理建议等),并以问题件的形式发给中心。

(7) 转运中心应与认领加盟公司详细确认并核实比对快件的相关信息,尤其应核实比对快件的外观及内件物品特征信息,确保相关无着件或散落物品不被错误认领。

(8) 加盟公司已完成认领的无着件,转运中心应根据网点提供的单号信息,认领后的第一频次操作转出。

(9) 自"网点管家"系统上报无着件之日起6个月内无人认领的无着件,应进行超期处理。

(10) 转运中心应于每月5日前整理超期无着件清单,并通过OA提交无着件处理流程,经所属省管区、中心管理部、仲裁部、安保部、财务部审核批准后,3个工作日内,按批复要求完成超期无着件的处理。

1. 收件人姓名和地址不详

(1) 缺少收件人姓名或姓名不具体。

例如,收件人姓名:陈先生(姓名不具体)。

处理方法:对于缺少收件人姓名或姓名不具体的快件,一般不影响快件的正常分拣,可以按正常件进行分拣。到达目的地后,由收派员通过运单上收件人电话联系派送。

(2) 收件人地址不具体。

例如,收件人地址:山东省青岛市南京路(没写具体的单位和门牌号)。

处理方法:对于未详细写明收件人地址的快件,如果不影响快件的正常分拣,可以按正常件进行分拣,到达目的地后再由收派员通过运单上收件人电话联系派送;如果无法进行分拣,应单独取出,交给主管联系寄件人,明确收件人详细地址后,参与就近班次的中转。

2. 收件人地址有误

（1）收件人地址与邮政编码不符。

例如，收件人地址：山东省青岛市市中区××路××号，邮编：200000，联系电话：0532-12345678。经分析应该是邮编写错了，可以按照地址进行分拣、中转。

处理方法：这种情况一般是由于寄件人不清楚收件人所在地邮编，随便填写造成的。快件处理人员应充分结合收件人电话号码或寄达地代码，确定正确的分拣方向；实在无法确认的，应单独取出，交给主管联系寄件人，批注正确的分拣方向，参与就近班次的中转。

（2）地址中省、市不匹配。

例如，收件人地址：江苏省长沙市××区××路××号，邮编：410000，联系电话：0731-84212345。经分析应该是省份写错了，可以按照湖南省长沙市进行分拣、中转。

处理方法：这种情况一般是由于寄件人失误造成的。快件处理人员应充分结合收件人电话号码或寄达地邮编，确定正确的分拣方向；实在无法确认的，应单独取出，交主管联系寄件人，批注正确的分拣方向，参与就近班次的中转。

3. 收件人地址潦草、模糊不清

处理方法：对于收件人地址潦草、模糊不清，影响快件正常分拣的，应单独取出，交主管联系寄件人，明确收件人详细地址后，在备注栏批注，参与就近班次的中转。

4. 快件运单脱落

处理方法：对于运单脱落的快件，应积极在现场寻找脱落的运单。如果找到运单，重新粘贴在快件上，进行正常分拣；如果现场找不到运单，应将快件取出，进行滞留，交作业主管登记备查。根据发件部门提供的相关信息重新填写一份运单，粘贴在快件上，参与就近班次的中转，并将快递信息系统内的运单号进行修改，以备客户查询。

（六）包装不合格快件

在快件处理场地发现的包装不合格快件主要包括快件的包装内衬或充填物过于简单、内件物品有响动或晃动现象以及快件外包装不坚固，造成快件外包装出现塌陷、渗漏现象等。

1. 快件外包装的检查

在各交接环节，对于拿到手的快件，首先应对快件外包装进行检查，检查快件可以通过"看""听""感""搬"等多种方式进行。通过"看"了解快件外包装是否出现塌陷、渗漏现象；通过"听""感"了解快件内填充物是否充满；通过"搬"了解快件重心是否严重偏向。

2. 对包装不合格快件的处理

对于包装明显不合格快件，为了保证快件在后续操作中的安全，应将快件取出，做好复秤、拍照工作，然后会同主管，在监控下开拆快件，验视快件内件是否已经发生损坏。

（1）快件内件未损坏。若快件内件未发生损坏，应对寄递物品按要求重新包装，重新填写一份运单,粘贴在快件上,参与就近班次的中转,并将快递信息系统内的运单号进行修改,以备客户查询,同时向收寄网点缮发快件差异报告。

(2)快件内件已经损坏。若快件内件已经发生损坏,视情况进行滞留,同时向收寄网点缮发快件差异报告,通知客服部门联系寄件人,协商解决。

(七)撤回快件

客户在寄递快件以后,可能会由于自己的疏忽发错物品、地址填写错误或由于业务变化等原因,导致已经发出的快件需要撤回。

1. 撤回快件的概念

撤回快件是指快递企业根据寄件人提出的申请,将已发送的快件退还寄件人的一种特殊的服务。快件在尚未投交收件人之前,所有权属于寄件人,因此寄件人有权要求撤回所寄快件。但是快件撤回属于有偿服务,寄件人在向快递企业提出快件撤回申请时,快递企业应告知寄件人费用标准以及需要承担的撤回费用。

2. 快件撤回的条件

(1)同城和国内异地快递服务:快件尚未首次派送。

(2)中国香港、澳门和台湾地区快递服务:快件尚未封发出境。

(3)国际快递服务:快件尚未封发出境。

3. 快件撤回的申请

无论何种原因,客户要撤回快件时,都需要第一时间致电快递企业的客户服务电话或登录企业网站提出撤回申请。

(1)快递企业客户服务人员,根据查询快件相关状态,回复客户是否可以对快件进行撤回,快件只要是尚未派送或是尚未封发出境,都是可以进行撤回操作的。

(2)在确定快件可以进行撤回操作后,由快递企业发送"快件撤回申请单"给寄件人,由寄件人签字盖章回传给快递企业后,快递企业才可以进行快件撤回的后续操作。

4. 撤回快件的处理方法

如果遇到寄件人要求撤销邮寄的快件,应粘贴改退批条,注明退回原因,快件分入进口分拣班组的格口,扫描快件条码生成封发清单后,快件交进口分拣人员签收处理。

(1)快递企业接到撤回申请后,如快件尚未发出,可以直接办理快件撤回手续。

(2)快递企业接到撤回申请后,如快件已经发出、尚未派送,由处理人员填写一份新的运单。新运单的寄件方和收件方与原运单相反,即寄件方栏按原运单的收件方资料填写,收件方栏按原运单的寄件方资料填写。按规定将新运单和需撤回的快件重新包装处理后,可安排撤回快件参加最近的中转班次进行中转。

(八)禁止寄递物品的快件

禁止寄递物品近几年呈爆发性趋势增长,危害性逐步增加,直接危害到公共安全。为了保护国家政治、经济、社会及文化的发展,保证快件传输过程中的人身安全、快件安全及快件操作设备安全,防止不法分子利用快递网络渠道从事危害国家安全、社会公共利益或他人合法权益的活动,国家对禁限寄物品做了规定。

快递企业也应加大对快件中违禁物品的检查力度,建立健全安全教育培训制度,强化从业人员对禁寄物品的辨识知识和处置能力;未经安全教育和培训的从业人员不得上岗作业;建立健全安全检查制度,配备符合国家标准或行业标准的安全检查设备,安排具备专业技术和技能的人员对邮件、快件进行安全检查;制订禁寄物品处置预案,根据情况变化及时修订,并向邮政管理部门备案。

禁止寄递物品(简称禁寄物品)是国家法律、法规明确禁止寄递的物品。主要包括危害国家安全、扰乱社会秩序、破坏社会稳定的各类物品;危及寄递安全的爆炸性、易燃性、腐蚀性、毒害性、感染性、放射性等各类物品;法律、行政法规以及国务院和国务院有关部门规定禁止寄递的其他物品。

1. 禁止寄递物品

《禁止寄递物品管理规定》第三条中指出,所称禁止寄递物品(图8-3)主要包括:

(1) 危害国家安全、扰乱社会秩序、破坏社会稳定的各类物品;

(2) 危及寄递安全的爆炸性、易燃性、腐蚀性、毒害性、感染性、放射性等各类物品;

(3) 法律、行政法规以及国务院和国务院有关部门规定禁止寄递的其他物品。

图8-3 禁止寄递物品

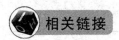

禁止寄递物品指导目录

禁止寄递物品指导目录如表8-1所示。

表8-1 禁止寄递物品指导目录

物品类别	类 型	具体物品名称
一、枪支(含仿制品、主要零部件)弹药	1. 枪支(含仿制品、主要零部件)	如手枪、步枪、冲锋枪、防暴枪、气枪、猎枪、运动枪、麻醉注射枪、钢珠枪、催泪枪等
	2. 弹药(含仿制品)	如子弹、炸弹、手榴弹、火箭弹、照明弹、燃烧弹、烟幕(雾)弹、信号弹、催泪弹、毒气弹、地雷、手雷、炮弹、火药等
二、管制器具	1. 管制刀具	如匕首、三棱刮刀、带有自锁装置的弹簧刀(跳刀)、其他相类似的单刃、双刃、三棱尖刀等
	2. 其他	如弩、催泪器、催泪枪、电击器等
三、爆炸物品	1. 爆破器材	如炸药、雷管、导火索、导爆索、爆破剂等
	2. 烟花爆竹	如烟花、鞭炮、摔炮、拉炮、砸炮、彩药弹等烟花爆竹及黑火药、烟火药、发令纸、引火线等
	3. 其他	如推进剂、发射药、硝化棉、电点火头等
四、压缩和液化气体及容器	1. 易燃气体	如氢气、甲烷、乙烷、丁烷、天然气、液化石油气、乙烯、丙烯、乙炔、打火机等
	2. 有毒气体	如一氧化碳、一氧化氮、氯气等
	3. 易爆或窒息、助燃气体	如压缩氧气、氮气、氦气、氖气、气雾剂等
五、易燃液体		如汽油、柴油、煤油、桐油、丙酮、乙醚、油漆、生漆、苯、酒精、松香油等
六、易燃固体、自燃物质、遇水易燃物质	1. 易燃固体	如红磷、硫磺、铝粉、闪光粉、固体酒精、火柴、活性炭等
	2. 自燃物质	如黄磷、白磷、硝化纤维(含胶片)、钛粉等
	3. 遇水易燃物质	如金属钠、钾、锂、锌粉、镁粉、碳化钙(电石)、氰化钠、氰化钾等
七、氧化剂和过氧化物		如高锰酸盐、高氯酸盐、氧化氢、过氧化钠、过氧化钾、过氧化铅、氯酸盐、溴酸盐、硝酸盐、双氧水等
八、毒性物质		如砷、砒霜、汞化物、铊化物、氰化物、硒粉、苯酚、汞、剧毒农药等
九、生化制品、传染性、感染性物质		如病菌、炭疽、寄生虫、排泄物、医疗废弃物、尸骨、动物器官、肢体、未经硝制的兽皮、未经药制的兽骨等
十、放射性物质		如铀、钴、镭、钚等
十一、腐蚀性物质		如硫酸、硝酸、盐酸、蓄电池、氢氧化钠、氢氧化钾等

续表

物品类别	类　型	具体物品名称
十二、毒品及吸毒工具、非正当用途麻醉药品和精神药品、非正当用途的易制毒化学品	1. 毒品、麻醉药品和精神药品	如鸦片(包括罂粟壳、花、苞、叶)、吗啡、海洛因、可卡因、大麻、甲基苯丙胺(冰毒)、氯胺酮、甲卡西酮、苯丙胺、安钠咖等
	2. 易制毒化学品	如胡椒醛、黄樟素、黄樟油、麻黄素、伪麻黄素、羟亚胺、邻酮、苯乙酸、溴代苯丙酮、乙酸酐、甲苯、丙酮等
	3. 吸毒工具	如冰壶等
十三、非法出版物、印刷品、音像制品等宣传品		如含有反动、煽动民族仇恨、破坏国家统一、破坏社会稳定、宣扬邪教、宗教极端思想、淫秽等内容的图书、刊物、图片、照片、音像制品等
十四、间谍专用器材		如暗藏式窃听器材、窃照器材、突发式收发报机、一次性密码本、密写工具、用于获取情报的电子监听和截收器材等
十五、非法伪造物品		如伪造或变造的货币、证件、公章等
十六、侵犯知识产权和假冒伪劣物品	1. 侵犯知识产权	如侵犯专利权、商标权、著作权的图书、音像制品等
	2. 假冒伪劣	如假冒伪劣的食品、药品、儿童用品、电子产品、化妆品、纺织品等
十七、濒危野生动物及其制品		如象牙、虎骨、犀牛角及其制品等
十八、禁止进出境物品		如有碍人畜健康的、来自疫区的以及其他能传播疾病的食品、药品或其他物品;内容涉及国家秘密的文件、资料及其他物品
十九、其他物品		—

2. 违禁品的处理方法

《禁止寄递物品管理规定》第十一条规定,寄递企业完成收寄后发现禁寄物品或者疑似禁寄物品的,应当停止发运,立即报告事发地邮政管理部门,并按下列规定处理。

(1) 发现各类枪支(含仿制品、主要零部件)、弹药、管制器具等物品的,应当立即报告公安机关。

(2) 发现各类毒品、易制毒化学品的,应当立即报告公安机关。

(3) 发现各类爆炸品、易燃易爆等危险物品的,应当立即疏散人员、隔离现场,同时报告公安机关。

(4) 发现各类放射性、毒害性、腐蚀性、感染性等危险物品的,应当立即疏散人员、隔离现场,同时视情况报告公安、环境保护、卫生防疫、安全生产监督管理等部门。

(5) 发现各类危害国家安全和社会稳定的非法出版物、印刷品、音像制品等宣传品的,应当及时报告国家安全、公安、新闻出版等部门。

(6) 发现各类伪造或者变造的货币、证件、印章以及假冒侵权等物品的,应当及时报告公安、工商行政管理等部门。

(7) 发现各类禁止寄递的珍贵、濒危野生动物及其制品的,应当及时报告公安、野生动物行政主管等部门。

（8）发现各类禁止进出境物品的，应当及时报告海关、国家安全、出入境检验检疫等部门。

（9）发现使用非机要渠道寄递涉及国家秘密的文件、资料及其他物品的，应当及时报告国家安全机关。

（10）发现各类间谍专用器材或者疑似间谍专用器材的，应当及时报告国家安全机关。

（11）发现其他禁寄物品或者疑似禁寄物品的，应当依法报告相关政府部门处理。

  思政园地：遵纪守法　远离毒品

陕西汉中南郑区：合力打击寄递违禁品犯罪

2021年5月，被告人万某通过网络通信软件，从境外一名男子手中购买冰毒3g，境外男子将毒品藏匿于茶叶盒内通过快递从境外邮寄给万某。2022年2月15日，万某再次联系该男子购买冰毒5g，这次该男子将毒品藏匿于面膜盒内邮寄给万某。4月25日，万某在收取包裹时被警方当场抓获，警方从包裹内查获冰毒4.445g。警方另查明，万某在其住所先后6次容留他人吸食毒品。

在该案办理过程中，南郑区检察院通过警检邮协作机制，主动与交通运输部门和公安机关对接，合力打击寄递违禁品犯罪。该院在提前介入后，就侦查方向、取证要点等问题向侦查机关提出了引导侦查意见；在审查逮捕阶段，发现万某交代的2021年5月向境外男子购买毒品的犯罪事实无相应证据证实，遂向公安机关提出10条继续取证意见。在审查起诉阶段，该院进行了自行补充侦查，及时调取相关书证，认定万某的行为符合走私毒品罪"情节严重"的情形。

2022年7月22日，南郑区检察院以万某涉嫌走私毒品罪、容留他人吸毒罪依法提起公诉。9月19日，南郑区法院经审理，认为检察机关指控的罪名成立，判处万某有期徒刑三年三个月，并处罚金1.5万元。

作为一名大学生，要谨记毒品会毁灭自己、祸及家庭、危害社会，一定要珍爱生命、远离毒品。在日常生活中，学习毒品基本知识和禁毒法律法规教育，遵守相关法律法规；了解毒品的危害，懂得"吸毒一口，掉入虎口"的道理；树立正确的人生观，不盲目追求享受，寻求刺激，赶时髦。

（资料来源：http://news.jcrb.com/jsxw/2023/202301/t20230110_2483768.html）

思政讨论：

（1）南郑区检察院为什么要通过警检邮协作机制合力打击寄递违禁品犯罪？

（2）根据案例，谈谈你的感受。

（九）限制寄递物品的快件

限制寄递物品（简称"限寄物品"）是国家为控制某些物品流通和保护某些物品特许经营权，对个人寄递的物品限定在一定数量范围内。限定的范围包括价值上的限制和数量上的限制，也就是通常所说的限值和限量。限值和限量的规定会根据海关或国家临时情况变化而有所变更,具体内容以海关当时公布的限值和限量要求为准。

1. 限制寄递出境物品

(1) 金银等贵重金属及制品。

(2) 国家货币、外币及有价证券。

(3) 无线电收发信机、通信保密机。

(4) 贵重中药材及其制成药(麝香不准寄递出境)。

(5) 一般文物(指1795年后的,可以在文物商店出售的文物)。

(6) 海关限制出境的其他物品。

2. 限制寄递进境物品

(1) 无线电收发信机、通信保密机。

(2) 烟酒。

(3) 濒危的和珍贵的动物,植物(均含标本)及其种子和繁殖材料。

(4) 国家货币。

(5) 限制入境的其他物品。

3. 海关对限制寄递物品的限量和限值规定

(1) 限量。根据限量有关规定,在国内范围互相寄递的物品,如卷烟、雪茄烟每件以二条(400支)为限,两种合寄时也限制在400支以内。寄递烟丝、烟叶每次均各以5kg为限,两种合寄时不得超过10kg。每人每次限寄一件,不准一次多件或多次交寄。

(2) 限值。对于寄往国外、境外的物品,除需遵守限量规定外,还应遵守海关限值的有关规定。

《关于调整进出境个人邮递物品管理措施有关事宜的公告》(海关总署2010年第43号)规定,个人寄自或寄往港、澳、台地区的物品,每次限值为800元人民币;寄自或寄往其他国家和地区的物品,每次限值为1 000元人民币。

(3) 个人邮寄进出境物品超出规定限值的,应办理退运手续或按照货物规定办理通关手续。但邮包内仅有一件物品且不可分割的,虽超出规定限值,经海关审核确属个人自用的,可以按照个人物品规定办理通关手续。

(4) 如果寄达国(或地区)对某些寄递物品有限量、限值的规定,应按照寄达国(或地区)的规定办理。

(十) 限时快件

1. 限时快件的概念

限时快件是指因时限要求需要优先处理快件的统称。为了保证服务质量,在整个处理流程中对于限时快件要优先处理,及时处理,确保时效性要求。限时快件主要包括以下两种类型。

(1) 时限要求高的快件,如果同时有即日达、次晨达快件需要处理,应优先处理即日达快件。

(2) 客户明确要求在规定时间内送达的快件。

2. 限时快件的处理方法

(1) 接收限时快件首先验视发运路向是否正确。

(2) 限时快件不得与其他快件混合开拆分拣。
(3) 限时快件是否正确粘贴"限时快件""即日达"或"航空件"标识。
(4) 检查快件包装是否完好,有无污损等情况。
(5) 限时快件应该优先进入分拣环节,并提醒分拣人员注意。

(十一) 保价快件

1. 保价快件的概念

保价快件是指寄件人按规定交付保价费,快递企业对该快件的丢失、损毁、内件短少承担相应赔偿责任的快件。保价金额不能超过快递企业规定额度。

由于保价快件是价值较高或客户非常重视的物品,同时快递企业承担更多的赔偿责任,因此保价快件总包应单独交接、登记备案、分开操作、单独放置。

2. 保价快件的处理方法

(1) 接收保价快件应认真执行交接验收制度,交接双方必须当场交接,验视规格,尤其应注意快件是否破损或有拆动痕迹。
(2) 保价快件不得与其他快件混合开拆分拣。
(3) 保价快件总包应双人会同开拆处理,对照封发清单,逐件进行核对,防止快件丢失损毁,并注意快件是否破损或有拆动痕迹。
(4) 对保价快件必须逐件称重,及时发现保价快件是否短少,并进行相应处理。
(5) 检查快件封装规格是否符合标准,外包装是否完好,验看是否正确粘贴"保价快件"标识,保价标识应粘贴在每个表面的骑缝线上,起到封条的作用。
(6) 核验运单上所填保价金额是否为大写,有无超过规定限额,有无涂改。
(7) 验看运单所填的保价物品有无超出准寄规定等。

(十二) 自取快件

收件人因特殊原因急于收到快件,提出自取申请。针对这种情况,处理中心采取下面的处理方法。

1. 处理中心对于自取快件的处理方法

(1) 总包拆解时发现自取件,应当单独存放,不要与普通件混杂。
(2) 检查快件外包装上是否正确粘贴"自取件"贴纸,"自取件"贴纸必须粘贴在与运单同面的右上角位置,确保可以在三个角度看到。

2. 自取快件的处理流程

(1) 总包拆解时发现自取件,应当单独存放,不与收派员交接。
(2) 所有到件清仓完毕,立即致电收件方。
① 通知客户自取地点、联系电话。
② 如为到付,通知客户付款方式和需付款金额。
③ 通知客户携带身份有效证件(如身份证、暂住证等),如为他人代领,提醒客户除需代领人有效身份证明文件外,还需收件人身份证明有效证件原件或复印件和委托书。
(3) 客户到达取件地点,应要求客户出示有效证件。
(4) 处理人员核对客户提供的证件。

① 核对无误后，快件交给客户签收，并在收方签名下方注明收件人身份证号码。如非本人取件，则同时注明收件人姓名及身份证号码。

② 证件核对异常，处理人员不得将快件交给客户，同时提醒客户携带有效证件取件。

（5）对于当日未自取的快件，处理人员次日再次与客户联系确认取件日期。

如快件超出企业规定期限未提取，企业应主动联系客户，并提醒其将产生的仓储费用问题，希望客户能够尽早来提取。

任务二　快递处理中心异常情况管理

任务导入

小李担任异常件处理员以来，经过一段时间的实践和自我学习，已经能够辨别常见的异常快件，熟悉异常快件的处理流程，也能够独立处理快件异常情况，他想总结一下在处理异常快件时应遵循的原则。此外，他发现公司异常库快件存放比较混乱，打算写一份关于异常库进行分区管理的计划书，并汇报给领导。但是，现在小李的思绪有点混乱，你能帮帮他吗？

（1）在处理异常快件时，应遵循哪些原则？

（2）异常库应如何进行分区？

一、异常情况的处理原则

尽管多数异常情况在处理中心内都有标准的流程，但是依然有许多无法预测、灵活多变的情况出现，对于这部分异常情况，没有预先设定的标准流程可以参考，需要异常件处理员在作业现场即时作出反应，进行处理。但基本都需要遵循以下原则。

（1）及时性原则。不管是现场发现还是现场发生的异常情况，都应及时反馈、及时弥补、及时报告。及时性是异常处理的第一原则，只有及时反馈，才能为弥补异常争取时间；只有及时弥补和及时报告，才能将异常造成的损失和影响降到最小。

（2）详细记录原则。对于现场发现或发生的异常情况，都应对异常情况进行及时、详细的记录，特别是现场发现的快件破损、外包装破损、快件变形、快件数量短少等情况，要求记录得更详细，一般要求拍照或录像留存。

（3）全力弥补原则。由于作业环节的异常情况还未造成恶劣影响，且一般尚有时间进行弥补，因此，对于有可能进行弥补抢救的异常情况，应全力弥补。这样才可能将异常情况对客户和企业的影响降到最低。

（4）分级处理原则。对于作业现场发现的异常情况，作业中心一般是没有权限处理的，只有在确认责任后，经受理方、责任方或客户统一且确认处理方法后才能进行处理。否则，作业中心不能越权对非本环节责任的异常进行处理。

（5）持续性原则。对于待处理的快件，应持续跟进、查询、协调处理，直至处理完毕。

持续性是指确保责任方及时响应并做出处理决定、确认处理方法、及时进行处理的重要原则。

思政园地：助力快递　保障民生

积极推动分拨中心解封　保障民生物资运输通畅

国家邮政局表示，目前全国大部分地区堵点卡点已有效疏通，行业正在快速恢复有序运行。截至 2022 年 12 月 11 日，全国关停邮政快递分拨中心已经清零。全国仅有 400 余个网点因涉疫处于关停状态，各地邮政管理部门正在积极推动解封。目前有部分地区存在快递不快、发货较慢、派送不及时等问题。国家邮政局回应称，这主要是前期一些地区由于疫情防控等原因，积累了大量线上订单，快递企业需要根据商家发货节奏进行揽收和处理。同时，受疫情影响，快递企业也存在一定的用工缺口，运力尚未完全恢复，造成末端派送压力较大。

12 月 15 日，国务院物流保通保畅工作领导小组办公室印发《关于进一步畅通邮政快递服务保障民生物资运输的通知》。通知指出，要集中解决邮件快件积压问题，重点保障药品、防疫物资及民生物资配送服务，通过发放津补贴、加班费等方式，引导快递员适当扩大配送范围，延长配送时间，有效缓解人力、运力压力，保障邮政快递末端投递揽收正常。要健全完善突发情况下应急预案，强化邮政快递人员、物资储备，保障邮政快递服务不中断。

（资料来源：https://baijiahao.baidu.com/s?id=1752092443542380940&wfr=spider&for=pc）

思政讨论： 阐述国务院物流保通保畅工作领导小组办公室印发的通知对于保障邮件快件通畅运行的积极作用。

二、异常库管理

异常库是存放异常快件并对异常快件进行集中处理的区域，一般分为四个区：待处理区、待返件区、暂存区、死货区。异常库一般会设立异常处理员，专职负责管理。

（一）异常库分区

1. 待处理区

待处理区用于存放待处理的异常快件，一般要求在三天内清库，即待处理异常快件必须于三天内处理完毕，超过三天未处理的转入其他分区。

2. 待返件区

待返件区存放无法派送或经客户要求返回的快件，包括三类。

（1）收件人明确表示拒收的快件。

（2）因客户原因无法正常派送且已超过异常处理时限的在库滞留快件。

（3）客户要求取消发运的快件。

这三类快件原则上存放在待返件区，等待受理方确认并发出返回指令。

微课：异常库管理

3. 暂存区

暂存区用于存放无主快件、等通知派件、本环节出站被退回的且未有处理结果的快件。这些异常快件的主要特点是处理时间较长甚至是无法确定处理时间,如因快件异常导致与客户产生纠纷或诉讼的快件、需返回却无法联系发件人的快件等。但一般情况下暂存区的存放时限为 90 天,如超过 90 天未有处理指令,则统一封存保管。

4. 死货区

死货区又称呆滞区。主要用于放收、发件人双方确认放弃的快件,超过一定时限仍无人认领的无着快件以及超过一定期限的无法联系上发件人的需返回快件。对于此类快件,原则上在呆滞区存放一段时间并定期集中转交主管部门处理。

(二)异常库的管理要求

(1)专人负责。对于异常库的管理,要求专人专岗负责异常件的出入库登记、盘点及异常反馈、异常处理。

(2)出入库记录。进出异常库的快件必须做出入库记录,记录时必须注明交接人、出入库原因及具体时间。

(3)循环处理。对于异常库的快件应采用循环处理方法,异常管理专员每日定期查询相关责任环节的异常处理意见,对异常库内的快件进行盘点和处理。

(4)定期上报。异常管理专员应每月定期上报异常库的出入库、处理结果以及无法处理的快件等情况,并定期对异常管理工作进行总结、分析。

三、快件差异报告

差异报告是在分拣过程中发现快件不合格时,如实所做的记录文档。差异报告记录的内容应真实、详细,能够记录快递服务组织和顾客之间的交易过程,确保双方的权益不受侵害。

微课:快件差异报告

快件差异报告又称验单,是指记录快件在处理过程中发现的差错或不符合规定事项的单据,用以明确责任。当接到快件差异报告时,相关部门主管须认真对待,积极查证,明确责任,如需回复的,还应及时回复。

不同的快递企业对缮发快件差异报告以及回复要求不尽相同。有的快递企业有专门的快件差异报告(验单)和回复报告(复验单),对书写报告也有专门的格式要求,例如邮政 EMS 缮发验单和复验。但是目前大多数快递企业都是利用快递信息网络,通过电子邮件(E-mail)、QQ、MSN 等即时信息服务工具缮发快件差异报告或回复,一般格式要求并不严格,只需要对发生的问题以及问题的核实情况说明清楚即可。

(一)缮发快件差异报告的相关规定

(1)一般应由各处理中心办理,并经主管人员签发。

(2)快件差异报告应当按顺序编号,每年换编一次。每份快件差异报告均需留底存查,保存期不少于一年。

(3)缮发快件差异报告,一般一式两份,其中一份由档案部门登记存档。如发生差错事项性质严重,涉及赔偿等事项时,快件差异报告应增加相应份数抄送相关部门并抄送上级主管部门。

(4) 缮发快件差异报告后,交主管人员审阅签发并填写日期和经办人员名章。

(5) 快件差异报告寄发后,如需对方答复的,应及时催复。

(6) 为便于相关部门查找和处理,缮写快件差异报告应做到文字工整,事由清楚,内容具体。

(二) 快件差异报告的书写要求

(1) 文字书写要工整规范。不要写怪体字或错别字。

(2) 语句表达要通顺,应简明扼要,并使用快件差异报告专用词语和文体。

(3) 内容叙述要明确。内容叙述要具体、清楚,提供的项目详尽和明确,便于对方立即查处。

(4) 事实描述要准确。在缮写快件差异报告时,若叙事不全,含义不清,或漏掉主要环节,都可能会使对方无法明确问题的实际情况,甚至造成误解,给问题的解决带来困难。

(5) 附件证物要齐全。常见以下附件。

① 不合规格、无法更正寄发的快件。

② 快件破损或短少时填制的记录单。

③ 其他单据。

④ 证物。常见的证物有包牌、封志和包签等。

(三) 快件差异报告的回复

快件差异报告的回复,又称复验。当收到发来需要答复的快件差异报告后,应及时将处理结果缮发复验答复。快件差异报告的回复一般一式两份,一份附答复寄回发验,另一份附答复存档。快件差异报告的一般处理程序如下。

1. 查证

查证是指部门主管收到下一环节缮发的快件差异报告时,为了及时掌握差异报告中涉及的问题,了解有关细节情况,明确责任,避免各种不良影响,采取各种手段和措施,收集相关证据的过程。

2. 重大问题汇报制度

为及时防范和处置快件分拣工作中发生的各类严重问题,切实强化监督检查职能,制定重大问题汇报制度。汇报采取电话或书面方式,对重大问题的应急处置以及最后处理结果须同时上报书面材料。

查证后发现以下问题时,应立即上报中心负责人。

(1) 禁寄物品。

(2) 危险品。

(3) 快件包装严重损毁,快件内件遭到破坏、遗失。

(4) 工作人员私自开拆快件,盗取快件物品。

重大问题发生后,要及时分析原因,并采取果断措施加以处置,尽量减少对企业造成的经济损失和社会负面影响。

3. 回复

查证后及时回复报告，以求问题及时解决。

4. 处理

根据问题的严重程度及造成的损失，按照企业的规定进行处理，尽量避免因操作失误出现一些不该发生的问题。

5. 存档

将快件差异报告及回复报告副份及时存档，以备复核。

（四）快件差异报告回复的要求

（1）文字书写要工整规范。不要写怪体字或错别字。

（2）事实表述要清楚、准确。对问题发生的原因、查证的结果及处理意见叙述要清楚，对给对方造成的麻烦要致歉。

（3）回复要及时。复验填毕，主管人员签字，复验部门签章，安排及时寄回。

（4）有关的附件要随回复一同寄回。例如，重新制作的总包清单。

（5）注明复验副份存档。

（五）快件差异报告及回复缮写示例

以某快递企业经营活动为例，快件于 2023 年 7 月 27 日由济南处理中心发往杭州处理中心，7 月 28 日到达杭州处理中心，快件进行中转处理时发现问题，杭州处理中心缮发快件差异报告给济南处理中心，济南处理中心缮写快件差异报告回复。

1. 破损件差异报告示例

破损件差异报告如表 8-2 所示。破损件差异报告回复如表 8-3 所示。

表 8-2 破损件差异报告

快件差异报告	验单号码第 2023072808 号
由　　杭州　　处理中心(营业网点)发至　　济南　　处理中心(营业网点)	
验明各种差错和不合事项如下： 我公司于 2023 年 7 月 28 日在接收济南至杭州干线班车过程中，开拆 No.10006 总包，发现 EE365 快件外包装破损，内件外露。该快件现已重新包装，将安排有效投递给收件人，请提前告知收件人此情况，征询收件人是否无保留意见接受该件，速告知。	
附件：快件破损照片	
经手人员：××× 主管人员：××× 发验部门章	2023 年 7 月 28 日

表 8-3　破损件差异报告回复

快件差异报告回复	验单号码第 2023072808 号
答复　杭州　处理中心(营业网点)验单号码第　2023072808　号	
对于上列验单查明答复如下： 　　经核查，系我部门工作人员×××工作失误。现已告知收件人，收件人同意接受该件。对发生的错误致以歉意。	
附件：	
主管人员：××× 复验部门章　　　　　　　　　　　　　　　　　　　　　　　　　　　2023 年 7 月 29 日	

2. 快件地址不全差异报告示例

快件地址不全差异报告如表 8-4 所示。快件地址不全差异报告回复如表 8-5 所示。

表 8-4　快件地址不全差异报告

快件差异报告	验单号码第 2023072809 号
由　杭州　处理中心(营业网点)发至　济南　处理中心(营业网点)	
验明各种差错和不合事项如下： 　　我公司于 2023 年 7 月 28 日在接收济南至杭州干线班车过程中，开拆 No.10007 总包，发现 EE368 快件因收件人地址欠详，无法分拣，现已留仓待处理，请征询寄件人准确地址，以便及时中转。	
附件：快递详情单复印件	
经手人员：××× 主管人员：××× 发验部门章　　　　　　　　　　　　　　　　　　　　　　　　　　　2023 年 7 月 28 日	

表 8-5 快件地址不全差异报告回复

快件差异报告回复	验单号码第 2023072809 号
答复　杭州　处理中心（营业网点）验单号码第　2023072809　号	
对于上列验单查明答复如下： 经核查，系我部门工作人员×××工作失误。现提供上述快件的收件人详细地址，请你处优先处理。对发生的错误致以歉意。 收件人详细地址：××××××	
附件：	
主管人员：××× 复验部门章　　　　　　　　　　　　　　　　　　　　　　　　　　　2023 年 7 月 29 日	

3. 禁忌物品不予转递差异报告示例

禁忌物品不予转递差异报告如表 8-6 所示。禁忌物品不予转递差异报告回复如表 8-7 所示。

表 8-6 禁忌物品不予转递差异报告

快件差异报告	验单号码第 2023072810 号
由　杭州　处理中心（营业网点）发至　济南　处理中心（营业网点）	
验明各种差错和不合事项如下： 我公司于 2023 年 7 月 28 日在接收济南至杭州干线班车过程中，开拆 No.10008 总包，发现 WE321 和 WE345 两快件中含有禁寄物品，现予以扣留，留仓待处理。	
附件：WE321 和 WE345 两快件内件照片	
经手人员：××× 主管人员：××× 发验部门章　　　　　　　　　　　　　　　　　　　　　　　　　　　2023 年 7 月 28 日	

表8-7　禁忌物品不予转递差异报告回复

快件差异报告回复	验单号码第 2023072810 号
答复　　杭州　　处理中心（营业网点）验单号码第　　20230728010　　号	
对于上列验单查明答复如下： 　　经核查，系我部门工作人员×××工作错误，误收禁寄物品。现经我方与寄件人联系，寄件人同意撤回，请办理撤回件手续。对发生的错误表示歉意。	
附件：	
主管人员：××× 复验部门章	2023 年 7 月 29 日

项目总结

项目八总结见表8-8。

表8-8　项目八总结

知　识　点	相　关　内　容
快递处理中心常见异常情况	异常快件的概念：异常件处理员的岗位职责、有效处理异常快件的积极意义 异常快件产生的原因及责任界定：现场发现的异常情况、现场发生的异常情况 常见异常快件及处理方式：丢失件、破损件、损毁件、改寄件、收件人姓名地址有误的快件、包装不合格快件、撤回快件、禁止寄递物品的快件、限制寄递物品的快件、限时快件、保价快件、自取快件
快递处理中心异常情况管理	异常情况处理原则：及时性原则、详细记录原则、全力弥补原则、持续性原则、分级处理原则 异常库管理：异常库分区、异常库的管理要求 快件差异报告：发快件差异报告的相关规定、快件差异报告的书写要求、快件差异报告的回复、快件差异报告回复的要求、快件差异报告及回复的缮写示例

技能训练

一、单项选择题

1. 下列不属于异常件处理员岗位职责的是（　　）。
   A. 作业区域巡查：对处理中心个别作业区域进行异常巡查
   B. 内场异常件处置：异常件拍照、上报；跟踪滞留件及自提件处理
   C. 异常情况记录：异常信息的建档、交接；异常货物破损修复登记及奖罚
   D. 数据统计：处理中心各项异常统计分析

2. 下列属于现场发现的异常情况的是（　　）。
   A. 快件遗失、快件破损、分拣错误
   B. 快件破损、分拣错误、外包装破损
   C. 快件破损、外包装破损、到站晚点
   D. 搬运异常、查验异常、分拣错误

3. （　　）是指因操作不当等原因，导致包装破损的快件。
   A. 丢失件　　　　B. 破损件　　　　C. 损毁件　　　　D. 改寄件

4. 某快递面单上的收件人地址为河南省郑州市金水区，这种快件属于（　　）。
   A. 收件人地址不具体　　　　B. 收件人地址不符
   C. 收件人地址潦草、模糊不清　　D. 更址快件

5. 若发现快件内件已经损坏，处理正确的是（　　）。
   A. 私自拆开查验
   B. 标注问题，按正常件转运
   C. 寄回上一个处理中心
   D. 联系寄件人，协商解决

二、多项选择题

1. 下列属于收件人姓名和地址有误的快件的有（　　）。
   A. 收件人姓名和地址不详
   B. 收件人地址不具体
   C. 快件运单脱落
   D. 收件人地址潦草、模糊不清

2. 下列属于限制寄递物品的有（　　）。
   A. 枪支　　　　B. 烟酒　　　　C. 国家货币　　　　D. 管制刀具

3. 异常情况处理原则包括（　　）。
   A. 及时性原则　　B. 详细记录原则　　C. 全力弥补原则　　D. 持续性原则

4. 关于缮发快件差异报告的相关规定正确的有（　　）。
   A. 每份快件差异报告均需留底存查，保存期不少于3年
   B. 一般应由各处理中心办理，并经主管人员签发

C. 缮写快件差异报告应做到文字工整，内容简单描述即可
D. 快件差异报告寄发后，如需对方答复的，应及时催复
5. 下列快件能够撤回的是（　　）。
A. 国内快件正在进行首次派送
B. 从国内发往韩国的快件尚未封发出境
C. 发往中国香港特别行政区的快件已经封发出境
D. 同城快件尚未首次派送

三、简答题
1. 什么是禁止寄递物品？发现禁止寄递物品应该如何处理？
2. 什么是异常库？如何对异常库进行管理？

1＋X 实践训练

实训要求：根据本项目所学的常见异常快件及处理方式的内容，练习处理遇见异常快件的流程和方法，如丢失件、破损件、损毁件、改寄件、收件人名址有误的快件、包装不合格快件、撤回快件、禁止寄递物品的快件、限制寄递物品的快件等。由小组成员分角色扮演。

实训目的：通过此次训练，加深对常见异常快件以及处理方式的理解，能够解决实践过程中发现或发生相应问题。

实训方式：以小组为单位完成实训任务。

项目九

快递处理中心安全管理

知识目标
1. 了解安全管理的概念和目的;
2. 熟悉快递企业快件安全、人员安全、信息安全、车辆安全、消防安全的要求;
3. 掌握常见突发事件的处理方法。

技能目标
1. 能够进行快件安全、人员安全、信息安全、车辆安全、消防安全的管理;
2. 能制订所在处理中心的各类突发事件应急预案;
3. 能处理生产作业过程中的突发事件,并启动应急预案。

素养目标
树立安全意识、增强法律责任意识。

项目导入

快递企业对本单位的安全生产负全面责任,承担安全管理的主体责任。快递企业应贯彻落实安全第一、预防为主、综合治理的安全管理方针。快递处理中心安全管理主要包括人员安全、场地安全、车辆安全、消防安全和信息安全等方面。快递企业应从提高从业人员安全意识和法律责任意识,健全落实企业安全生产责任制等方面作出积极努力,建立保障安全生产的长效机制。

任务一 安全管理

经过一段时间的实习,小李发现安全问题对于快递企业尤为重要,特别是公司每天的例会都会强调安全问题。快递处理中心的安全问题涉及人员、场地、操作、设备及各种突发事件的处理。你对快递企业的安全问题是怎么看待的?

一、安全管理的概念和目的

1. 安全管理的概念

安全管理是管理科学的一个重要分支,它是为实现安全目标而进行的有关决策、计划、组织和控制等方面的活动;主要运用现代安全管理原理、方法和手段,分析和研究各种不安全因素,从技术上、组织上和管理上采取有力的措施,解决和消除各种不安全因素,防止事故的发生。

2. 安全管理的目的

安全管理可以保护广大劳动者和设备的安全,防止伤亡事故和设备事故危害,保护国家和集体财产不受损失,保护生产和建设的正常进行。

二、人员安全管理

(一)人员安全教育

快递业属于劳动密集型行业,快递企业员工是快递作业的直接参与者,是快递服务过程中最重要的因素。因此,做好快递企业安全管理,首先要做好人员安全教育。

微课:人员安全管理

1. 安全知识宣传

加强安全知识宣传,使员工牢固树立"安全第一,预防为主"的理念,让安全管理制度深入人心,指导人的行为,使员工的安全意识从"要我安全"向"我要安全"转化,最终实现"自主安全"。

2. 安全事故警示教育

加强员工的安全事故警示教育。一是坚持定期对企业人员进行有针对性的安全事故警示教育,加强对新进人员及转岗人员的安全知识、规章制度、法制观念等的教育培训,使员工牢固树立"安全是天,安全无小事"的理念。二是坚持利用企业内部刊物、安全会议、安全标语等形式进行安全警示教育,营造积极向上的安全舆论氛围。三是坚持举办形式多样的安全知识竞赛、安全演讲比赛等活动,增强员工的安全意识。四是坚持每天作业前的班组安全警示教育,针对具体作业现场进行安全注意事项和操作规程的详细解释和说明,使员工增强自我保护能力。

3. 上岗安全培训

新员工或转岗员工一定要在上岗前通过观看安全教育片或进行实际操作等多种形式接受上岗安全培训。每天工作前安排15~20分钟的班前会,进行当天工作的安全培训。

要实现安全管理的目标,还必须逐步提高员工的综合素质。这样才能提高员工对安全隐患、事故的预见性,才能更有效地消除人的不安全行为,改变快件的不安全状态,弥补管理上的缺陷,以确保快递服务安全。因此,企业要以多种形式开展业务知识、操作规范、操作技能的培训,为员工创造机会、创造环境,不断提高员工素质,增强员工执行安全规章制度的自觉性。

（二）人员安全管理方法

人员的不安全行为和心理的不安全状态是导致事故的直接原因。因此，人员安全管理主要是对人员不安全行为的控制。由于人的行为是心理活动结果的外在表现，所以，要控制人的不安全行为应从心理调节方面采取措施。

1. 心理调适法

心理调适法是指采取一定的手段将容易引发事故的不良心理状态调节到有利于操作安全的心理状态。作为安全管理人员应设法引导职工调节心理状态。针对不同的人、不同的心理状态，具体的调节方法也不同，应根据具体对象而定。

（1）心理调适的一般方法。

① 注意每个员工的心理特征，特别要注意做好非安全型心理特征人员的转化工作。需要在培养作业人员的全过程中，通过安全教育、作业指导、作风培养做好其心理状态的转化工作。对于危险作业岗位，应尽量选配安全型心理状态人员。

② 加强员工心理调节训练。

③ 避免危险、单调作业岗位的人员过度疲劳。

（2）情绪控制与调节。

情绪对安全影响极大。如何发挥情绪对安全的积极作用，避免其不利影响，是人员不安全行为控制中的一个重要问题。实际安全管理中应引导员工学会控制自己的情绪，只有保持良好的心理状态，才能减少工作中的失误，保证安全生产。

2. 行为激励法

安全行为是指员工在工作过程中表现出保护自身和保护设备、工具等物资的一切动作。要控制员工的不安全行为，激励是一种重要手段。通过激励措施，可引导员工把安全需要作为一种自觉的心理活动和行为准则。主要方法有物质激励法和精神激励法，其中精神激励法包括目标激励、形象激励、荣誉激励、兴趣激励、参与激励及榜样激励。

3. 制度控制法

强化作业安全政策和规定，对违规者进行制度惩处，是安全工作的重要组成部分。经常强化对安全行为方式要求和及时表彰安全工作积极分子，将十分有助于减少事故。制度措施从本质上说是预防性质的，其目的是提高员工遵守企业安全制度的自觉性，减少或杜绝各种安全违章行为。快递企业应要求各级负责人在安全工作方面上作出表率，加强安全制度教育，不折不扣地执行安全管理制度。

从管理角度来看，利用安全管理制度对人员不安全行为的控制方式可分为预防控制、过程控制及事后控制。

（1）预防控制。预防控制是指为了避免产生不良后果而采取的控制方法，如分拣场地禁止吸烟，违者开除。

（2）过程控制。过程控制是指对正在进行的活动给予监督与指导，以保证工作按规定的安全操作流程或方法进行。过程控制一般在作业现场进行，因此安全管理人员要经常深入作业现场，加强巡视，及时发现和纠正违规行为。在监督和指导过程中，应以安全管理制度为依据，兼顾客观实际情况，克服主观偏见。

（3）事后控制。事后控制是指人员不安全行为出现并导致事故后而采取的控制措施。它可防止不安全行为的重复出现,但是事后控制的缺陷在于事故已经发生,行为偏差已造成损害,并且无法补偿。

 相关链接

安全教育培训

1. 安全教育培训的内容

企业主要负责人的安全培训应当包括下列内容：①国家安全生产方针、政策和有关安全生产的法律、法规、规章及标准；②安全生产管理基本知识、安全生产技术、安全生产专业知识；③重大危险源管理、重大事故防范、应急管理和救援组织以及事故调查处理的有关规定；④职业危害及预防措施；⑤国内外先进的安全生产管理经验；⑥典型事故和应急救援案例分析；⑦其他需要培训的内容。

安全生产管理人员的安全培训应当包括下列内容：①国家安全生产方针、政策和有关安全生产的法律、法规、规章及标准；②安全生产管理、安全生产技术、职业卫生等知识；③保障寄递安全与信息安全的知识；④反恐怖防范、查验毒品等禁限寄物品相关知识；⑤岗位安全职责、操作技能；⑥安全设备设施、个人防护用品的使用和维护；⑦伤亡事故统计、报告及职业危害的调查处理方法；⑧应急管理、生产安全事故应急救援预案编制以及应急处置的内容和要求；⑨国内外先进的安全生产管理经验；⑩典型事故和应急救援案例分析；⑪其他需要培训的内容。

企业从业人员的安全培训应当包括下列内容：①国家安全生产方针、政策和有关安全生产的法律、法规、规章及标准；②安全生产规章制度和安全操作规程；③保障寄递安全与信息安全的知识；④反恐怖防范、查验毒品等禁限寄物品企业相关知识；⑤岗位安全职责、操作技能；⑥安全设备设施、个人防护用品的使用和维护；⑦事故应急处理措施；⑧从业人员在安全生产方面的权利和义务；⑨其他需要培训的内容。从业人员必须经教育培训合格后方可上岗。

2. 安全教育培训的要求

企业主要负责人和安全生产管理人员,初次安全培训时间不得少32学时,每年再培训时间不得少于12学时。新员工入职安全培训时间不得少于12学时,每年安全再培训时间不得少于8学时。从事邮件、快件收寄和安全检查的从业人员应当具备识别和处理禁限寄物品的基本知识。特种作业人员必须按照国家有关规定,经专门的安全作业培训,取得相应资格,方可上岗作业。从业人员调整工作岗位,采用新工艺、新技术、新材料或使用新设备,必须对其进行专门的安全生产教育和培训。快递企业应根据本单位可能发生的生产安全事故的种类、特点,每年至少组织一次综合应急救援预案演练或专项应急救援预案演练,每半年至少组织一次现场处置方案演练。

（三）人员安全事故处理

1. 发生人员安全事故的应急措施

快递操作属于劳动密集型活动,作业人员的人身安全是首要前提。一旦发生人员受

伤，应采取以下应急措施。

(1) 现场的管理人员应根据受伤人员情况判定是轻度受伤还是严重受伤。

(2) 如属轻度受伤情况，应在现场立即进行包扎、止血等简单处理，或直接送到最近的医院就诊。

(3) 如属重度受伤情况，应立即拨打120急救电话，同时联系其家人，并在救护车到达之前给予正确的救护协助，将情况向上级领导及时汇报。

2. 人员安全事故的处理程序

(1) 若发生轻伤事故，工伤者应填写工伤事故登记表，由部门负责人进行现场调查，并在工伤表格内写明事故原因和责任，提出处理意见和整改措施。

(2) 若发生重伤事故，发生事故部门必须及时报告安全管理部门，安全管理部门应及时向企业主管领导汇报，并成立事故调查小组进行调查，召开事故分析会，认真查清事故原因及责任，提出处理意见及改进措施。伤者或委托者应及时、如实地填写工伤事故登记表。

(3) 若发生死亡事故必须立即报告，由企业主管领导及安全管理部门协同政府有关部门组成事故调查组进行调查处理。事故发生部门应及时、如实地填写工伤事故登记表。

(4) 发生重伤或死亡事故的部门要会同安全管理部门等立即组织抢救伤员和做好现场保护工作，及时拍照及记录有关数据，并绘制现场示意图，未经主管部门同意，任何人不得擅自改变或清理现场。

3. 人员安全事故的防范措施

(1) 及时召开事故分析会，找出事故原因。事故分析应做到事故原因没有查清绝不放过，事故责任者和员工没有受到教育不放过，没有防范措施不放过。对于违反规章制度及相关操作规范而造成的事故，要追究领导和当事人的责任，并根据情节轻重和损失大小分别给予罚款、赔偿经济损失或行政处分。

(2) 制订预防事故重复发生的措施。这些预防措施涉及作业操作规范、作业环境和作业条件诸多方面，需要有计划地实施以消除危险因素及安全隐患。

(3) 加强安全知识教育和安全意识教育，对负伤者进行复工安全教育。

(4) 在管理上完善和执行各项人员安全管理规章制度，落实各个作业环节的人员安全防范措施。

三、快件安全管理

快递服务要求"安全、快捷、便利"，其中安全是前提。在快递服务中快件安全显得极其关键，快件安全出了问题，快递服务质量就无从谈起。要保证快件安全，必须建立一套科学、严密的快件安全管理制度。按照快递服务过程来分，快件安全管理可分为收派过程快件安全管理、场地处理过程快件安全管理、在库快件安全管理、在途快件安全管理，此外，还有对特殊快件的安全管理。

微课：快件安全管理

1. 收派过程快件安全管理

收派过程快件安全管理是指对快递业务员上门收取的快件、客户送来的快件及上门派送的快件的安全进行管理。

上门取件和客户送来的快件要严把验收关，查看快件是否属于禁限寄物品。如果属于禁限寄物品，应在说明情况后礼貌地予以拒收；特殊情况下应扣下快件，并向有关部门报告。如果不属于禁限寄物品，查看物品与快递单上的品名、数量是否相符，包装及物品是否有损坏；如果存在以上情况，按相关规定处理。收派的快件要捆扎牢固，装好，做好防雨与防盗措施。

除在快件收派环节严格把关外，快递企业还应建立和落实收派员快件安全责任制。收派过程中快件安全发生问题，除不可抗力因素外，由收派员负责。收派员收取的快件要与场地处理人员进行交接，办好交接手续。派送的快件，收派员要凭客户签收单证明快件已派送成功。

 思政园地：安全责任重于泰山

诚信快递，你我同行

未按规定对寄递物品进行安全检查和开封验视受严惩。2018 年 3 月，广西崇左市邮政管理局接案件线索，该市凭祥某快递企业未按规定对寄递物品进行安全检查、开封验视，收寄教练手榴弹。经依法查明，违法情况属实。该公司的行为违反了《中华人民共和国反恐怖主义法》第二十条的规定。崇左市邮政管理局依据《中华人民共和国反恐怖主义法》第八十五条规定对该公司罚款人民币 18 万元，对该企业负责人和揽收人员各处罚款 1 万元。

未对寄递协议客户交寄的快件查验，违规收寄危险化学品造成多名员工不适。2018 年 6 月，浙江富阳某快递处理中心在处理一快递时，因包裹破损发生泄漏，造成 30 名员工身体出现不适。经查，该快递企业台州一营业场所在收寄协议客户时，未查验内件，违规交寄属于禁寄物品的苯甲酰氯；导致在富阳快件转运操作过程中包裹内玻璃瓶装苯甲酰氯破损，发生泄漏。

及时报告可疑包裹，快递企业受地方政府表彰。2018 年 7 月，重庆某快递企业收寄可疑包裹后，立即向邮政管理部门报告，经鉴定为非法出版物。公安机关依据该线索抓获 9 名犯罪嫌疑人，捣毁地下组织团伙 1 个，捣毁非法资料制作窝点 2 处、收缴非法资料近万份等有关涉案物品。案件破获后，该企业受到了地方党委政府的表扬和奖励。

(资料来源：http://ha.spb.gov.cn/hnsyzglj/c104221/c104227/202203/c3fad925ef434e5c9abc7402f121e5f0.shtml)

思政讨论：快递员做好快件安全管理应从哪些方面入手？

2. 场地处理过程快件安全管理

快件处理现场应与外界隔开，安装全方位监控系统，人员应到指定位置查货。查货过程必须进行监控系统录像，查货完毕应签字盖章，确认快件安全。快件传递过程轻拿轻放，管理人员应每天调取录像，发现未按规定搬运、装卸，应严肃处理。处理完的小件快件建立总包，由两人核对快件与总包清单，检查完快件安全后，施好封条。

3. 在库快件安全管理

在库快件安全管理主要是严把"收、存、发"关，办理入库手续要清晰，应在严格检验后签字确认。快件保存时要细心，保证提供快件物品所要求的保存条件，仓库要安装 24 小时不间断监控，需要打开包装时，要求两人在监控摄像头下进行，并在相关单据上签字。快件出库时应和下一道工序的作业人员办理交接，检查快件安全。如果快件安全出现问题，由在库管理快件的相关人员负责。

4. 在途快件安全管理

在途快件安全管理要做到车辆防水，将快件总包按装车规则装车、施封，驾驶员安全驾驶，车辆安装 GPS 定位系统，车厢内安装监控系统，保证在途快件安全。

5. 特殊快件安全管理

特殊快件主要指性质特殊或价格昂贵的快件。对于特殊快件，要纳入重点操作对象，格外关注。全部操作过程须在监控摄像头下进行，实行分区分类存放。一般快递企业都设置有特殊快件作业区，此区域和外界用铁栅栏严格隔开，贵重物品有专门的保险柜或保管箱。外包装须加封志，环环交接，哪个环节出问题，由哪个环节负责。建立特殊快件安全管理责任制，严格按照要求进行作业，一旦出现问题，能迅速查明原因，明确责任。

快件安全管理的关键在于建立快件安全管理责任制，明确交接程序及责任划分，如接触物品的作业场地必须安装监控设施、特殊物品必须双人作业等。此外，还应加强对员工的安全教育，每月召开快件安全分析会，查找问题，不断改进，把快件安全管理工作做好。

四、车辆安全管理

（一）出车前车辆安全管理

出车前，驾驶员要认真做好车辆设备检查和行车证件检查，并监督装车方安全合理装载，以确保行驶过程安全顺畅。

1. 车况检查

检查制动系统轮胎、制动器、喇叭、前灯、后灯、转向系统、车门等是否良好，检查油表、气表、水表、电源、导航系统等是否充足或正常，不符合要求应立即修理，严禁驾驶安全设备不全、等待维修检测或机件失灵的车辆。厢式车辆还要查验车厢是否有缝隙，以避免快件淋湿；以及车厢内是否卫生，避免污染新装载货物。

微课：车辆安全管理

2. 证件检查

需要检查的证件包括驾驶员、车辆、快件的证件单据。如驾驶员的驾驶证、上岗证，车辆的行驶证、道路运输经营许可证、养路费及保险卡，进出口的快件还须携带报关报检单据。如果是危险品，还须悬挂或粘贴危险运输标志，持有危险货物作业证等，以备运输途中随时查验和使用。

3. 安全装载

车辆的装载必须符合以下规定。

（1）车辆的额定载质量应符合制造厂规定。

（2）经过改装、改造的车辆，或因其他原因需要重新标定载质量时，应经车辆所在地主管部门核定。

(3) 车辆换装与制造厂规定最大负荷不相同的轮胎,其最大负荷大于原轮胎的,应保持原车额定载质量;最大负荷小于原轮胎的,必须相应地降低载质量。

(4) 车辆增载必须符合交通部 1988 年发布的《汽车旅客运输规则》和《汽车货物运输规则》的有关规定。

(5) 所有车辆的载质量,必须核定,严禁超载。

(6) 车辆总重力超过桥梁承载重力或运输超长、超宽、超高货物时,应报请当地交通、公安主管部门,采取安全有效措施,经批准后方可通行。

(7) 车辆运载易散落、飞扬、泄漏或污秽物品时,应封盖严密,以免污染环境。

(二) 在途行驶车辆安全管理

1. 在途运输中的安全操作规程

车辆在安全行驶过程中,驾驶员须爱护车辆,严格遵守驾驶操作规程。行车前做到预热启动,低速升温,低挡起步;行驶中注意保持温度,及时换挡,行驶平稳,安全滑行,合理节油。在拖带挂车时,加强主、挂车之间连接机构的检查。行车中车辆发生故障,应立即停止使用,汇报车队领导后就近进行修理。

2. 在途运输中的驾驶员管理制度

驾驶员驾车一定要遵守交通规则,文明开车,严禁危险驾车(包括高速、紧跟、争道、赛车等)。晚间驾驶员要注意休息,严禁疲劳、酒后驾车。雨天、雾天、夜间应打开车灯,降低行车速度,确保安全。短途行车可一车一名驾驶员,中长途行车要确保一车两名驾驶员,以便换休。驾驶员不得将自己保管的车辆随便交给他人驾驶或练习驾驶,不得进行公车私用。因故意违章或证件不全被罚款的,费用不予报销,违章造成的后果由当事人负责。

3. 加强运输途中的安全监控

智能化道路运输 GPS 监控系统可对所有营运车辆的运行动态实施 24 小时监控,及时掌握车辆的运行动态,有效遏制超速违章行为,对预防因超速违章而导致交通事故起到极其重要的作用。作为监控管理人员,在进行监控时要严格按照 GPS 监控人员岗位责任制认真负责地进行监控,在收集、整理处罚依据时要本着"尊重科学,实事求是"的原则,耐心细致地工作,不能因疏忽大意而冤枉没有违章的驾驶员,也不能因掉以轻心而遗漏违章的驾驶员。目前,GPS 技术还存在一些缺陷,如定位不及时、超速数据回传慢、偶尔有信号飘移的现象。因此,监控人员一旦发现软件缺陷应及时向该软件开发公司进行反馈,使 GPS 监控系统能够更加完善,发挥更好的监控作用。

(三) 停放车辆安全管理

出车在外或出车归来停放车辆,一定要注意选取停放地点和位置,不能在不准停车的路段或危险地段停车。当车辆进入停车场、停放和驶离时,应遵循以下管理方法。

(1) 车辆进入停车场应一停二慢,必须服从管理员的指挥和安排,征得管理员同意后方可进入。驾驶员须向管理人员交验该车的有效证件,由管理人员发给停车证,登记停车牌号、车辆牌号、进入时间,并注意外表配件是否齐全,以备停车场查阅之需。

(2) 车辆停放时必须服从管理人员指挥,注意前后左右车辆的安全,在规定位置上停放,并与周围车辆保持适当距离,不得对其他车辆的进出和其他车位的使用造成阻碍。驾驶员必须锁好车门,调整防盗系统到警备状态,车内个人贵重物品及停车证必须随身带走。

(3) 车辆驶离停车场前,应先观察车辆有无异常状况,如有应及时询问停车场管理员,也可调看监控录像。驶离时应注意周围车辆的安全,缓慢行驶,并在出口处向管理员交回停车证。管理员核对牌号后,收回停车证,车辆方可驶离。

(四) 车辆的日常维护和定期保养

1. 车辆维护与检查

车辆的维护和保养是车辆自身运动的客观要求,它体现了一种追加劳动。车辆维护的目的,是避免车辆在运行过程中由于技术状态的改变而引发常见问题,改善车辆设备使用状况,确保设备安全正常运行,延长车辆的使用寿命。

车辆维护分为日常维护、一级维护和二级维护。各级车辆维护作业的主要内容和周期都有专门的规定,必须根据车辆结构性能、使用条件、故障规律、配件质量及经济效果情况综合考虑。另外,新车运行时,要根据车辆制造厂的有关规定进行磨合维护。

2. 坚持"三检",保持"四清",防止"四漏"

车辆的日常维护是驾驶员必须完成的日常性工作。车辆维护作业的主要内容:坚持"三检",即出车前、行车中、收车后检视车辆的安全机构及各部机件连接的紧固情况;保持"四清",即保持机油、空气、燃油滤清器和蓄电池的清洁;防止"四漏",即防止漏水、漏油、漏气、漏电。

3. 建立车辆维修制度

企业车辆的维修工作是通过车辆维修制度来实施的。车辆修理必须根据国家和交通部门发布的有关规定和修理技术标准来进行,贯彻"保养为主,视情维修"的原则,确保修理质量。车辆修理按作业范围可分为车辆大修、总成大修、车辆小修和零件修理。

4. 车辆的改造、更新与报废

车辆磨损和报废是难以避免的事实,因此车辆的改造与更新,既是科学技术迅速发展的客观要求,又是车辆磨损消耗规律所决定的必然趋势。对于性能低劣、车型老旧、耗油增加、污染增大、运作不安全且确实无法改造的车辆,应该按照规定履行车辆的报废手续。

五、场地设备安全管理

(一) 场地安全管理

1. 场地选址要求

快递服务组织应根据快件流向、建设条件、区域规划、环境保护、土地供应等因素,综合确定快件处理场所选址。

(1) 远离易燃、易爆等危险源,避免扰民,优先选择各类物流、快递园区。

(2) 土地产权或使用权清晰,符合所在地规划要求。

(3) 选择交通运输较为便捷的地点,宜靠近当地高速公路、机场、铁路等主要交通运

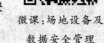

微课:场地设备及
数据安全管理

输中心,有方便快件运输车辆进出处理场所的道路。
(4) 周围环境应满足快递安全和环境保护的要求。
(5) 具有适合工程建设的工程地质条件和水文地质条件,规避灾害风险。
(6) 有较为完善的供电、通信、供排水、供气、供热(北方)等配套基础设施。
(7) 具有航空快件处理功能的快件处理场所,应符合机场总体规划安排,宜靠近机场跑道;具有国际快件处理功能的快件处理场所,应具备便利海关监管和检验检疫等条件。

2. 场地设计原则

快件处理场所的设计原则如下。

(1) 安全可靠。快件处理场所应为独立的封闭空间,建筑设计应满足消防、抗震、防洪、防内涝、抗冰雹等要求,场所内部应配置视频监控设备,实现对主要生产作业区域监控全覆盖,保障人员安全、公共安全、快件安全和用户个人信息安全。

(2) 便捷高效。快件处理场所应合理规划布局,注重与多种运输方式相互衔接,便于快件"快进快出",实现快件处理的便捷高效。

(3) 创新驱动。快件处理场所的设计应适度超前,注重智能化、数字化、自动化、可视化等技术的采用,不断提高快件处理场所的科技水平和现代化程度。

(4) 绿色发展。快件处理场所设计应遵循节地、节能、节水、节材的原则,合理利用资源,保护环境、减少污染。

3. 场地消防管理

场地消防管理要按照消防管理的有关法律法规,建立消防管理制度,配备专、兼职消防队伍,定期检查消防设备,保持消防通道畅通,不定期举行消防演习。处理场地消防注意事项如下。

(1) 场地内要保持环境清洁,各种物料码放整齐并远离热源,注意室内通风。
(2) 保证场地内防火通道的畅通,出口、通道处严禁摆放任何物品。
(3) 场地内不得私接乱拉电源、电线,如确实需要,需报相关部门批准和办理。
(4) 使用各种设备必须严格遵守操作规程,严禁违章作业。
(5) 电气设备运行期间,要加强巡视,发现异常及时处理。
(6) 避免各种电气设备、线路受潮和过载运行,防止发生短路,酿成事故。
(7) 场地内禁止使用明火,如确实需要须征得安保部同意,在采取有效安全措施后,方可使用,使用期间须由专人负责,使用后保证处理妥当无隐患。
(8) 负责消防安全人员按时对本部门内各部位进行检查,出现问题及时报告。
(9) 场地内,消防灭火器等消防器材及设施必须由专人负责,定点放置。定期检查自动报警系统、喷淋设备能否正常使用。当日工作结束前,应检查场地内所有阀门、开关、电源是否断开,确认安全无误后方可离开。
(10) 发现火灾险情要积极扑救,并立即报警。

4. 常见灭火器种类与性能

(1) 二氧化碳系列灭火器。二氧化碳系列灭火器适用于扑灭油类、易燃液体、可燃气体、电气设备和机械设备等的初起火灾,具有结构简单、容量大、移动灵活、操作方便的特点,如图 9-1 所示。使用时,它喷出的二氧化碳灭火剂能使燃烧物的温度迅速降低。并隔绝空气,使燃烧停止,灭火后不留污渍。

(2) 干粉灭火器。干粉灭火器适用于扑灭可燃固体(如木材、棉麻等)、可燃液体(如石油、油脂等)、可燃气体(如液化气、天然气等)以及带电设备的初起火灾,在一般场所作为机动灵活的消防设备,如图9-2所示。

(3) 泡沫灭火器。泡沫灭火器适用于扑灭A类(木材、棉麻等固体物质)和B类(石油、油脂等自然液体)的初起火灾,是目前国内外油类火灾基本的扑救方式,如图9-3所示。泡沫与着火的油面接触,在油的表面形成一层抑制油类蒸发与隔绝氧气的保护膜,泡沫与保护膜起到双重灭火作用,具有操作方便、灭火效率高、有效期长、抗复燃等优点。适用于油田、炼油厂、原油化工企业、车库、飞机库、港口和油库等场所。不能扑救火灾中的水溶性可燃、易燃液体的火灾,如醇、酯、醚、酮等物质火灾;也不可用于扑灭带电设备的火灾。

图9-1　二氧化碳灭火器　　　　图9-2　干粉灭火器　　　　图9-3　泡沫灭火器

案例

快递不"上火",做好消防这一关

2022年8月6日23:00,某地一栋仓储用地二楼发生火灾,8月7日凌晨5:00左右,火势被消防部门扑灭,仓库里留下大片黑色的固体废墟,成堆的风扇被烧得只剩空架子。总过火面积约为3 000m^2,根据火灾后的库存结余,估算出损失大概在270万元。

2022年3月19日,某地一厂房突发火灾,现场滚滚浓烟,着火点为单层钢架结构厂房,过火面积约500m^2,燃烧物为厂房内布料、塑料堆垛,当日11:30,现场火势基本得到控制。次日11:30,火势彻底扑灭,事故没有造成人员伤亡。

(二) 设备安全管理

快递企业设备主要包括叉车、计算机、打印机、扫描设备、分拣设备、消防器材、呼吸器、保护带等。设备管理主要包括设备的保管、检查和使用。设备应建立台账,指定专人保管维护,每天检查并进行登记;还应做好设备防盗工作,并注意维护保养。企业相关管理部门要不定期组织检查设备的维护、保养和使用情况,并做好记录,特别要保证消防器材、呼吸器、保护带等安全设备无故障,关键时刻能使用。对全体员工开展使用安全设备的教育,使每一位员工都能熟练使用安全设备,如消火栓、灭火器、呼吸器等。

场地、设备安全无小事，必须高度重视，快递企业应坚持"预防为主，防治结合"的原则，做好场地、设备安全管理工作。

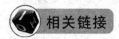

快递场所安全生产设备配置（节选）

1. 快递作业场所安全设施设备配置要求

（1）在设备配置总体原则方面，要以人防、物防、技防相结合为原则，配置相关安全生产设备。

（2）在设备技术参数方面，所配置的安全生产设备，其技术参数和性能指标应符合相关国家标准或行业标准的规定。

（3）在设备管理方面，快递企业应加强对安全生产设备的管理，建立设备管理档案，开展设备操作培训。

2. 营业场所（网点）安全设备配置规范

（1）消防设备。消防器材主要包括灭火器，消火栓，水带等。对于灭火器，我国所有建筑的灭火器配置均应满足《建筑灭火器配置设计规范》强制性国家标准的规定。营业场所灭火器的类型和数量应按照 A 类（固体火灾）、民用建筑严重危险级为基准进行配备。

（2）隔离设备。营业场所与外界，以及内部特殊区域之间进行适度隔离，在与外界隔离方面，营业场所安装金属门，与外界相同的窗口、通风口，应安装金属栅栏。在内部区域隔离方面，由于业务接待区存在大量的人流，为保证邮件快件安全，需要与其他操作区域进行隔离；充电区具有易燃易爆等潜在危险，因此充电区应与其他区域进行物理隔离，并配备防火防爆等设备。

（3）监控设备。营业场所主要需要配备监控摄像头。在监控范围方面，要求监控摄像头应覆盖营业场所内部以及充电区、停车与装卸区等部位。在技术要求方面，监控摄像头应全天候运转，能显示人员的活动情况，面部特征的有效画面不少于监视显示画面的1/60，能有效识别寄递物品的主要特征，实现移动侦测，图像资料保存时间不应少于30天。

（4）安检设备。由于微剂量 X 射线安全检查设备购置费用高，因此在营业场所配置该设备是一个较高要求。对于特殊地区，为保障寄递安全，可根据需要选配微剂量 X 射线安全检查设备。这里的"特殊地区"主要是指安全形势严峻的地区，具体区域可由相关管理部门、寄递企业研究确定。

（5）报警设备。为确保在发生紧急情况时能够及时报警，有效应对危急情况，在营业场所内部应安装烟雾报警器，同时推荐在营业场所周边安装入侵探测报警器，在营业场所的现金收付等重点区域安装与公安等系统连接的紧急报警系统。

3. 处理场所安全生产设备配置规范

（1）消防设备。处理场所消防设备的配置依据和具体要求与营业场所的消防设备配置相同,即处理场所应配备与场所面积相适应的消防设备。

(2) 隔离设备。在外部,处理场所应采用围墙与外界进行隔离;应配备栅栏或隔离桩等设备,实现人车分流;与外界相通的窗口、通风口应安装金属栅栏。在入口处,处理场所入口前10m以外应设置机动车限速标志和机动车减速带,车辆进入通道宜设置升降式机动车阻挡装置。在内部分拣区宜设置门禁系统和查验门岗,配备安检门和金属探测仪,对出入人员进行检查,防止无关人员进入;在分拣区和办公区、员工生活区之间应配备隔离装置,进行物理隔离。

(3) 监控设备。在处理场所内部,与外相通的各出入口、停车场等部位应安装视频监控摄像头;所配置的视频监控摄像头应全天候运转,能显示人员的活动情况,面部特征的有效画面不少于监视显示画面的1/60,能有效识别寄递物品的主要特征,实现移动侦测,图像资料保存时间应不少于30天。处理场所应设置专门的安全监控室,由专人负责,全天候实时监控;对于视频监控图像和数据,应实现与邮政管理部门视频监控系统联网联通。

(4) 安检设备。处理场所应配备微剂量X射线安全检查设备,这是对处理场所的基本要求。在此基础上,安检设备的技术规格应满足《微剂量X射线安全检查设备 第一部分:通用技术要求》(GB 15208.1—2018)的规定。在安检效果上,所有邮件快件过机安检。对于配备数量,要按照安检应达到的效果要求,根据用户类型、邮件快件处理数量(出口)、业务组织模式等因素,合理确定分拣场所微剂量X射线安全检查设备的配置数量。

(5) 报警设备。为确保在发生紧急情况时能够及时报警,有效应对危急情况,在处理场所内部安装报警器,同时推荐在处理场所周边安装入侵探测报警器。

(6) 其他。除上述五方面要求外,为应急处理危险物品,处理场所应设置单独的应急隔离区,专门用于可疑危险品的处理;特殊地区的处理场所应配备警用防爆罐、警用防爆毯等。

(资料来源:http://gd.spb.gov.cn/gdsyzglj/c106480/mmshd/c106941nb/202211/60d008360e6e42658c4c22e3fa0aa7d3.shtml)

六、快件数据安全管理

(一) 总体要求

快递服务主体的数据安全管理应满足以下要求。

(1) 应明确数据安全负责人和管理机构,落实数据安全保护责任。

(2) 应建立健全全流程数据安全管理制度,组织开展数据安全教育培训。

(3) 应识别快递服务涉及的数据,形成数据保护目录,并对数据进行分级分类保护。

(4) 应加强数据安全风险监测,发现数据安全缺陷、漏洞等风险时,应立即采取补救措施。

(5) 发生数据安全事件时,应立即采取处置措施,按照规定及时告知用户并向有关主管部门报告。

(6) 快递服务主体应采取措施,保障个人对其信息的处理享有知情权、决定权、查阅权、复制权、更正权、删除权等权利。

(7) 法律法规部门规章及相关标准规定的其他要求。

(二) 个人信息采集

1. 采集范围

快递服务主体采集用户个人信息，应限于实现快递服务目的的最小范围，包括姓名、联系方式、寄件（收件）地址、内件信息、身份证信息、签收笔迹等，不应过度收集用户个人信息。快递 App 采集信息范围应符合《常见类型移动互联网应用程序必要个人信息范围规定》要求。

2. 用户告知

快递服务主体在采集用户个人信息前，应以显著方式、清晰易懂的语言真实、准确、完整向用户告知以下内容。

(1) 包括快递服务主体在内的用户个人信息处理者的名称和联系方式。

(2) 用户个人信息的处理目的、处理方式、处理的用户个人信息种类、保存期限。

(3) 用户行使法定权利的方式和程序等。

(4) 数据存储。快递数据存储的要求：用户个人信息应采用加密等安全措施进行存储。手持终端对采集的个人信息进行离线存储，终端本地存储期限不宜超过 30 天。快递服务主体应对重要数据进行备份存储。

(5) 数据委托处理与跨境传输。快递服务主体在快递共同配送、海关报关等环节，需要将数据委托其他组织进行处理的，应当与受托组织约定委托处理的目的、期限、处理方式、数据的种类、保护措施以及双方的权利和义务等，并对受托组织的数据处理活动进行监督。

(6) 数据清除。快递服务主体应按规定删除或销毁到期的数据并保留操作记录；停止运营的快递服务主体，应按规定及时销毁相关数据。

 思政园地：安全责任重于泰山

快递业的责任——确保客户信息安全

2020 年 11 月，媒体报道了"某快递内鬼致客户信息泄露"一事。该快递公司发布声明称，此案系公司通过实时运行的风控系统监测发现并报案，相关嫌疑人已落网，公司坚决配合公安机关严厉打击涉及用户信息安全的违法行为。虽然该公司的态度和做法可圈可点，但个人信息泄露依然触目惊心。

掌握大量数据的快递公司，不仅要保护好客户物品，更要保护好用户隐私数据。信息安全无小事，是快递企业发展的生命线，绝对不能失守。此次信息泄露事件，暴露了涉事公司在用户信息保护机制上存在的漏洞，必须警钟长鸣，通过多种手段完善信息安全风控系统，让不法分子无所遁形。只有这样，在信息安全立法不断完善、用户个人信息保护意识逐渐增强的背景下，快递企业才不至于成为信息安全链条上缺损的那一环。

身处大数据时代，拥有数据就意味着拥有商机，如何避免企业在追求利益的同时损害公民个人信息安全，理应引起整个社会的重视。在法律法规不断完善的同时，相关行业和企业也有必要主动扎紧自家的篱笆。作为一名大学生，将来在从事相关工作时，要遵守职业道德、公司规章制度和相关法律法规,对客户信息进行严格保密,提高客户满意度,树立良好的企业形象。只有将业务建立在良好的信息安全环境基础上,才能真正使公众享受便利、企业分享红利。

(资料来源:https://www.ithome.com/0/519/917.htm)

思政讨论:身处大数据时代,掌握大量数据的快递公司如何保证客户的信息安全?

任务二　常见突发事件管理

任务导入

小李所在的快递处理中心设置了突发事件应急领导小组。某日小李值班时接到监控室值班电话,两分钟前,一辆去机场提货回来的货车进场时突然失控撞向卸车月台,现场伤亡情况不明。接到电话后,小李应该怎么做呢?

处理中心的突发应急事件主要有火灾、停电、干线运输延误、快件积压、设备故障、人员安全事故等。处理中心应对这些经常发生并可能对生产经营造成重大影响的事件提前做好应急预演,根据事件的严重程度及时启动相应的预案程序并作出处置。

一、突发事件的含义

突发事件是指"突然发生,造成或可能造成严重社会危害,需要采取应急处置措施予以应对的自然灾害、事故灾害、公共卫生事件和社会安全事件"。我国政府从公共管理的角度,将突发事件称为"突发公共事件",并将其分为自然灾害、事故灾难、公共卫生事件、社会安全事件。

微课:突发事件概述

二、突发事件的主要特征

(1)事发突然。事件发生的时间、地点和方式具有不确定性,事件的性质具有很大的变异性。

(2)情况复杂。突发事件有的由政治、文化、民族、宗教等各种社会矛盾引发,有的由多种自然和环境因素变化造成,有的由技术、设备、人为等因素造成,还有的由多种因素综合造成,或由一般事件转化而成。

(3)影响广泛。突发事件一旦发生,会在一定范围内影响正常的社会秩序和稳定,危害公共安全。

(4)危害严重。许多突发事件任其发展,会造成严重的危害,带来人员伤亡和社会财富的重大损失,妨害人民团结,危害社会安定,甚至还会影响国家政权的稳固。

三、邮政快递行业突发事件

1. 邮政快递行业突发事件的含义

国家邮政局将突发事件定义为突然发生的,对邮政业造成或可能造成人员伤亡、财产损失、运营网络阻断、用户信息泄露等危及邮政业安全稳定和寄递渠道安全畅通的紧急事件。

2. 邮政快递行业突发事件的分类

依据突发公共事件的发生过程、性质和机制，我国将突发事件大致分为自然灾害、事故灾害、公共卫生事件、社会安全事件四类。同样，这种分类可以应用到邮政行业。另外，邮政业突发事件还包括由于邮政企业和快递企业内部问题造成的邮件、快件积压，影响邮政通信的事件。

（1）因自然灾害造成的邮政业突发事件。自然灾害是由于自然现象的异常变化作用于人类社会，从而造成人员伤亡、财产损失、社会秩序混乱，影响和阻碍社会经济发展的事件。以自然灾害发生的主导因素为依据，可以把自然灾害分为气象气候灾害、地质地貌灾害、水文海洋灾害和生物灾害四大类。自然灾害的特点是普遍性广，突发性强，影响大，种类全，有周期性，可控制和预防性低。对于邮政业而言，此类事件主要是因雨雪、地震灾害、地质灾害等引起的人员伤亡、邮路中断、邮政信息系统瘫痪、大量邮件或快件积压、丢失或损毁，及财产损失等。

（2）因事故灾害造成的邮政业突发事件。事故灾害主要是指重大交通运输事故、各类重大的生产安全事故、造成重大影响和损失的城市突发性事故、重大环境污染、生态破坏、核辐射事故等。这类事件对于邮政业的主要影响有由上述各种事故所引起的人员伤亡、大量邮件或快件积压、丢失或损毁，财产损失，邮政信息系统瘫痪、邮政通信中断等。例如运输信件或特快专递的专用车辆发生的交通事故分拣中心、营业厅等生产经营场所发生的火灾、触电等事故。

（3）因公共卫生事件造成的邮政业突发事件。公共卫生事件主要是指突然发生，造成或可能造成社会公共健康严重损害的重大传染病疫情、群体性不明原因疾病、重大食物中毒、职业中毒、重大动物疫情以及其他严重影响公众健康的事件。此类事件有可能对邮政业造成的消极影响包括染病疫情、群体性不明原因疾病、食品安全、职业危害和动物疫情等引起的人员伤亡、大量邮件或快件积压，财产损失、邮政通信中断以及通过寄递渠道散布的传染性疫情扩散。

（4）因社会安全事件造成的邮政业突发事件。这是指对社会和国家的稳定和发展造成巨大影响的，涉及政治、经济、社会等方面的各种突发事件。主要包括重大刑事案件、涉外突发事件、恐怖袭击事件、经济安全事件以及规模较大的群体性突发事件等。此类事件对邮政业造成的危害有因上述各种事件引起的人员和财产伤亡，大量邮件或快件积压、丢失或损毁，邮政通信中断，以及通过寄递渠道发生的危害社会安全的突发事件。例如，2009年7月5日发生在乌鲁木齐的"打砸抢烧严重暴力犯罪7·5事件"，对乌鲁木齐地区邮政、快递行业造成了巨大威胁。新疆维吾尔自治区邮政管理局迅速响应，及时应对这起突发事件。对人员安全、财产损失、事态发展等情况每天向国家邮政局作出汇报并下发紧急文件，及时妥善处理积压邮件和快件，做好与客户的沟通工作，并全力保障人员安全和做好治疗、善后工作，做好应对各种突发事件的准备工作，直至乌鲁木齐市社会秩序基本恢复正常。

（5）因邮政企业和快递企业内部问题造成的邮政业突发事件。这主要指邮政企业和快递企业由于内部利益纠纷问题(如加盟制快递企业的经济纠纷)造成的邮件、快件积压,影响邮政通信的突发事件。

四、突发事件的分级

(一)事件分级

邮政业突发事件按照其性质、严重程度、影响范围和可控性等因素分为四级:Ⅰ级(特别重大邮政业突发事件)、Ⅱ级(重大邮政业突发事件)、Ⅲ级(较大邮政业突发事件)和Ⅳ级(一般邮政业突发事件)。

微课:突发事件的分级及处置

1. Ⅰ级

符合下列情形之一的突发事件为Ⅰ级。

(1)人员死亡、失踪30人以上,或重伤100人以上。

(2)直接经济损失1亿元以上。

(3)邮政企业、跨省经营的快递企业运营网络全网阻断,或部分省(区、市)运营网络阻断但是可能在全国范围内造成严重影响。

(4)用户信息泄露1亿条以上。

(5)超出事发地省级邮政管理机构应急处置能力。

(6)具有对全国邮政业安全稳定运行和渠道安全畅通构成严重威胁、造成严重影响的其他情形。

2. Ⅱ级

符合下列情形之一的突发事件为Ⅱ级。

(1)人员死亡、失踪10人以上30人以下,或重伤50人以上100人以下。

(2)直接经济损失5 000万元以上1亿元以下。

(3)邮政企业、快递企业全省(区、市)运营网络阻断,或省内部分市(地、州盟)运营网络阻断但是可能在全省范围内造成严重影响。

(4)用户信息泄露1 000万条以上1亿条以下。

(5)超出事发地市(地)级邮政管理机构应急处置能力。

(6)具有对全省(区、市)邮政业安全稳定运行和寄递渠道安全畅通构成严重威胁、造成严重影响的其他情形。

3. Ⅲ级

符合下列情形之一的突发事件为Ⅲ级。

(1)人员死亡、失踪3人以上10人以下,或重伤10人以上50人以下。

(2)直接经济损失1 000万元以上5 000万元以下。

(3)邮政企业、快递企业全市(地、州、盟)运营网络阻断。

(4)邮件快件积压,超出事发企业7天处理能力。

(5)用户信息泄露100万条以上1 000万条以下。

(6)具有对全市(地、州、盟)邮政业安全稳定运行和寄递渠道安全畅通构成严重威胁、造成严重影响的其他情形。

4. Ⅳ级

符合下列情形之一的突发事件为Ⅳ级。

(1) 人员死亡、失踪3人以下,或重伤10人以下。

(2) 直接经济损失1 000万元以下。

(3) 邮政企业、快递企业全县(市、区、旗)运营网络阻断。

(4) 邮件快件积压,超出事发企业72小时处理能力。

(5) 用户信息泄露100万条以下。

(6) 具有对全市(地、州、盟)邮政业安全稳定运行和寄递渠道安全畅通构成较大威胁、造成较大影响的其他情形。

(二) 响应分级

邮政业突发事件应急响应分为四级:Ⅰ级响应、Ⅱ级响应、Ⅲ级响应和Ⅳ级响应,分别对应Ⅰ级(特别重大)邮政业突发事件、Ⅱ级(重大)邮政业突发事件、Ⅲ级(较大)邮政业突发事件和Ⅳ级(一般)邮政业突发事件。

(1) Ⅰ级响应。由国家邮政局予以确认,启动并实施应急响应。

(2) Ⅱ级响应。由省级邮政管理机构予以确认,启动并实施应急响应,同时报告国家邮政局和本级人民政府。

(3) Ⅲ级响应。由市(地)级邮政管理机构启动并实施应急响应,同时报告省级邮政管理机构和本级人民政府。

(4) Ⅳ级响应。由市(地)级及以下邮政管理机构启动并实施应急响应,报送省级邮政管理机构备案,同时报告本级人民政府。其中,事发地县(市、区、旗)设有邮政管理机构(含派出机构)的,由县(市、区、旗)邮政管理机构启动并实施应急响应,同时报告市(地)级邮政管理机构和本级人民政府。

五、突发事件的处置

1. 先期处置

突发事件后,事发企业在报告突发事件信息的同时,应该立即启动应急响应,及时有效地进行先期处置,控制事态发展,并将相关信息及时通报与突发事件有关的政府部门、企事业单位和公民。事发企业应当根据实际情况,在确保人身安全的前提下立即组织本企业应急救援队伍和工作人员展开营救遇险、涉险人员,疏散、撤离、安置受威胁人员;控制危险源,标明危险区域,封锁危险场所,并采取其他防止危害扩大的必要措施。对于本企业问题引发的群体性事件,企业相关责任人员应当迅速赶赴现场开展劝解、疏导、协调等工作。

2. 应急预案启动

应急处置工作能否做到令公众满意,是衡量邮政管理部门应急水平的重要指标。应急处置应遵循以预案为准的原则,根据现有预案进行应急响应。在突发事件发生时,以最小伤亡为原则,优先考虑人民群众的生命安全。另外,从历次重大突发事件处理的经验来看,应急处置中的沟通协调往往是最容易出现问题的环节。因此,解决协调难的问题,应当遵循"权力自动转移"的原则,也就是说,突发事件发生后,地方行政部门的处理权限应当自动向上转移,国家邮政业突发事件应急工作领导小组自动获得授权,以最快的速度和最高的效率立刻投入应急指挥。各部门在执行应急任务时,应以服从大局为原则,积极做好协调配合,杜绝出现不合作、协调不力的局面。

3. 后期处置

应急处置的结束并不意味着整个应急管理工作的结束,恢复和善后机制是应急管理的重要组成部分,这个阶段的工作往往是一个缓慢、长期的持续性工作。要本着以人为本、高度负责的精神和原则,完成各项恢复工作。包括人员的及时救治,各种设施功能的快速恢复等,为下一步的善后工作打下良好基础。当基本秩序得到保证之后,开始进行全面的善后、总结。包括对相关人员的抚恤、补偿和赔偿,详细的损失情况统计汇总工作,责任调查和追究工作,应急工作的总结报告等。

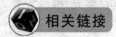

快递企业常见应急事件的现场处置办法

(1) 快件积压。提前做好快件量预报工作,及时调配人员和车辆;增加作业人员,延长作业时间,增加作业频次;在出口车辆运力不足时,临时增派加班车辆;出现少量快件积压时,在保证时限的前提下,安排场地滞留,并在下一班次优先处理;在场地条件允许的情况下,设置备用分拣线路,一旦快件积压严重,启动备用分拣线分流。

(2) 班车延误。驾驶员需第一时间上报调度部门,调度部门通知场地主管,场地主管应积极采取补救措施(人员安排),优先安排延误车辆进站并将延误快件尽快分拣转运。

(3) 设备故障。联系维修人员及时修理;使用其他分拣线路临时代替;使用其他设备,辅助作业人员进行分拣;启用备用分拣线。

(4) 停电。夜间停电时,如果场地备有发电机,作业主管应提醒作业人员保持原地待命,同时紧急发电;如果场地无发电机,无法保证短时间供电,应做好清场工作。

(5) 火灾。发现重大火情时应立即拨打119电话报警,请求支援。在保证自身安全的前提下,组织人员切断电源并实施救火。除留下义务消防人员抢救贵重物品外,立即有组织地疏散人员。当火灾无法控制时,应果断撤出义务消防人员,避免人员伤亡。火灾熄灭后,彻底清点处理中心作业人数;配合公安消防人员调查火灾原因,初步确定火灾原因和影响程度,并对事件造成的影响进行评估。

(6) 人身事故。首先观察伤员的神志是否清醒,询问造成伤害的原因,然后准确判断事件的伤亡性质,如果自己不能解决,应立即向主管人员报告,寻求援助。遇到较为严重的工伤事故要拨打120急救电话,配合医护人员采取一些急救措施,不要贸然采取措施,避免伤害加剧。在今后的工作中进一步加强班组安全教育。事后需要填写工伤事故报告单,并就此分析原因、制订整改措施,在今后的工作中进一步加强班组安全教育。

项目九　快递处理中心安全管理

项目总结

项目九总结见表9-1。

表9-1　项目九总结

知　识　点	相　关　内　容
安全管理的概念和目的	安全管理是管理科学的一个重要分支,它是为实现安全目标而进行的有关决策、计划、组织和控制等方面的活动;主要运用现代安全管理原理、方法和手段,分析和研究各种不安全因素,从技术上、组织上和管理上采取有力的措施,解决和消除各种不安全因素,防止事故的发生。安全管理可以保护广大劳动者和设备的安全,防止伤亡事故和设备事故危害,保护国家和集体财产不受损失,确保生产和建设的正常进行
快递企业人员安全和快件安全	人员安全管理方法;人员安全事故的处理快件安全管理可分为收派过程快件安全管理、场地处理过程快件安全管理、在库快件安全管理、在途快件安全管理,此外,还有对特殊快件的安全管理
车辆安全和场地设备安全管理	车辆安全管理:出车前的车辆安全管理(驾驶员要认真做好车辆设备检查和行车证件检查,并监督装车方安全合理装载,以确保行驶过程安全顺畅)、在途行驶车辆安全管理、停放车辆安全管理和车辆的日常维护和定期保养 场地设备安全管理:场地选址要求、场地设计原则、场地消防管理
常见突发事件的处理方法	先期处置、应急预案启动和后期处置

技能训练

一、单项选择题

1. (　　)担任安全生产管理委员会的主任。
   A. 企业主要负责人　　　　　　　　B. 部门负责人
   C. 专职安全生产管理员　　　　　　D. 兼职安全生产管理员
2. 在快递企业的安全管理责任制文件中,(　　)要建立专门的安全管理职责规定。
   A. 安全生产管理委员会　　　　　　B. 法定代表人
   C. 专职安全管理员　　　　　　　　D. 各部门经理
3. 国家邮政局将邮政业的突发事件分为(　　)级。
   A. 1　　　　B. 2　　　　C. 3　　　　D. 4
4. 防止"四漏"不包括(　　)。
   A. 漏水　　　B. 漏油　　　C. 漏检　　　D. 漏电
5. 以下项目中不属于快递营业场所安全生产设备配置的是(　　)。
   A. 消防设备　B. 监控设备　C. 劳保用品　D. 隔离设备

二、多项选择题

1. 对快递行业安全法律法规文件的整理可以包括（　　）。
   A. 一般规定　　　　　　　　　　　　B. 安全管理
   C. 信息安全　　　　　　　　　　　　D. 跨境快递安全
2. 下列对应国家邮政业突发应急Ⅰ级事件的选项是（　　）。
   A. 人员死亡30人以上　　　　　　　　B. 人员死亡10人以上
   C. 用户信息泄露1亿条以上　　　　　　D. 用户信息泄露1 000万条以上
3. 发生人身伤亡的交通事故的现场处置措施一般包括（　　）。
   A. 拨打120急救电话　　　　　　　　B. 拨打110报警进行事故处理
   C. 现场秩序维持　　　　　　　　　　D. 组织抢救快件
4. 处理中心一级响应启动时,应到场进行现场指挥的有（　　）。
   A. 应急领导小组组长　　　　　　　　B. 应急领导小组副组长
   C. 运作部部长　　　　　　　　　　　D. 工会主席
5. 关于火灾的现场处置措施,说法正确的是（　　）。
   A. 在保证自身安全的前提下,组织人员切断电源并实施救火
   B. 除留下义务消防人员抢救贵重物品外,立即有组织地疏散人员
   C. 当火灾无法控制时,应果断撤出义务消防人员,避免人员伤亡
   D. 火灾熄灭后,彻底清点处理中心作业人数

三、简答题

1. 简述发生班车延误事件的处置措施。
2. 简述快递企业从业人员安全培训应当包含的内容。

1+X实践训练

实训要求：快递企业针对突发事件应急管理分为四个阶段：预防、准备、处置和恢复。假如你是快递处理中心的安全管理员,请根据本项目所学的安全管理相关知识完成以下任务。

（1）制订一份快递处理中心发生火灾的应急处理专项预案。

（2）模拟实施该预案。

实训目的：通过此次训练,掌握处理中心安全管理相关知识。

实训方式：以小组为单位完成实训任务。

项目十

快递信息技术

知识目标
1. 了解快递信息的概念;
2. 明确快递信息的分类、特点;
3. 掌握快递信息技术的基本功能;
4. 了解主要快递信息技术的相关概念;
5. 熟悉信息网络安全管理的内容;
6. 了解防范信息安全隐患的手段。

技能目标
1. 能够根据快递信息的不同维度进行分类和归纳;
2. 能够描述主要快递信息技术的特点;
3. 能够根据工作需要制订信息安全防范方案。

素养目标
1. 培养理论联系实际、实事求是的工作作风;
2. 树立正确的价值观,遵守国家相关法律法规。

项目导入

　　快递信息技术是通过应用计算机技术、通信技术、物流技术等现代信息技术,为快递企业提供高效、安全、准确的快递服务,实现快递物流信息化的过程。在快递信息技术中,快递公司通过信息系统对快件、仓储、配送等进行管理和控制,同时也可以跟踪和管理客户订单信息。另外快递公司通过采用自动化设备和技术,包括自动分类、自动扫描和识别条形码等,提高快递配送的效率和准确度。快递信息技术的应用,使快递服务更加智能化、高效化、安全化,为快递业的发展提供了有力的支持和保障。

任务一　快递信息技术类型及应用

📖 任务导入

本周小李转岗至信息中心实习,岗位是信息安全员。今天是他转岗后的第一天,他希望多了解一些关于快递信息中心的知识,公司派王经理负责带他参观信息中心的工作现场并介绍工作流程。王经理在带小李参观之前给他提了几个问题,希望他参观完之后能够思考回答。

(1) 快递信息对于一家快递公司来说是否重要?

(2) 快递信息技术可以实现哪些功能?

一、快递信息

(一)快递信息的概念

快递信息是指与快递相关的一系列信息,例如快递寄送、派送状态、运输路线、快递单号、收件人信息、寄件人信息和快递企业信息等。这些信息可以通过快递企业的官方网站、手机应用程序、短信、电话查询等多种方式获取。

微课:快递信息概述

快递信息对于寄件人和收件人来说非常重要,因为它们可以了解包裹的当前状态、预计送达时间等,帮助双方更好地安排时间和避免不必要的等待和担忧。同时,快递企业也可以通过快递信息实现对快件状态的实时监控和调度,提高整体运输效率和服务质量。

(二)快递信息的分类

快递信息可以按照不同的维度进行分类,常见的分类方式如下。

(1) 按照信息来源划分,可以将快递信息分为快递企业提供的信息、第三方物流追踪平台提供的信息、寄件人或收件人提供的信息等。

(2) 按照信息类型划分,可以将快递信息分为快递单号、快递状态、快递企业信息、收件人信息、寄件人信息、运输路线等。

(3) 按照信息内容划分,可以将快递信息分为快递运输信息(包括寄送状态、派送状态、签收状态等)、价格信息、投诉与建议信息等。

(4) 按照信息传递方式划分,可以将快递信息分为手机短信、手机应用程序、电子邮件、网页查询、电话查询等。

(5) 按照信息处理方式划分,可以将快递信息分为实时查询、定时推送、人工查询等。

(三)快递信息的特点

(1) 及时性。快递信息具有很强的时效性,快递企业可以通过快递信息及时掌握快递的实时状态,包括寄送状态、派送状态、签收状态等。

(2) 准确性。多数快递企业的快递信息是由系统自动记录或人工录入,内容相对准确,可以帮助寄件人和收件人快速获取有关快递的重要信息,避免因信息偏差而导致误解或错误。

(3) 便捷性。快递信息可以通过多种渠道查询,如快递企业官网、手机应用、短信查询等,寄件人和收件人可以选择自己方便的方式获取相关快递信息。

(4) 透明度。快递信息可以较直观地展示整个运输过程的细节,包括运输路线、时间节点、扫描信息等,增加了快件运输中的透明度,让寄件人和收件人更加信任快递企业。

(5) 可追溯性。快递信息可以记录整个运输过程的历史信息,包括从何时开始运输到何时签收等,这种可追溯性可以帮助快递企业进行质量控制和运营管理,同时也方便用户的投诉处理。

(四) 快递信息的作用

快递信息在现代物流领域中扮演着至关重要的角色。

(1) 提高用户体验。通过快递信息,寄件人和收件人可以及时了解快递的实时状态、预计送达时间等信息,提高了用户的满意度,增强了快递企业服务品牌的影响力。

(2) 提高运输效率。快递信息可以帮助快递企业实时监控快递运输情况,及时发现问题,快速做出运输线路等相关调整,及时提高物流效率和运输速度。

(3) 改善服务质量。快递信息可以记录整个运输过程的历史信息,方便快递企业进行服务质量控制和快递运营管理,及时发现和解决运输中的问题,提高整体快递服务质量和可靠性。

(4) 降低运输成本。通过快递信息,快递企业可以实时了解每个订单的具体情况,进行运输路线和运输方式的最优化调整与决策,从而降低运输成本,提高运输效益。

(5) 增强安全性。快递信息可以帮助快递企业实现对运输物品的安全监控,确保快递物品的运输安全,有效避免快件遭受丢失、损坏、盗抢等问题。

总的来说,快递信息的作用主要体现在提高用户体验、提高物流效率、改善物流质量、降低运输成本和增强安全性等方面,它已经成为邮政快递领域不可或缺的一部分。

二、快递信息技术

目前,我国快递行业通过技术创新不断提高快递服务水平,应用物联网、云计算、大数据、人工智能等技术,进一步提升运输效率和服务质量。

快递信息技术是指在现代邮政和快递服务中应用的各种信息技术,包括物联网、云计算、大数据、人工智能、区块链等技术。快递信息技术以数字化和信息化的方式,对快递的各个环节进行优化和管理,提高快递的整体运输效率、可靠性和安全性。

微课:快递信息技术

具体来说,快递信息技术可以实现以下功能。

(1) 实时追踪。利用物联网技术和传感器,对快递物品的位置、温度、湿度等信息进行实时监控和追踪,以提高物品的安全性和可靠性。

(2) 数据分析。通过云计算和大数据技术,对快递物流的数据进行分析和挖掘,帮助快递企业优化运输路线、提高配送效率和减少损耗。

(3) 智能决策。通过人工智能技术，对快递物流过程中的各种数据进行分析和处理，实现智能决策和优化，提高物流服务质量和运输效率。

(4) 信息共享。通过区块链技术，实现快递物品的信息共享和数据交换，增加运输的透明度和安全性，减少信息不对称带来的交易纠纷。

（一）条形码技术

1. 条形码技术的概念

条形码技术是一种用于商品标识和跟踪的自动识别技术。它通过在商品上印刷条形码，利用光学扫描仪扫描条形码，将条码中的数字、字母、符号等信息转换为计算机可以处理的数字代码，实现商品自动识别和信息管理。条形码通常由一系列黑色和白色的线条组成，线条的宽度和间距表示不同的数字、字母、符号等信息。条形码技术已经成为商品标识和跟踪的重要手段，广泛应用于商业、快递、制造等领域。

2. 条形码技术的特点

(1) 高效性。利用光学扫描仪扫描条形码，比手工输入数字、字母等信息更快、更准确，大幅提高了信息录入及读取的工作效率。

(2) 可靠性。条形码技术具有高容错性，即使条码上有一定程度的损伤或污渍，也能正确识别出其中的信息。

(3) 可追溯性。条形码上的数字、字母等信息可以记录快递从收寄、运输、分拣、派送等多个环节的重要信息，方便追溯快递的来源和运输路线。

(4) 易操作性。条形码技术使用简单，只需要一台光学扫描仪和一张印有条形码的标签，就可以实现快件信息的快速输入和管理。

3. 条形码技术的分类

(1) 一维条形码。一维条形码又称条码，是由一系列不同宽度的线条和间隙组成，可以代表数字、字母、符号等信息。它通常应用于商品的标识、管理和跟踪等领域，如 EAN、UPC、Code 39、Code 128 等。

(2) 二维条形码。二维条形码由若干个正方形或长方形的小方块和空白区域组成，可以存储更多的信息，如文本、图片、网址等。它通常应用于电子票据、身份证、物流追踪、移动支付等领域，如 QR Code、Data Matrix、PDF417 等。

(3) 智能条码。智能条码是一种结合了物联网和传感器技术的高级条形码。智能条码可以实现与云端的连接，同时可以感知物品的状态、环境等信息，实现物品的智能管理，如 RFID、NFC 等。

条形码技术的分类主要是按照编码方式、应用领域和技术特点等方面进行划分，不同类型的条形码技术具有不同的应用场景和技术特点，可以满足不同领域的需求。

4. 条形码技术在快递行业中的应用

(1) 快递单号是快递企业为每个快递包裹分配的独特标识号码，可以通过一维条形码的方式印刷在快递面单上，方便快递企业进行自动化分拣和处理。

(2) 快递标签是快递包裹的标记，可以包含快递单号、收发地址、收发人信息等，通过一维或二维条形码的方式印刷在快递包裹上，方便快递企业进行自动化处理和跟踪。

(3) 快递企业通过使用条形码技术，可以实现自动化的分拣、扫描、出库等流程，提高快递运输效率,实现快递信息的实时跟踪和监控,方便快递企业和用户了解快递物品的运输情况和配送进度,如快递包裹的来源、去向、状态、签收信息等。

（二）射频识别技术

1. 射频识别技术的概念

射频识别(radio frequency identification,RFID)技术是一种用于实现物品自动识别和跟踪的技术。它通过使用电子标签(RFID tag)和读写器(RFID reader)来实现物品的自动识别和信息交换,从而实现物品的智能管理和追踪。

RFID标签通常由一个集成电路芯片和一个天线组成,可以存储物品的信息,如编号、型号、生产日期、供应商等。RFID读写器则是一种设备,可以通过无线电信号与RFID标签进行通信,读取标签中存储的信息,并将信息传输到计算机系统中进行处理。

RFID技术可以应用于多个领域,如物流、快递、零售、医疗、农业、制造等。在快递行业,RFID技术可以实现以下功能。

（1）自动化管理。RFID技术可以实现快递物品的自动识别和跟踪,实现自动化管理和流程控制。

（2）实时监测。RFID技术可以实时监测物品的状态、位置、温度、湿度等信息,提高快件运输的安全性和可靠性。

（3）信息共享。RFID技术可以实现物流信息的共享和交换,提高物流透明度和减少信息不对称。

（4）效率提升。RFID技术可以有效减少人工操作和管理,可以大幅提高物流运输的效率和可靠性,同时因为可以减少人工操作的需求,从而降低人力成本和物流损耗。

2. 射频识别技术的工作原理

RFID技术作为通过电磁场中的无线电波来实现物品自动识别和跟踪的技术,其基本原理可以分为RFID标签、RFID读写器和信息处理系统三部分。

（1）RFID标签。RFID标签通常由一个集成电路芯片和一个天线组成,是实现物品自动识别的核心部分。当RFID标签被放置在读写器的工作范围内时,读写器会向RFID标签发送一定频率的电磁场信号,RFID标签的天线会接收这些信号并将其转换为能量,通过这个能量激活标签中的集成电路芯片,然后返回存储在芯片中的信息。

（2）RFID读写器。RFID读写器是一种设备,可以产生一定频率的电磁场信号,并向RFID标签发送信号。当RFID标签接收到读写器发送的信号后,RFID读写器会读取标签中存储的信息,并将信息传输到信息处理系统中进行处理。

（3）信息处理系统。RFID技术可以将物品信息与信息处理系统相连接。信息处理系统可以通过网络将快递信息传递到相关人员的计算机或手机上,或是通过大数据分析等技术对快件信息进行深度挖掘。RFID读写器和信息处理系统是实现物品信息的采集和处理的关键。

3. 射频识别技术在快递行业中的应用

RFID技术在快递行业中的应用主要集中在以下几个方面。

（1）提升快递自动化处理。RFID技术可以实现快递物品的自动识别和跟踪,实现自动化管理和流程控制。快递包裹上的RFID标签可以通过RFID读写器进行读取和写入,从而实现自动化的分拣、扫描、出库等流程,提高运营效率和处理速度。

(2) 实现快递物品跟踪。RFID 技术可以实现快递物品的管理和追溯,如快递包裹的来源、去向、状态、签收信息等。通过 RFID 标签存储和传输物品信息,可以实现快递物品信息的实时监测和管理,提高快递物品的安全性和可靠性。

(3) 加速信息间共享。RFID 技术可以实现快递信息的共享和交换,提高运输透明度和减少快递信息不对称。通过 RFID 标签存储和传输物品信息,可以实现快递物品信息的实时共享和交换,方便快递企业和用户了解快递物品的运输情况和配送进度。

(三) 电子数据交换(EDI)

1. 电子数据交换的概念

电子数据交换(electronic data interchange,EDI)是一种通过计算机网络进行企业之间文档交换的标准化电子数据交换方式。它通过采用固定的数据格式和通信协议,实现不同企业之间电子商务数据的快速、准确、可靠地交换和共享,避免了手工录入数据和传统邮件、传真方式带来的信息交流周期长、易错等缺陷,提高企业的工作效率和竞争力,同时也可以减少企业在数据处理方面的成本和风险。EDI 技术主要包括以下几个方面。

(1) 数据格式。EDI 通过采用固定的数据格式,如 EDIFACT、ANSI X12、TRADACOMS 等,来确保不同企业之间的数据可以互相交换和识别。

(2) 通信协议。EDI 通过采用固定的通信协议,如 AS2、SFTP、FTP 等,来确保不同企业之间的数据可以通过安全的通信渠道进行传输和接收。

(3) 业务流程。EDI 通过采用固定的业务流程,如订单、发票、物流信息等,来确保不同企业之间的电子商务数据可以按照一定的标准和流程进行交换和处理。

(4) 安全性。EDI 通过采用固定的安全控制策略,如数字证书、加密、认证等,来确保电子商务数据的安全性和可靠性。

2. 电子数据交换的工作原理

EDI 系统的构成通常包括以下几个组成部分。

(1) EDI 软件系统。EDI 软件系统是指用于实现 EDI 协议的应用程序,包括数据格式转换、协议传输、安全加密、数据集成等功能。EDI 软件系统可以分为客户端和服务器端两部分,分别用于实现数据的传输和接收。

(2) EDI 网络通信设备。EDI 网络通信设备是指用于实现 EDI 数据传输的硬件设备,包括网络通信线路、路由器、交换机、防火墙等。EDI 网络通信设备可以实现 EDI 数据的安全传输和接收。

(3) EDI 文件格式。EDI 文件格式是指用于 EDI 数据交换的文件格式,包括标准格式和私有格式两种。标准格式是一种通用的数据格式,如 EDIFACT、ANSI X12 等;私有格式是指根据不同企业的需求自行设计的数据格式。

(4) EDI 服务提供商。EDI 服务提供商是指提供 EDI 软件和网络通信设备以及技术支持的企业,为用户提供 EDI 数据交换的一站式服务。EDI 服务提供商可以根据用户的需求提供不同的 EDI 软件和网络通信设备,为用户提供专业的技术支持和服务。

基于上述 EDI 系统的各个组成部分,EDI 系统的工作原理是通过 EDI 软件系统将企业之间的数据格式进行转换、加密和传输,实现不同企业之间的商务数据快速、准确、安全和可靠的交换和共享。EDI系统的构成和工作原理可以根据不同的应用场景和企业需求进行定制和调整,通常分为以下几个步骤。

(1) 数据格式转换。将企业内部的数据格式转换为EDI文件格式。

(2) 协议传输。通过EDI软件系统将EDI文件发送给目标企业,并通过EDI网络通信设备进行传输。

(3) 数据解析。目标企业通过EDI软件系统接收EDI文件,并进行数据解析。

(4) 数据格式转换。目标企业将解析后的数据格式转换为企业内部的数据格式。

3. 电子数据交换在快递行业中的应用

EDI技术在快递行业中的应用主要涉及快递运输的自动化处理、信息交换和业务流程标准化等方面。具体来说,EDI技术在快递行业中的应用包括以下几个方面。

(1) 快递信息交换。EDI技术可以实现快递信息的快速交换,如订单信息、配送信息、仓储信息等。通过EDI文件格式和协议传输,可以实现快递信息的实时共享和交换,提高了快递物流的透明度和可靠性。

(2) 业务自动化处理。EDI技术可以实现快递业务的自动化处理,如快递包裹的自动分拣、扫描、出库等。通过EDI文件格式和协议传输,可以实现快递物品信息的自动化识别和跟踪,减少了人工操作的需求,提高了物流运营效率。

(3) 流程标准化。EDI技术可以实现快递业务流程的标准化,如订单处理、发票管理、退货处理等。通过EDI文件格式和协议传输,可以实现快递业务流程的标准化和自动化,提高了业务处理的效率和准确性。

(4) 快递信息安全。EDI技术可以实现快递信息的安全传输和存储,如数字证书、加密、认证等。通过EDI网络通信设备和安全控制策略,可以实现快递信息的安全传输和存储,防止信息泄露和篡改,降低企业的运营风险。

(四) 全球定位系统

全球定位系统(global positioning system,GPS)是由美国研制的一种卫星导航系统,可以提供准确的定位、导航和时间服务。全球定位系统由一组卫星、地面控制站和GPS接收机组成,通过卫星发射信号和接收机的接收,可以计算出接收机的精确位置、速度和时间等信息。全球定位系统的接收机通过接收多颗卫星发射的信号,并测量这些信号传播的时间差,可以计算出接收机的三维位置。全球定位系统的定位精度可以达到数米至几十米的级别,对于地面车辆、船只、飞机、导弹、人员等的定位和导航都有重要的应用价值。全球定位系统除应用于军事领域外,还广泛用于民用领域,如航空、航海、交通、探矿、地质勘探、森林管理、灾害救援等领域。

(五) 北斗导航系统

北斗导航系统是我国自主研发的一种卫星导航系统,它由一组卫星、地面控制站和用户终端设备组成,通过卫星发射信号和用户终端的接收,可以提供定位、导航、时间同步等服务。北斗导航系统是世界上四大卫星导航系统之一,与美国的GPS、俄罗斯的格洛纳斯、欧洲的伽利略齐名。与GPS相比,北斗导航系统具有以下优势。

(1) 更高的精度。北斗导航系统的定位精度可以达到数米至厘米的级别,比GPS

更高。

(2) 更广的覆盖范围。北斗导航系统可以提供全球性的导航服务,覆盖范围更广。

(3) 更多的服务。北斗导航系统还可以提供应急救援、气象预报、通信导航等多种服务。

总的来说,北斗导航系统是中国自主研发的卫星导航系统,具有高精度、全球覆盖、多功能等优势。它可以应用于各个领域,如交通、农业、气象、军事等,为我国经济社会发展和国家安全提供重要的支持。

  思政园地:智能时空　创新引领

中国北斗的应用越来越丰富

一种应用了北斗三号全球卫星导航系统(以下简称"北斗卫星系统")的智能手表,一次可发最长1 000个汉字或十余秒语音,同时实现位置、心率、血氧、体温和环境温度等信息一键上报;北斗与5G技术相结合的车载智能一体机,实现实时可靠的高精度定位;2022年上半年支持北斗的智能手机出货量超过1.3亿台。2022年9月21日,《光明日报》记者从2022中国北斗应用大会暨中国卫星导航与位置服务第十一届年会上获悉,我国自主研发的北斗卫星系统全球组网后,最近两年连续稳定运行,应用规模越来越大,应用生态也越来越丰富。

2022年的中国北斗应用大会以"智能时空　创新引领"为主题,9月21日在河南郑州开幕,北斗导航系统总设计师、中国工程院院士杨长风,中国科学院院士、中国工程院院士李德仁,中国科学院院士杨元喜,中国工程院院士王家耀等多位院士和专家参会,探讨北斗规模化应用与产业高质量发展的前景与路径。

北斗卫星全部入网提供服务,核心技术不再受制于人

2020年7月31日,北斗卫星系统进入了全球服务的新时代。北斗卫星系统目前在轨有45颗卫星,其中,北斗二号15颗,北斗三号30颗,现在所有的卫星都入网提供了服务,健康状况非常好,在轨运行稳定。

"目前,北斗卫星系统在全球范围精度上是5米,GPS在6米左右,精度比GPS要高;而且,北斗卫星系统的连续性和稳定性都是非常高的。北斗系统坐标基点也是能够满足要求的,信号质量一致性非常好,空间信号的精度也非常高,达到0.5米,轨道精度世界一流。"杨长风说。

北斗的服务功能也是全球四大卫星系统里最多的,北斗在全球范围内可以提供导航定位授时、全球短报文和国际搜救等服务,在亚太地区还提供短信通报、星基增强、地基增强等服务。

北斗应用不断普及,2022年上半年支持北斗的智能手机出货量超1.3亿台

卫星上天,重点在落地应用。作为大会的重要组成部分,2022年12 000 m² 的中国卫星导航与位置服务成果展亮点纷呈,展示了最近两年北斗的创新成果,包括新技术、新产品、新应用、新模式。

在北斗星通的展区,自主研发的定位芯片、模组、天线等产品一应俱全,其小尺寸+大平台+高精度产品组合已开始大量应用于户外割草机器人、无人机、智能驾驶汽车。

在某家"专精特新小巨人"的企业展台,一款获得2022年度卫星导航定位科技进步一等奖的"北斗三号"短报文手表吸引了观众:该手表可以实现双向报文通信,一次最长可达1 000个汉字或十几秒语音,同时实现位置、心率、血氧、体温和环境温度等信息一键上报,实现了对救援人员的生命体征、环境温度的实时监测感知,为恶劣环境下搜救服务、应急通信、生命救援等提供了北斗可穿戴设备,为全球应急救援、地质勘探、森林消防、野外驻训、户外旅游等复杂救援提供了重要保障设备。

北斗的技术应用产品也很丰富。有的企业融合大数据,提供智能位置决策服务平台,综合服务日均请求量突破10亿,业务场景覆盖物流及供应链、智慧城市、商业智能、物联网及智能设备。

中国卫星导航定位协会北斗时空技术研究院的研究数据显示,截至2022年6月底,我国交通运输、能源和金融等行业已累计应用北斗设备近1 200万台套,其中交通运输行业应用数量超800万台套,农业应用近100万台套。2022年上半年,以智能手机为代表的北斗大众消费领域应用数量近1.4亿台,其中支持北斗的智能手机出货量超过1.3亿台。

中国卫星导航定位协会会长于贤成表示,两年多来,北斗卫星系统已逐步形成深度应用、规模化发展的良好局面,在交通运输、公共安全、救灾减灾、农林牧渔、城市治理等行业领域,以及电力、水利、通信基础设施建设等方面应用广泛,2021年我国卫星导航与位置服务产业总体产值达到4 690亿元,其中"北斗"对产业的核心产值贡献率达80%。

于贤成说:"尤其是今年上半年,我国卫星导航与位置服务产业克服疫情影响持续向好,相关企业总体营收水平和盈利能力不断提升,产业链各环节均衡发展,上游基础器件、中游终端和系统集成以及下游运营服务等各环节的产值,均有不同程度增长。在重点行业领域和大众消费领域的应用数量呈现平稳增长态势,普及程度越来越高。随着北斗导航技术与5G、大数据、物联网、传感器、网络空间安全等新兴技术的融合发展,北斗卫星系统的应用将会具有更加广阔的前景。"

(资料来源:https://baijiahao.baidu.com/s?id=1745020465803810026&wfr=spider&for=pc)

思政讨论:北斗系统在快递行业中的应用体现在哪些方面?

(六)地理信息系统(GIS)

1. 地理信息系统的概念

地理信息系统(geographic information system,GIS)是一种涵盖地理、信息、计算机技术和空间统计学等多学科交叉的技术系统,它将地理空间信息和属性信息进行数字化处理、存储、管理、分析和展示。GIS主要包括数据采集、数据处理、数据管理、数据分析和数据展示等组成部分,通过数据的输入、存储、管理和分析,可以帮助用户实现对地理空间信息的获取、利用和应用。

GIS的基本原理是将地球表面的现象和事物转换成数字数据,以便计算机处理和管理。GIS通过计算机技术实现对地理空间信息的数字化、存储、查询、分析和展示,同时结合统计学、空间分析等方法,可以帮助企业实现对地理空间信息的多维度分析和应用。

目前,GIS广泛应用于各种领域,如城市规划、土地利用、环境保护、水资源管理、交通运输、农业生产等。它可以帮助企业对空间信息进行分析、模拟、预测和决策,为决策者提供科学、准确、快速的决策支持。总体来说,GIS是一种将地理空间信息和计算机技术相结合的信息系统,具有广泛的应用领域和重要的应用价值。

2. 地理信息系统在快递行业中的应用

GIS在快递行业中的应用主要是通过空间数据分析、处理和可视化,帮助快递公司更好地管理和优化配送网络,提高快递业务的效率和质量。

(1)路线规划和优化。通过GIS可以获取路线和交通信息,帮助快递公司规划最佳路线和快递员的配送路线,实现配送效率的提高,降低时间成本。

(2)强化快递员管理。GIS可以配合导航系统确认快递员具体位置,了解实时情况,及时调整路线,提高派送质量,同时也方便快递企业进行业务监督和考核。

(3)服务范围分析。GIS可以通过绘制服务区域地图以及覆盖范围的热力图等方式,帮助快递公司了解哪些区域的快递需求量大以及哪些地区是快递网络的盲区,从而更好地制定业务策略。

(4)空间分析和预测。GIS可以通过分析历史数据和现有的地理信息,制定预测模型,预测未来快递业务的需求和流量,从而为快递企业提供决策依据,包括设立新的快递分拨中心、升级运输设备等。

任务二 快递信息系统

任务导入

王经理带实习生小李参观完信息中心工作现场后,又带他来到了信息中心的服务器运营区,在这里小李将了解快递信息系统的整体运作流程,以及各子系统发挥的作用。快递信息系统可以对快递企业的各项业务数据进行有效管理和分析,基于此王经理向小李提出了一个问题:快递信息系统具有哪些基本功能?

一、快递信息系统概述

1. 快递信息系统的概念

快递信息系统是指基于计算机、通信、物联网和数据库等技术,对快递业务的信息化管理和控制进行整合和集成,实现快递信息的快速、准确、安全、可靠的传递和处理。它可以将快递业务的各个环节进行数字化、自动化处理,提高快递的工作效率和质量,同时也可以为企业的管理决策提供实时、准确的数据支持。

微课:快递信息系统

2. 快递信息系统的作用

(1)提高快递运输效率。快递信息系统可以实现订单管理、运单管理、路线规划、调度管理、车辆管理、仓储管理等功能，自动化处理物流信息，优化运输方案，提高快递物流的效率和准确性。

（2）提高客户服务水平。快递信息系统可以实现客户信息管理、快件跟踪查询、客户反馈处理等功能，帮助客户及时了解货物的配送情况，提高客户满意度和忠诚度。

（3）降低管理成本。快递信息系统可以对快递企业的各项业务数据进行有效管理和分析，实现数字化、自动化处理快递信息，降低人工成本和管理成本，提高企业管理效率和精细化管理水平。

（4）提高信息安全性。快递信息系统可以通过信息加密、权限控制、防护措施等安全措施，保障快递信息的安全性和保密性。

（5）提高企业决策水平。快递信息系统可以对快递业务数据进行分析和挖掘，提供数据支持和决策参考，提供运营决策支持，优化业务流程和企业竞争力。

（6）支持快递行业数字化转型。快递信息系统是快递行业数字化转型的重要组成部分，可以帮助快递企业实现业务的自动化、智能化和模块化，提高企业的竞争力和市场占有率。

3. 快递信息系统的基本功能

快递信息系统的基本功能主要包括以下几个方面。

（1）订单管理。包括快递订单的生成、录入、修改、查询等操作。快递信息系统可以实现自动化订单处理，提高订单处理效率和准确性。

（2）运单管理。包括快递物流信息的记录、跟踪、查询、统计等操作。快递信息系统可以实现运单的实时记录和跟踪，提高物流运输效率和准确性。

（3）路由规划。快递信息系统通过计算机算法和数据分析，可以实现最优路线的规划和调度，提高配送效率，同时可以实时调整路线和运力，提高配送的准确性和时效性。

（4）仓储管理。快递信息系统可以对快递公司的仓储进行管理和监控，包括货物的入库、出库、库存管理、盘点等功能。

（5）费用管理。包括快递费用的计算、结算、查询等操作。快递信息系统可以实现费用的智能计算和管理，提高快递业务的成本控制和管理水平。

（6）客户信息管理。包括客户信息的记录、查询、修改等操作。快递信息系统可以实现客户信息的管理和控制，提高客户服务质量和满意度。

（7）自动化通知。快递信息系统可以通过短信、邮件、App等方式自动通知客户快件的配送情况，提高客户满意度，同时也可以对快递公司的客户服务水平进行监控和评估。

二、快递信息系统子系统

快递信息系统的子系统是针对快递业务的不同环节和需求进行设计和开发的，包括订单管理、运单管理、路线规划、调度管理、车辆管理、仓储管理、费用管理、客户信息管理等方面。这些子系统通过数据共享和协同工作，实现快递业务信息的自动化、数字化处理和管理控制，提高快递业务的运营效率、客户服务质量和管理水平。

（一）快递运营管理系统

快递运营管理系统是指基于信息技术和快递运营管理理念，通过对快递业务流程的数字化、自动化处理和优化,实现对快递业务全面、科学、精细化管理的一种信息化管理系统。

快递运营管理系统的主要功能包括订单管理、运单管理、路线规划、车辆调度、运力分配、仓储管理、费用管理等,以及客户信息管理、数据分析和决策支持等。它可以实现快递业务的在线化、实时化、智能化处理,提高快递物流的效率和质量,降低物流成本,同时也可以为企业管理层提供决策支持和参考。

快递运营管理系统是一种实现快递业务信息化、数字化、自动化处理和优化的信息化管理系统,它可以帮助企业实现精细化管理、提高运营效率。快递运营管理系统一般包括以下几个模块。

(1) 订单管理模块。用于实现快递订单的生成、录入、修改、查询等操作,以及订单信息的统计和分析等功能。

(2) 运单管理模块。用于实现快递物流信息的记录、跟踪、查询、统计等操作,以及运单信息的管理和控制等功能。

(3) 路线规划模块。用于根据订单和运单信息,实现快递路线的规划和优化,提高快递物流运输效率和服务质量。

(4) 车辆调度模块。用于实现快递车辆的调度和派遣等操作,以及对车辆状态和运输进度的实时监控和管理等功能。

(5) 运力分配模块。用于根据运输需求和运力情况,实现快递运力的分配和调配,提高运输效率和资源利用率。

(6) 仓储管理模块。用于实现快递仓库的管理和控制等操作,以及对仓储物流信息的实时记录和管理等功能。

(7) 费用管理模块。用于实现快递费用的计算、结算、查询等操作,以及对快递费用的分析和管理等功能。

(8) 客户信息管理模块。用于实现客户信息的记录、查询、修改等操作,以及对客户信息的统计和分析等功能。

(9) 数据分析和决策支持模块。用于对快递业务数据进行分析和挖掘,提供数据支持和决策参考等功能。

(二) 快递客户关系管理系统

快递客户关系管理系统是一种基于信息技术和客户管理理念,通过对快递客户关系的数字化、自动化处理和优化,实现对客户信息和行为的全面、科学、精细化管理的一种信息化管理系统。

快递客户关系管理系统主要功能包括客户信息管理、客户关系管理、市场营销管理、服务质量管理等。它可以实现对客户需求的全面了解、客户关系的深度沟通、客户满意度的全面提升,从而提高客户忠诚度,增加快递企业的市场占有率。它可以帮助企业实现客户信息的精细化管理、客户服务的精益化处理、市场营销的精准化管理、客户忠诚度的提升和企业竞争力的增强。

1. 快递客户关系管理系统的模块组成

快递客户关系管理系统一般包括以下几个模块。

(1) 客户信息管理模块。用于记录客户的基本信息,包括客户名称、联系方式、地址、历史订单、服务记录等。

（2）客户关系管理模块。用于建立客户档案和关系网络，实现客户分类、客户评估、客户维护、客户回访等功能，从而提高客户的满意度和忠诚度。

（3）市场营销管理模块。用于实现市场调研、市场推广、营销活动、促销管理等功能，提高市场竞争力和销售收入。

（4）服务质量管理模块。用于实现客户服务的全流程管理，包括客户服务请求、服务派单、服务执行、服务反馈等功能，提高客户服务质量和效率。

（5）数据分析和决策支持模块。用于对客户数据进行分析和挖掘，提供数据支持和决策参考等功能，帮助企业提高客户满意度和忠诚度，增加企业竞争力。

2. 快递客户关系管理系统的应用

客户关系管理系统（CRM）在快递行业中的应用非常广泛，可以帮助企业实现客户信息的全面管理和分析，其主要体现在以下几个方面。

（1）客户信息管理。快递企业可以通过CRM系统实现客户信息的全面记录和管理，包括客户基本信息、历史订单、投诉记录等。通过对客户数据的统计和分析，快递企业可以更好地了解客户需求和行为，为客户提供更加个性化和贴心的服务。

（2）客户分类和评估。通过CRM系统，快递企业可以将客户进行分类和评估，根据客户需求和消费习惯，制定不同的服务策略和营销方案，从而提高客户满意度和忠诚度。

（3）客户服务请求处理。快递企业可以通过CRM系统实现客户服务请求的自动化处理和派单，提高服务效率和质量。同时，通过CRM系统自动化实时记录客户服务反馈和投诉，及时进行处理和跟踪，避免问题滋生和扩大，提高服务满意度。

（三）财务结算管理系统

财务结算管理系统是一种基于信息技术和财务管理理念，通过对企业财务业务流程的数字化、自动化处理和优化，实现对企业财务管理的全面、科学、精细化管理的一种信息化管理系统。

财务结算管理系统主要功能包括财务预算、财务报表、成本控制、资金管理、费用管理等。它可以实现企业财务业务的在线化、实时化、智能化处理，提高财务管理的效率和质量，降低企业运营成本，同时也可以为企业管理层提供决策支持和参考。财务结算管理系统可以帮助企业实现精细化管理、提高财务管理效率、降低财务成本。

1. 财务结算管理系统的模块组成

财务结算管理系统一般包括以下几个模块。

（1）财务预算模块。用于制定和管理企业财务预算，包括收支预算、成本预算、投资预算等。

（2）财务报表模块。用于生成和分析企业的财务报表，包括资产负债表、利润表、现金流量表等。

（3）成本控制模块。用于控制企业的成本支出，包括制定和实施成本控制策略、成本核算和分析等。

（4）资金管理模块。用于管理企业的资金流动和资金风险，包括现金管理、银行账户管理、资金调拨等。

(5) 费用管理模块。用于管理企业的各类费用支出,包括人员费用、办公费用、业务费用等。

(6) 数据分析和决策支持模块。用于对财务数据进行分析和挖掘,提供数据支持和决策参考等功能。

2. 财务结算管理系统的作用

财务结算管理系统的作用主要在于帮助企业实现财务业务的信息化管理和数字化处理,提高企业的财务效率和质量,降低运营成本,主要作用包括以下几个方面。

(1) 财务业务的标准化处理。财务结算管理系统可以帮助企业建立财务业务标准化的流程,从而实现财务业务的自动化处理和管理,减少人工干预,提高处理效率和准确性。

(2) 财务业务的实时掌控。财务结算管理系统可以通过在线化处理,实时掌控企业财务状况,包括财务报表、资金流动、成本控制、费用支出等,从而帮助企业快速根据市场需求变化做出反应,及时进行调整和决策。

(3) 成本控制和优化。财务结算管理系统可以帮助企业实现对成本的控制和优化,包括成本核算、成本分析、成本控制策略制定等,从而减少不必要的开支,提高企业效益。

(4) 资金管理和风险控制。财务结算管理系统可以帮助企业实现对资金的全面管理和控制,包括现金管理、银行账户管理、资金调拨等,从而降低资金风险,提高资金利用效率。

(5) 决策支持和参考。财务结算管理系统可以通过对财务数据的分析和挖掘,为企业管理层提供决策支持和参考,包括财务报表分析、成本控制分析、资金管理分析等,从而提高管理决策的科学性和精准性。

3. 财务结算管理系统在快递行业中的应用

财务结算管理系统在快递行业中的应用主要体现在以下几个方面。

(1) 收支管理。快递企业通过财务结算管理系统实现对收支的全面管理和控制,包括收入、成本、费用等方面的管理,从而提高收益和控制成本,优化财务结构。

(2) 成本核算。快递企业通过财务结算管理系统实现成本的全面核算和分析,包括人员费用、设备费用、运输费用等方面的核算,从而降低不必要的开支,提高企业效益。

(3) 资金管理。快递企业通过财务结算管理系统实现资金的全面管理和风险控制,包括现金管理、银行账户管理、资金调拨等方面的管理,从而提高资金利用效率和控制资金风险。

(4) 报表分析。快递企业通过财务结算管理系统生成和分析财务报表,包括资产负债表、利润表、现金流量表等,从而对公司财务状况进行全面、准确、及时的掌控。

任务三 快递信息安全管理

任务导入

随着参观的深入,小李发现无论是在信息中心工作现场还是在服务器运营区,每个工作区域的显眼位置都挂着统一制作的岗位责任、安全操作规范、网络作业流程及紧急处理预案等标识牌,王经理看到小李正在认真阅读标识牌上内容,他向小李提出了一个问题:这种将所有安全制度全部上墙的目的是什么?

一、信息安全

信息安全是指保护信息系统中的信息和信息基础设施免受未经授权的访问、使用、泄露、破坏或干扰,确保信息的完整性、保密性和可用性的一种安全性保障措施。信息安全主要包括以下几个方面。

(1)保密性。保护信息不被未经授权的人获取和使用,确保信息只被授权人员访问和使用。

(2)完整性。保护信息不被篡改、删除或伪造,确保信息的真实性和完整性。

微课:快递信息安全

(3)可用性。保护信息系统的可用性,确保信息系统正常运行,不被非法破坏或干扰。

(4)可靠性。保护信息系统的可靠性,确保信息系统的操作和维护过程中不出现错误和故障。

(5)可追溯性。保护信息的可追溯性,确保信息系统的操作和使用过程能够被追踪和记录下来。

信息安全是现代社会和企业发展的重要保障措施之一,尤其是在数字化和网络化时代,信息安全的重要性更加突显。为了确保信息安全,企业需要采取各种措施来保护信息系统和信息资源的安全,包括物理安全、网络安全、数据加密、访问控制、风险评估等方面的措施。

二、快递企业面临的信息安全隐患和应对措施

1. 快递企业面临的信息安全隐患

(1)网络安全隐患。快递企业在运营过程中需要依赖网络进行数据传输和交换,因此容易受到黑客攻击、病毒感染、网络窃密等网络安全威胁。

(2)数据安全隐患。快递企业在业务处理过程中需要涉及大量的客户信息、订单信息、支付信息等敏感数据,容易发生数据泄露、篡改、窃取等数据安全问题。

(3)人员安全隐患。快递企业需要招募和管理大量的快递员和其他员工,其中可能存在员工泄密、未授权泄密、员工失误等安全问题。

(4)实体安全隐患。快递企业需要负责包裹的寄送和派送,容易遇到包裹丢失、盗窃、破损等实体安全问题。

(5)系统安全隐患。快递企业需要建立信息系统进行数据处理和管理,系统的漏洞、程序的错误等问题容易导致信息泄露、数据丢失等系统安全问题。

2. 应对措施

为了应对这些安全隐患,快递企业需要采取以下措施来保障信息安全。

(1)加强网络安全防护,建立防火墙、加密技术等安全措施,防范黑客攻击和病毒感

染等网络安全威胁。

（2）加强数据安全管理，采用数据加密技术、访问控制、备份恢复等安全措施，确保数据的保密性和完整性。

（3）完善人员安全管理制度，加强员工教育和培训，提高员工安全意识和管理能力。

（4）加强实体安全管理，采取安全防范措施，防范包裹丢失、盗窃、破损等情况发生。

（5）定期检测系统漏洞和程序错误，采取安全更新和修复措施，确保信息系统的安全性。

总之，快递企业需要加强信息安全管理，采取多种措施来保障信息安全，保护客户信息和企业利益。

三、信息安全管理的内容

信息安全管理是指建立信息安全的组织结构、政策、流程和规程，采取安全技术和管理手段来确保信息系统和信息资源的安全性、保密性、完整性和可用性，预防、发现和解决信息安全问题，防止信息泄露、损坏和丢失等风险，是企业信息化建设的重要环节。

信息安全管理包括以下内容。

（1）信息安全政策和制度。建立和实施信息安全政策和制度，明确信息安全目标和责任，确保信息安全管理工作的持续性和有效性。

（2）风险评估和管理。对信息系统和信息资源进行风险评估，分析和评估安全风险，采取风险管理措施，控制安全风险在可接受的范围内。

（3）访问控制和身份认证。建立访问控制机制，规定用户的访问权限和授权流程，采用身份认证技术，确保信息系统只被授权人员访问和使用。

（4）安全培训和教育。开展安全培训和教育活动，提高员工的安全意识和技能，加强员工的安全管理和监督。

（5）安全审计和监控。建立安全审计和监控机制，对信息系统和信息资源的安全性进行实时监控和检测，及时发现和解决安全问题。

（6）网络安全和数据保护。采取网络安全措施，防范网络攻击和数据泄露，加强数据保护措施，保护数据的机密性、完整性和可用性。

（7）应急响应和恢复。建立应急响应机制，及时响应安全事件和突发事件，采取应急措施，保障信息系统和信息资源的安全和正常运行。

信息安全管理是保障信息系统和信息资源安全的重要手段，企业需要全面、系统、有效地进行信息安全管理，保障信息的机密性、完整性和可用性，保障企业信息资产的安全性和利益，促进企业的健康发展。

（一）资料保密管理

资料保密管理是指对企业的机密资料进行保密、保护和管理的一系列措施，以确保机密资料不被泄露、篡改、窃取和丢失，保护企业的利益和形象，是信息安全管理的重要组成部分。资料保密管理的主要内容如下。

（1）保密意识教育。开展资料保密意识教育，提高员工的保密意识和保密素质，确保员工严格遵守保密规定和流程。

(2) 保密制度建设。建立完善的保密制度，规范保密管理流程和操作程序，确保机密资料的存储、传输、使用和销毁等环节的安全可控。

(3) 保密责任制。明确保密责任制，对保密人员的保密职责、权利和义务进行规范，建立健全的保密责任追究机制。

(4) 保密技术措施。采用保密技术措施，对机密资料进行加密、数字签名、水印等技术处理，提高机密资料的安全性和可控性。

(5) 保密检查和审计。定期开展保密检查和审计，评估保密工作的有效性和合规性，及时发现和纠正保密问题和风险。

(6) 保密培训和教育。针对保密人员开展保密培训和教育，提高保密人员的保密意识和保密技能，加强保密知识宣传和教育。

资料保密管理对企业的安全和稳定发展具有重要意义，能够保障企业的商业机密、技术秘密、客户资料等重要信息不被泄露和损失，提高企业的核心竞争力和市场影响力。为此，企业需要加强资料保密管理，完善相关制度和流程，加强保密技术和人员培训，切实保障机密资料的安全和保密。

（二）信息网络安全管理

信息网络安全管理是指在信息网络的建设、运营和管理过程中，采用各种技术和管理手段，确保信息网络的安全和稳定，防范和应对各种网络安全威胁，包括黑客攻击、病毒感染、网络入侵、数据泄露等，维护企业和用户的合法权益和利益。信息网络安全管理的主要内容如下。

(1) 网络安全政策和制度。建立和实施网络安全政策和制度，明确网络安全目标和责任，规范网络管理和操作流程，确保网络安全管理工作的持续性和有效性。

(2) 网络风险评估和管理。对网络进行风险评估，分析和评估网络安全风险，采取相应的风险管理措施，控制网络安全风险在可接受的范围内。

(3) 网络访问控制和身份认证。建立访问控制机制，规定用户的访问权限和授权流程，采用身份认证技术，确保网络只被授权人员访问和使用。

(4) 网络安全培训和教育。开展网络安全培训和教育活动，提高员工的安全意识和技能，加强员工的安全管理和监督。

(5) 网络安全审计和监控。建立网络安全审计和监控机制，对网络的安全性进行实时监控和检测，及时发现和解决网络安全问题。

(6) 网络安全防护和备份。采取网络安全防护措施，如防火墙、入侵检测和防范技术等，确保网络安全性和稳定性；定期进行网络备份和恢复，保障网络数据的安全和完整性。

(7) 应急响应和恢复。建立网络安全应急响应机制，及时响应网络安全事件和突发事件，采取应急措施，保障网络的安全和正常运行。

信息网络安全管理是保障信息网络安全的重要手段，企业需要全面、系统、有效地进行信息网络安全管理，保障网络的安全和稳定，保障企业信息资产的安全性和利益，促进企业的健康发展。

（三）网络安全技术

网络安全技术是指利用各种技术手段，保障网络和信息系统的安全和稳定，防范和应对各种网络安全威胁和风险。常用的网络安全技术如下。

（1）防火墙技术。防火墙是指在网络与外部世界之间设置的安全设备，可以根据事先设定的策略，对网络流量进行过滤和控制，防止非法入侵和攻击。

（2）入侵检测技术。入侵检测系统（IDS）是一种网络安全设备，能够对网络流量进行实时监控和分析，检测网络入侵行为，并及时发出警报，提醒管理员采取相应的安全措施。

（3）数据加密技术。数据加密是指将敏感数据通过加密算法进行加密处理，确保数据在传输和存储过程中不被泄露或篡改。数据加密技术主要包括对称加密和非对称加密两种方式。

（4）数字证书技术。数字证书是一种网络安全技术，用于验证通信双方的身份和信息的真实性，保障通信过程中的安全性。数字证书技术主要是基于公钥加密技术实现的。

（5）权限管理技术。权限管理是指对用户和资源进行访问控制和授权的一种技术，能够控制用户对数据和系统资源的访问权限和使用范围，防止未授权用户访问敏感数据和资源。

（6）病毒检测技术。病毒检测技术是指使用病毒扫描软件对计算机系统进行扫描和检测，发现和清除病毒和恶意软件，保障计算机系统的安全性和稳定性。

以上是常用的网络安全技术，企业需要根据实际情况选择适合自己的网络安全技术，建立健全的网络安全体系，提高网络安全防护能力，保障企业信息安全和稳定。

1. 防火墙技术

防火墙技术是指在计算机网络和互联网之间设置的一种网络安全设备，主要用于对网络数据进行过滤和控制，防止非法入侵和攻击。防火墙可以根据预设的规则对网络流量进行过滤和管理，实现对网络数据的安全控制和管理。防火墙技术主要有以下几种类型。

（1）包过滤型防火墙。包过滤型防火墙是最基本的防火墙技术，可以根据预设的规则对网络数据包进行过滤和管理，判断是否允许进入网络。

（2）应用层网关型防火墙。应用层网关型防火墙可以根据应用层协议，对网络数据进行深入的过滤和管理，可以实现更精细的访问控制和管理。

（3）代理型防火墙。代理型防火墙可以代理网络请求，从而隐藏真实的网络地址和信息，保护网络的安全和隐私。

（4）状态检测型防火墙。状态检测型防火墙可以对网络数据包的状态进行监测和分析，可以发现非法的数据包和攻击行为，从而实现更全面的网络安全保护。

防火墙技术的作用是保护网络和信息系统的安全和稳定，防止黑客攻击和网络入侵行为，保护企业的核心数据和业务流程不被泄露和破坏。企业需要根据实际情况选择适合自己的防火墙技术，制定科学合理的网络安全策略，加强网络安全管理和监控，建立健全的网络安全体系，保障企业信息安全和稳定。

快递企业防火墙技术应用

目前快递企业数据中心和办公网络中都广泛应用了防火墙技术,以保护其信息系统和数据安全。其中,数据中心的防火墙主要是防止恶意攻击和数据泄露,办公网络的防火墙则主要是限制员工的网络行为,保护公司网络的安全和稳定。

具体来说,防火墙技术应用包括以下方面。

(1) 数据中心防火墙。某快递公司的数据中心采用了多层防御的防火墙系统,包括入侵检测系统、反病毒系统和访问控制系统等,以保护其数据中心的安全性和稳定性。

(2) 办公网络防火墙。某快递公司的办公网络也采用了防火墙技术,通过限制员工的网络行为,保护公司网络的安全和稳定,防止恶意攻击和数据泄露。

(3) 防火墙日志分析。某快递公司采用了防火墙日志分析技术,对防火墙产生的日志进行分析和挖掘,及时发现和处理网络安全事件,保障公司信息系统的安全性和稳定性。

2. 入侵检测技术

入侵检测技术是一种基于网络安全设备的技术,主要用于对网络流量进行实时监测和分析,及时发现和防范网络入侵和攻击行为,保障网络的安全和稳定。入侵检测技术可以分为以下两种类型。

(1) 网络入侵检测(NIDS)。网络入侵检测系统是一种基于网络流量分析的技术,主要通过对网络流量的深入分析,实现对网络入侵行为的检测和报警。NIDS 能够检测出诸如端口扫描、DoS 攻击、Worm 攻击、漏洞利用等攻击行为,提供及时的安全预警和防范措施。

(2) 主机入侵检测(HIDS)。主机入侵检测系统是一种基于主机系统的入侵检测技术,主要通过对主机系统的文件和日志进行实时监控和分析,发现异常行为和活动。HIDS 能够检测出诸如病毒感染、恶意软件安装、异常进程启动、系统漏洞利用等攻击行为。

入侵检测技术在网络安全防御中起到了至关重要的作用,可以实现对网络的全面监测和控制,发现和防范网络安全威胁和风险。企业需要结合自身的实际情况,选择合适的入侵检测技术,建立健全的入侵检测系统,实现对网络安全威胁的实时监控和预警,提高网络安全防护能力和水平,保障企业的信息安全和稳定。

3. 数据加密技术

数据加密技术是一种保障数据在传输和存储过程中不被泄露或篡改的技术,通过使用加密算法对敏感数据进行加密处理,只有授权的用户才能解密和访问数据。数据加密技术主要包括对称加密和非对称加密两种方式。

(1) 对称加密技术。对称加密技术也称私钥加密技术,是一种加密和解密使用相同的密钥进行的技术,加密和解密过程非常快速。对称加密技术主要应用于数据传输的加密保护,可以对敏感数据进行加密处理,保证数据在传输过程中不被泄露或篡改。

(2) 非对称加密技术。非对称加密技术也称公钥加密技术,是一种使用公钥加密、私钥解密的技术,安全性更高。非对称加密技术主要应用于数字签名、数字证书和密钥协商等领域,可以保证数据的安全和真实性。

数据加密技术在信息安全保障中起到了至关重要的作用,可以保护敏感数据的机密性和完整性,防止黑客攻击和信息泄露风险。企业需要结合自身的实际情况,选择合适的加密技术,建立健全的加密体系,加强对数据的加密保护和安全管理,提高数据的保密性和可靠性,保障企业信息安全。

4. 数字证书技术

数字证书技术是一种基于公钥密码学的加密技术,用于对用户的身份和数字信息进行认证和保护。数字证书技术可以将用户的公钥和身份信息进行绑定,通过证书颁发机构的认证和签名,实现用户身份的可信认证和信息的保护。

数字证书技术的核心是公钥加密技术,采用一对公钥和私钥进行加密和解密,公钥用于加密数据,私钥用于解密数据,可以保证数据传输过程中的机密性和真实性。数字证书技术的主要特点如下。

(1) 身份认证。数字证书技术可以对用户的身份进行认证,保证数据传输过程中的真实性和合法性。

(2) 数据加密。数字证书技术可以对敏感数据进行加密处理,保证数据在传输和存储过程中不被泄露或篡改。

(3) 数字签名。数字证书技术可以对数字信息进行数字签名,保证数据的完整性和真实性。

数字证书技术广泛应用于互联网和电子商务领域,包括网站认证、电子邮件认证、数字证书认证、数字签名和安全电子交易等方面。企业需要根据实际需求和安全要求,选择合适的数字证书技术,确保数据的安全性和可靠性,切实提升企业信息安全防御能力和水平。

5. 权限管理技术

权限管理技术是一种用于管理用户权限和控制访问权限的技术,主要用于对企业内部的资源、数据和系统进行访问控制和管理。权限管理技术可以确保企业内部资源和数据的机密性、完整性和可用性,保护企业信息系统的安全和稳定。权限管理技术的主要内容如下。

(1) 用户认证。用户认证是指在用户登录系统时进行身份认证和授权,通过身份验证和授权方式,保证用户身份和访问权限的真实性和合法性。

(2) 权限控制。权限控制是指对用户访问资源和数据的权限进行控制和管理,包括用户角色授权、资源访问控制、数据访问控制、操作权限控制等方面。

(3) 安全策略。安全策略是指制定科学合理的安全策略和规范,包括访问控制策略、密码策略、网络安全策略、系统安全策略等方面。

权限管理技术广泛应用于企业内部的系统、网络、应用和数据资源的访问控制和管理,可以保障企业信息系统的安全和稳定,避免不必要的安全威胁和风险。企业需要根据自身的实际情况,采用合适的权限管理技术,建立健全的权限管理体系,加强对系统和数据的访问控制和管理。

6. 病毒检测技术

病毒检测技术是一种用于检测和清除计算机病毒的技术,主要应用于计算机系统的安全防护和维护。病毒检测技术可以分为以下几种类型。

（1）病毒特征码检测。病毒特征码检测是一种常用的病毒检测技术，通过对病毒的特征码进行扫描和比对，检测和清除已知病毒。

（2）行为检测。行为检测是一种基于病毒行为模式的检测技术，可以对未知病毒进行检测和防范，主要通过监测病毒的行为模式，如文件创建、注册表修改、网络连接等，判断是否存在病毒。

（3）启发式检测。启发式检测是一种基于病毒特征和行为模式的检测技术，可以对未知病毒进行检测和防范，主要通过对文件的解析和模拟执行，检测文件中是否存在病毒代码。

（4）云端检测。云端检测是一种基于云计算技术的检测方式，主要通过将可疑文件上传至云端进行检测，利用云计算的计算和存储资源，提高检测的效率和准确性。

病毒检测技术广泛应用于计算机系统、网络安全和信息安全领域，可以有效预防和防范计算机病毒和恶意代码的攻击和入侵，保障计算机和网络系统的安全和稳定。企业需要根据自身的实际情况和需求，选择合适的病毒检测技术，建立完善的病毒防护和检测体系。

四、信息安全隐患的防范措施

当企业面临信息安全隐患时，可以采取以下详细防范策略。

（1）建立完善的信息安全管理制度。企业需要建立完善的信息安全管理制度，包括规章制度、安全管理流程和安全控制措施等。制定和落实标准化的安全流程，明确责任和权限，规范和监督员工行为，减少人为因素导致的安全漏洞和降低风险。

（2）加强安全培训和教育。企业应该加强员工的安全教育和培训，提高员工的安全意识和技能，培养员工的安全习惯和行为，减少人为因素造成的安全隐患。

（3）加强数据安全保护。企业应该采用数据加密、数据备份、数据恢复等技术手段，加强对数据的保护和管理，保证数据的完整性和可用性，降低数据泄露和丢失的风险。

（4）强化网络安全管理。企业需要对网络安全进行全面的管理和控制，采取完善的网络安全防御和监测手段，如入侵检测、防火墙、访问控制等。及时发现并处理网络安全事件，减少网络安全漏洞和降低风险。

（5）加强物理安全管理。企业需要对办公场所和设备进行物理安全防范，确保物理环境的安全性，包括防火、防盗、防水等方面的安全措施，以保障企业财产和资产的安全。

（6）加强安全风险评估和应急预案制订。企业需要定期对安全风险进行评估，并制订相应的应急预案。应急预案应包括安全事件的应对措施和紧急处理流程等，以降低安全事件对企业造成的影响和损失。

（7）采用高可靠性的安全技术。企业应该采用高可靠性的安全技术，如安全加密、安全认证、安全访问控制等，以加强信息安全保障和风险控制。

总之，企业应该采用多种手段和方法，建立全面的信息安全保障体系，加强对企业信息资产的保护和管理，降低安全风险，保证企业信息安全和稳定运行。

项目总结

项目十总结见表10-1。

表10-1 项目十总结

知 识 点	相 关 内 容
快递信息的概念、快递信息的分类、特点	快递信息指的是与快递相关的一系列信息,例如快递寄送和派送状态、运输路线、快递单号、收件人信息、寄件人信息、快递企业信息等。这些信息可以通过快递企业的官方网站、手机应用程序、短信、电话查询等多种方式获取 快递信息可以按照不同的维度进行分类:按照信息来源分类;按照信息类型分类;按照信息内容分类;按照信息传递方式分类 快递信息的特点主要有及时性、准确性、便捷性、透明度、可追溯性
快递信息技术的基本功能	实时追踪、数据分析、智能决策、信息共享
网络安全管理的内容	网络安全技术是指利用各种技术手段,保障网络和信息系统的安全和稳定性,防范和应对各种网络安全威胁和风险。以下是常用的网络安全技术:防火墙技术、入侵检测技术、数据加密技术、数字证书技术、权限管理技术、病毒检测技术
防范信息安全隐患的手段	建立完善的信息安全管理制度、加强安全培训和教育、加强数据安全保护、强化网络安全管理、加强物理安全管理、加强安全风险评估和应急预案制订、采用高可靠性的安全技术

技 能 训 练

一、单项选择题

1. 下列(　　)不是按照信息来源分类的方式将快递信息进行分类。
 A. 快递企业提供的信息　　　　　　B. 第三方物流追踪平台提供的信息
 C. 寄件人或收件人提供的信息　　　D. 快递状态

2. 下列(　　)不是EDI系统的主要构成部分。
 A. EDI软件系统　　　　　　　　　B. EDI客户
 C. EDI网络通信设备　　　　　　　D. EDI服务提供商

3. 快递客户关系管理系统是一种基于信息技术和(　　),通过对快递客户关系的数字化、自动化处理和优化,实现对客户信息和行为的全面、科学、精细化管理的一种信息化管理系统。
 A. 快递运营理念　　　　　　　　　B. 快递信息安全理念
 C. 客户管理理念　　　　　　　　　D. 财务管理理念

4. 防火墙是指在网络与外部世界之间设置的(　　),可以根据事先设定的策略,对网络流量进行过滤和控制,防止非法入侵和攻击。

A. 反窃取装置　　　B. 检测设备　　　C. 安全设备　　　D. 反篡改装置

5.（　　）系统在快递行业中的应用主要是通过空间数据分析、处理和可视化，帮助快递公司更好地管理和优化配送网络，提高快递业务的效率和质量。

　　A. 运营信息　　　B. 物理信息　　　C. 数据信息　　　D. 地理信息

二、多项选择题

1. 快递信息具有（　　）特点。

　　A. 及时性　　　B. 准确性　　　C. 便携性

　　D. 透明性　　　E. 可透明性

2. 条形码技术主要有以下（　　）类型。

　　A. 一维条形码　　B. 二维条形码　　C. 四维条形码　　D. 智能条码

3. 与 GPS 相比，北斗导航系统具有（　　）优势。

　　A. 更广的覆盖范围　B. 更高的精度　　C. 更多的服务　　D. 军民两用

4. 快递运营管理系统一般包括（　　）。

　　A. 订单管理模块　　B. 运单管理模块　　C. 路线规划模块

　　D. 车辆仓储模块　　E. 费用管理模块

5. 快递企业面临的信息安全隐患主要包括（　　）。

　　A. 网络安全隐患　　B. 数据安全隐患　　C. 人员安全隐患

　　D. 实体安全隐患　　E. 系统安全隐患

三、简答题

1. 什么是快递信息系统？快递信息系统有哪些作用？
2. 快递企业如何防范信息安全隐患？

实 践 训 练

实训要求：结合本项目所学的信息网络安全管理相关知识对某快递信息中心设计一套网络安全隐患防范方案。

实训目的：通过设计网络安全隐患防范方案，加深对快递信息安全及相关技术的了解和认知。

实训方式：以个人为单位完成实训任务。

参考文献

[1] 中华人民共和国人力资源和社会保障部.国家职业技能标准——快件处理员:2019年版[M].北京:中国劳动社会保障出版社,2019.

[2] 中华人民共和国国家质量监督检验检疫总局,中国国家标准化管理委员会.GB/T 27917.1—2011 快递服务 第1部分:基本术语[S].北京:中国标准出版社,2012.

[3] 中华人民共和国国家质量监督检验检疫总局,中国国家标准化管理委员会.GB/T 27917.2—2011 快递服务 第2部分:组织要求[S].北京:中国标准出版社,2012.

[4] 中华人民共和国国家质量监督检验检疫总局,中国国家标准化管理委员会.GB/T 27917.3—2011 快递服务 第3部分:服务环节[S].北京:中国标准出版社,2012.

[5] 国家邮政局.YZ 0149—2015 快递安全生产操作规范[S].北京:人民交通出版社,2016.

[6] 国家邮政局.YZ 0145—2015 快递末端投递服务规范[S].北京:人民交通出版社,2015.

[7] 国家邮政局.YZ/T 0137—2015 快递营业场所设计基本要求[S].北京:人民邮电出版社,2015.

[8] 国家邮政局.YZ/T 0161—2017 快递处理场所设计指南[S].北京:人民交通出版社,2017.

[9] 国家邮政局.YZ/T 0155—2016 快件集装容器 第1部分:集装笼[S].北京:人民交通出版社,2016.

[10] 国邮创展(北京)人力资源服务有限公司.快递运营职业技能等级认定培训教材[M].南京:凤凰教育出版社,2020.

[11] 国家邮政局职业技能鉴定指导中心.快递业务员(中级)快件处理[M].北京:人民交通出版社,2011.

[12] 国家邮政局职业技能指导中心.快递业务员(初级)快件处理[M].北京:人民交通出版社,2013.

[13] 国家邮政局职业技能指导中心.快件处理员职业技能等级认定培训教材(中级)[M].北京:人民交通出版社股份有限公司,2021.

[14] 国家邮政局职业技能指导中心.快件处理员职业技能等级认定培训教材(初级)[M].北京:人民交通出版社股份有限公司,2021.

[15] 国家邮政局职业技能指导中心.快递员职业技能等级认定培训教材(中级)[M].北京:人民交通出版社股份有限公司,2021.

[16] 国家邮政局职业技能指导中心.快递员职业技能等级认定培训教材(初级)[M].北京:人民交通出版社股份有限公司,2021.

[17] 国家邮政局.快递业务操作与管理[M].北京:人民交通出版社,2011.

[18] 贾铁刚.快递实务[M].北京:电子工业出版社,2019.

[19] 梁华.快递人员业务实操速查手册管理[M].北京:人民邮电出版社,2010.

[20] 花永剑,王娜.快递公司物流运营实务[M].3版.北京:清华大学出版社,2023.

[21] 林秋意.快递运营管理[M].北京:机械工业出版社,2022.

[22] 真虹,张婕姝.物流中心选址规划与实训[M].北京:中国物资出版社,2007.

[23] 赵卫华.物流企业厂址选择的方向[J].贵州工业大学学报(社会科学版),2008.

[24] 丁浩,莪道方.基于Dijkstra算法的快递车辆配送路径优化[J].价值工程,2014(3):15-18.

[25] 国家邮政局 YZ/T 0185—2022.邮件快件实名收寄验视操作规范[S].北京:人民交通出版社,2022.